suhrkamp taschenbuch 5434

Ach, *bella Italia*: Schon der Espresso am Autogrill gleich hinter der Grenze schmeckt viel besser als jede Edelbohne bei uns. Die Italiener lieben ihren *caffè* wie ihren Fußball und ihre Pasta. Der Verkehr ist chaotischer als bei uns, die Politik – die Politik ... Der deutsche Blick auf Italien ist geprägt von Sehnsucht und Bewunderung. Und von Stereotypen: Berlusconi, Bialetti, Bolognese.

Sebastian Heinrich lädt uns ein, hinter die Klischees zu schauen. Anhand einzelner, unübersetzbarer Begriffe bringt er uns das Land Wort für Wort ein Stückchen näher: von den kitschigen *cinepanettoni*, die an Weihnachten im Fernsehen laufen, über den *berlusconismo* bis hin zu *papeete* und der Frage, warum in Rom eigentlich so oft die Regierung stürzt. Er erklärt, warum der Norden über den Süden die Nase rümpft – und umgekehrt – und weshalb die Städte an *ferragosto* in einen tiefen Sommerschlaf verfallen. Ein Handwörterbuch für alle *Italianità*-Liebhaber!

Sebastian Heinrich, geboren 1987, ist politischer Journalist und arbeitet für die Nachrichtenagentur AFP. Er hat einen Großteil seiner Schulzeit nahe Neapel verbracht, hat eine zur Hälfte italienische Familie – und hört nicht auf, neugierig auf dieses Land zu sein. Seit 2022 veröffentlicht er den Podcast »Kurz gesagt: Italien« und einen dazugehörigen Newsletter. In beiden erzählt er von Italien, indem er das Land ernst nimmt: jenseits der romantischen wie der negativen Klischees, immer ausgehend von einem unübersetzbaren Wort.

Sebastian Heinrich

Kurz gesagt: *Italien*

Suhrkamp

Alle Episoden des Poscasts »Kurz gesgt: Italien« gibt es hier zum Nachhören:

2. Auflage 2024

Erste Auflage 2024
suhrkamp taschenbuch 5434
Originalausgabe

Umschlagfoto: Juri Gottschall
Umschlaggestaltung: Rothfos & Gabler, Hamburg
Druck und Bindung: CPI books GmbH, Leck
Printed in Germany
ISBN 978-3-518-47434-1

www.suhrkamp.de

Inhalt

Benvenute e benvenuti! –
Zum Auftakt 7

Autogrill –
Das Tor zu Italien 11
Belpaese –
Woher die Italienklischees kommen 27
Berlusconismo –
Wie der *cavaliere* Italien verändert hat 45
Cinepanettone –
Weihnachtsfilme, die ein Land spalten 65
Dietrologia –
Verschwörungsglauben auf Italienisch 83
Dissesto –
Wo Italien abrutscht 103
Ferragosto –
Wendepunkt des italienischen Sommers 119
La 482 –
Von Arbërisht bis Zimbrisch –
Italiens Minderheitensprachen 133
LVI –
Der lange Schatten des Faschismus 153
Merendina –
So süß kann Industriegeschichte sein 175
Mezzogiorno –
Warum der Norden über den Süden die Nase rümpft –
und umgekehrt 185
Moka –
Mythos und Wirklichkeit der *Caffè*-Kultur 201

Papeete –
Warum in Italien so oft die Regierung stürzt 219
Patron –
Warum an Italiens Fußball-Einzelherrschern niemand vorbeikommt 239
Sanremo –
Glanz und Elend der italienischen Popmusik 257

Anmerkungen 279
Bildnachweise 309

Benvenute e benvenuti!

Zum Auftakt

Einmal hat die Lehrerin mich wie eine niederländische Biermarke genannt. Es waren die letzten Wochen vor der Abiturprüfung, sie hatte gerade ihren ersten Tag als *supplente,* als Aushilfskraft für unseren Italienischlehrer. Sie tat, was fast jede Lehrerin und jeder Lehrer in Italien in der ersten Stunde mit einer neuen Schulklasse tut. Sie ging die Namensliste im *registro di classe* durch, im Klassenregister, in dem Lehrer abwesende Schüler, Verweise und sonstige besondere Vorkommnisse vermerken. Einen nach dem anderen rief sie die Nachnamen auf, die aufgerufene Person sollte sich darauf mit ihrer Stimme melden. Als die Lehrerin bei »G.« angekommen war, ahnte ich längst, dass es gleich kompliziert werden würde. »G.« meldete sich, dann wanderte ihr Blick zurück auf die Namensliste. Sie stockte, kniff die Augenbrauen zu, blickte auf uns Schüler zurück, blickte wieder auf das Klassenregister. »Wer ist das denn mit diesem seltsamen Namen, wie spricht man das denn aus, Heineken?«

In meinen acht Schuljahren in Süditalien habe ich solche Momente immer wieder erlebt. Momente, in denen ich auffiel, trotz meines längst vom örtlichen Dialekt gefärbten Italienisch – und obwohl rothaarige, hellhäutige Menschen in Kampanien kaum seltener sind als in Bayern oder Oberösterreich.

Keiner meiner Eltern oder Großeltern ist in Italien geboren oder aufgewachsen, aber meine Verbindung zu Italien reicht so weit zurück wie meine Erinnerungen. Bis ich zwölf war, sah diese Verbindung aus wie bei Hunderttausenden deutschen Kindern, deren Eltern Jahr für Jahr mindestens einmal nach Italien in den Urlaub reisen. Einmal pro Jahr saß ich links hinten im randvoll gepackten roten Toyota, mit dem wir über die Brennerautobahn nach Süden fuhren. Erst Sardinien, dann Jahr für Jahr ein bisschen weiter nach unten auf dem Stiefel: Abruzzen, Apulien, schließlich Kampanien. Im Sommerurlaub 1999 hatten wir ein Hotelzimmer gemietet in einem Ort am Hügel, dreihundert Höhenmeter über dem Meer und sechs Straßenkilometer vom Strand entfernt. Papa parkte den Toyota manchmal auf einem kleinen Asphaltplatz, an dessen Ende ein Immobilienmaklerbüro war. Mama blieb immer wieder an den Aushängen kleben. Da war dieses Haus. Drei Wochen, Dutzende Gespräche und mehrere Besuche im Maklerbüro später hatten meine Eltern einen Vorkaufsvertrag unterzeichnet. Wir würden umziehen, aus Bayern nach Kampanien.

Seit diesem Spätsommer 1999 bin ich kein Italientourist mehr. Wie es ist mit mir und Italien, das sage ich zu Beginn jeder Episode meines Podcasts ins Mikrofon: »Mein Name ist Sebastian Heinrich, ich bin politischer Journalist, und mein Leben ist eng verwoben mit Italien.« Bevor ich »Kurz gesagt: Italien« im Juni 2022 gestartet habe, habe ich beschlossen, diesen Satz jedes Mal aufs Neue zu sagen, weil ich jedes Mal aufs Neue auf den Punkt bringen wollte, warum ich das alles tue. Warum ich neben einem Vollzeitjob als Redakteur für die Nachrichtenagentur Agence France-Presse für diesen Podcast Bücher, Filmmaterial, Zeitungsartikel und wissenschaftliche Aufsätze wälze, Interviews führe und dann ein Skript aufschreibe, Monat für Monat eine Folge aufnehme, schneide, veröffentliche und online dafür trommele.

Kurz gesagt: Ich tue es, weil mich dieses Land seit diesem

Spätsommer 1999 nicht mehr losgelassen hat. Nach unserem Umzug habe ich die zweite Hälfte meiner Schulzeit in Italien absolviert: knapp drei Jahre *scuola media*, fünf Jahre *liceo*, in ganz normalen staatlichen Schulen. Ich habe Fußballabende in der örtlichen *bar* lieben gelernt und saß Jahr für Jahr mit Freunden beim Ostermontag-Picknick und am *Ferragosto*-Lagerfeuer, ich war auf dem *concertone* am 1. Mai in Rom und bin Samstag für Samstag auf meinem *motorino*, meinem Motorroller, über die Hügel zum Weggehen geknattert.

In meiner Abiturprüfung habe ich die Bestnote im schriftlichen Italienischtest erhalten, ein Aufsatz über die *luoghi dell'anima*, die Orte der Seele, in dem ich den Liedermacher Fabrizio De André zitierte. Knapp drei Jahre später, während des Studiums in Deutschland, hatte ich das Glück, eine fantastische Erasmusstudentin aus Norditalien kennenzulernen. Sie antwortete neun Jahre später mit Ja, als die Standesbeamtin sie fragte, ob sie mich heiraten wolle. Ein unverzichtbarer Teil meiner Familie und meines Freundeskreises ist heute italienisch.

Seit meinem Studium und vor allem seit ich meine journalistische Ausbildung abgeschlossen habe, vertiefe ich mein Wissen über Italien Tag für Tag: über Zeitungsartikel und Fernsehshows (Internet sei Dank!), über ältere und brandneue Sachbücher, über Gespräche mit Freunden, Bekannten und anderen klugen Menschen, die mehr wissen als ich. Ich hoffe, liebe Leserinnen und Leser, dass dieses Buch Ihnen dabei hilft, Italien besser zu verstehen – unabhängig davon, wie viel Sie bereits über das Land wissen.

Das Buch folgt demselben Aufbau wie mein Podcast »Kurz gesagt: Italien«. Jedes Kapitel geht von einem unübersetzbaren italienischen Wort aus – einem Wort also, das sich nicht ohne Weiteres ins Deutsche übertragen lässt. *La parola*, das Wort, so heißt der erste Teil jedes der 15 Kapitel: ein paar Stichpunkte zu dem unübersetzbaren Ausdruck. Damit sofort klar ist, wovon eigentlich die Rede ist.

Hinter jedem dieser unübersetzbaren Wörter steckt eine Geschichte. Eine Geschichte, die dabei hilfreich ist, ein Stück Italien zu begreifen, zu kratzen an der Oberfläche aus Klischees und einfachen Bildern, die Millionen Menschen im deutschsprachigen Raum im Kopf haben. Ich erzähle diese Geschichten, jeweils im zweiten und längsten Abschnitt jedes Kapitels namens *La storia dietro la parola* (die Geschichte hinter dem Wort).

Jedes Kapitel schließe ich mit ein paar Sätzen *passaparola*, wörtlich übersetzt Mundpropaganda. Es sind Empfehlungen, mit denen Sie noch etwas mehr Zeit mit der Geschichte des jeweiligen Kapitels verbringen können: vor allem zu Büchern und Filmen, die meisten von ihnen aus Italien.

Italien ist ein wundervolles Land, das fleißige, kluge, mutige Menschen aus schweren Krisen geführt haben und das von einem ärmlichen Land am Rand Europas zu einem wohlhabenden Gründungsmitglied der Europäischen Union aufgestiegen ist. Italien ist ein schreckliches Land, das Faschisten in den Abgrund gezerrt haben, das in den 1970er Jahren für europäische Verhältnisse beispiellos gewalttätig war und das seit gut drei Jahrzehnten messbar zurückfällt im Vergleich zum großen Rest des Kontinents.

Ich gebe mich weder mit dem Zerrbild vom chaotischen Land der Geldverprasser noch mit kitschig-klebriger Dolce-Vita-Romantik zufrieden. Den Leitgedanken hinter meiner Arbeit an »Kurz gesagt: Italien«, am Podcast wie an dem Buch, habe ich im Gespräch mit einem anderen Podcaster einmal so zusammengefasst: Italien ernst nehmen.

Autogrill

Das Tor zu Italien

Der *autogrill* Scaligera an der Autobahn A4
zwischen Verona und Vicenza.

La parola –
das Wort:

Autogrill [auto'grill] – Markenname, zusammengesetzt aus »Auto« und »Grill«, Kurzform für [englisch] »Grillroom«; Imbisslokal oder Restaurant entlang einer Autobahn, üblicherweise verbunden mit einer Tankstelle.[1]

La storia dietro la parola –
die Geschichte hinter dem Wort:

Stahlträger um Stahlträger, Betonteil um Betonteil reißen sie ein gigantisches Souvenir aus der Landschaft. Nach fünfeinhalb Jahrzehnten entfernen sie dieses Erinnerungsstück an den italienischen Aufbruch aus dem Val di Chiana, diesem Tal zwischen Arezzo und Orvieto in der südlichen Toskana, durch das sich die Autobahn A1 zieht. Im Oktober 2021 entfernen Bautrupps die Brückenraststätte Montepulciano aus dem mittelitalienischen Agrargebiet, in dessen Mitte sie jahrzehntelang tonnenschwer über der Autobahn geschwebt hatte. Hier verschwindet ein *autogrill*, und was für einer.

Die unübersetzbar italienischen Orte namens *autogrill* haben eine Bedeutung, die nicht erfassbar ist mit dem deutschen Ausdruck »Autobahnraststätte«. Für mutmaßlich Hunderttausende Italienbesucherinnen und Besucher, die im Familienwagen oder Reisebus aus dem Norden ins Land kommen, sind die *autogrill* Wegmarken in Richtung Urlaub. Menschen, die über den Brenner, über Chiasso oder Tarvisio nach Italien fahren, schlürfen in Adige, Villoresi oder Fella den ersten Espresso auf italienischem Boden, beißen dort in das erste *cornetto*, befriedigen den ersten Schub Italiensehnsucht. Nur wenige von ihnen erahnen, welche Rolle die *autogrill* für die nationale Identität Italiens spielen.

Etwas davon schimmert durch in den Worten, mit denen die Journalistin Maddalena Pieroni ihren Bericht vom Ende der Abrissarbeiten an der Brückenraststätte Montepulciano betextet, der im Lokalfernsehsender ToscanaTV ausgestrahlt wird.[2] Als in dem Beitrag die Kräne am letzten Rest des *Autogrill*-Stahlskeletts eingeblendet werden, ist von Pieroni zu hören, dieses Gebäude sei hier, im Süden der Toskana, die »Konkretisierung des amerikanischen Traums« gewesen.

Als der *autogrill* 1967 eröffnet, wenige Meter vom Bahnhof der kleinen Gemeinde Montepulciano entfernt, ragt dieser Bau auf einem gigantischen Cortenstahl-Träger in die ländliche Gegend wie ein Objekt aus einer fernen Zukunft: mit seinen hohen Glasfassaden, den roten Sonnenblenden und dem roten Schild in der Form eines stilisierten Hundeknochens mit der Aufschrift »Autogrill Pavesi«.[3] Entworfen hat ihn Angelo Bianchetti, ein Star der italienischen Nachkriegsarchitektur, der den seltenen Zukunftsmut dieser Jahre in aufsehenerregende Gebäude übersetzte.

Die Journalistin Pieroni erzählt in ihrem Fernsehbeitrag, in den Jahren nach der Eröffnung hätten sich viele Menschen aus der Region im *autogrill* mit Delikatessen eingedeckt. In den über den Fahrbahnen hängenden Räumen in Montepulciano habe es Ende der 1960er Jahre schon »seltene Waren« gegeben, die in den kleinen Lebensmittelläden der Umgebung noch nicht erhältlich waren. Viele Menschen aus dieser bis weit in die Nachkriegsjahrzehnte bäuerlichen Gegend hätten hier erstmals in ihrem Leben einen Aufzug gesehen.

Ein anderer Journalist, Alessandro Benetti, schreibt im Architekturmagazin *Domus* in einem Artikel zum Abriss dieser

Raststätte, das über dem Autoverkehr hängende Bauwerk sei ein »Fixpunkt« gewesen. Ein »Ort mit einem Hauch Amerika, der die Menschen zum Träumen brachte, in einer Zeit, in der die Freiheit mit dem Automobil verbunden war«.[4]

15 Jahre vor der Eröffnung von Montepulciano taucht das Wort »autogrill« zum ersten Mal auf. Es ist das Jahr 1952, sieben Jahre sind vergangen seit dem Ende des Zweiten Weltkriegs und dem endgültigen Sturz der faschistischen Gewaltherrschaft von Diktator Benito Mussolini. Am 2. Juni 1946 haben die Italiener in einem Referendum für die Abschaffung der Monarchie und den Aufbau einer Republik gestimmt. 1948, nach den ersten Parlamentswahlen, hat die Regierung unter dem Antifaschisten und Christdemokraten Alcide De Gasperi deutlich gemacht, auf welcher Seite sie im gerade begonnenen Kalten Krieg stehen will: im Westen, an der Seite der USA, als Mitglied der Nato, zu deren Gründungsmitgliedern Italien im April 1949 gehört. Italien ist ein armes Land, gezeichnet von verbreiteter Armut und tiefer politischer Spaltung. Doch wer es damals durchquert, sieht auch die Zeichen des Aufbruchs.

Zu diesen Zeichen gehört ein einstöckiges Gebäude, das 1952 an einer der wenigen Autobahnen des Landes eröffnet: an der Strecke Turin–Mailand, nahe der Stadt Novara in der norditalienischen Region Piemont. In seinem Inneren ist ein Laden untergebracht, in dem Autofahrer Kekse kaufen können, und daneben ein Restaurant.[5] Hinter der Attraktion steckt Mario Pavesi, ein Unternehmer, der seit den 1930er Jahren im piemontesischen Novara industriell Gebäck herstellt. Die Pavesini, Kekse in der Form eines stilisierten Hundeknochens, werden in der Nachkriegszeit zu einer der beliebtesten Süßwaren des Landes. »È sempre l'ora dei Pavesini«, es ist immer die richtige Uhrzeit für Pavesini, dieser Slogan gehört zu den erfolgreichsten Werbebotschaften, die je in italienischer Sprache geschrieben worden sind.[6]

Pavesi ist, wie viele italienische Unternehmer seiner Generation, vernarrt in die USA. Während einer Reise in die Staaten in den 1940er Jahren haben es ihm die *grill rooms* angetan:[7] Restaurants für Autoreisende, entlang der Interstate Highways, die damals schon die US-Bundesstaaten miteinander verbinden. Bereits 1947 beginnt Pavesi am Rand einer Autobahn seine Produkte zu verkaufen: In Novara öffnet ein erster Verkaufsladen für die Kekse aus eigener Herstellung, ergänzt um eine *bar* mit Tischen und einer Pergola im Außenbereich, von weithin sichtbar gemacht mit einem Betonbogen, aus dem ein Dutzend beflaggter Fahnenmasten ragen – und an dessen Seite ein großes Neonreklame-Schild mit der Aufschrift Pavesini in die Landschaft ragt.[8] Dann lässt Unternehmer Pavesi das Lokal ausbauen und um ein Restaurant erweitern. Über dem vergrößerten Gebäude hängt ein Schild mit der Aufschrift »Bar-Autogrill-Restaurant Pavesini biscuits«.[9] Dem ersten *autogrill* lässt der schnell expandierende Keksunternehmer Pavesi bis 1958 drei weitere folgen.

Ende der 1950er Jahre erleben Italienerinnen und Italiener – vor allem im Norden und in der Mitte des Landes – den bis heute spektakulärsten wirtschaftlichen Aufstieg der Geschichte: den *boom economico*, das italienische Wirtschaftswunder. Millionen Menschen im Land ermöglicht der Aufschwung, einen Kühlschrank und eine Waschmaschine in die Wohnung zu stellen und ein eigenes Auto zu kaufen. Ein Auto, mit dem sie ihr Land Jahr für Jahr schneller und einfacher durchqueren können. Das Netz der *autostrade* wird dichter und dichter, und die *autogrill* werden zum wesentlichen Bestandteil der Planungen. Als die über 750 Kilometer lange Autobahn A1 geplant wird, die Autostrada del Sole zwischen Mailand und Neapel, sind in Abständen von vierzig Kilometern zueinander Raststätten vorgesehen.[10] 1961 gründet die Mehrheit im italienischen Parlament mit dem Zaccagnini-Gesetz die Autobahngesellschaft Società Autostrade und verpflichtet sie zum Bau weiterer Hunderter Kilometer Autobahnnetz.[11]

Für Mineralölkonzerne und die italienische Lebensmittelindustrie entsteht mit den Plänen für Dutzende neue Raststätten ein Geschäftsmodell von gigantischem Ausmaß. Am Business entlang der Autobahnen will nicht nur Pionier Pavesi verdienen. Zwei weitere wachsende Riesen der italienischen Lebensmittelindustrie steigen ein: Motta und Alemagna.

Angelo Motta hat 1919 unter seinem Nachnamen eine Bäckerei gegründet, in der er einen Kuchen namens Panettone umgestaltet und ihn nach und nach zum Weihnachtsgebäck der Nation macht. Motta eröffnet weitere Filialen, in den 1930er Jahren wird aus der Bäckerei ein Industriebetrieb und eine Aktiengesellschaft.[12] 1957, als Angelo Motta stirbt, stellt Motta längst Süßgebäck der unterschiedlichsten Arten her, daneben Speiseeis und die aus den USA im Land gelandeten Cracker. Die Aktiengesellschaft Motta SpA hat zu dieser Zeit 3600 Angestellte, sie verkauft ihre Produkte in 70 000 Geschäften. Fast zehn Prozent des Umsatzes der gesamten italienischen Lebensmittelindustrie und sieben Prozent des im Land ausgegebenen Werbebudgets kommen von Motta.[13] Aus dieser Position der Stärke heraus steigt die Firma in das Business der Autobahnraststätten ein.

Den Namen *autogrill* kann Motta nicht verwenden, Pavesi hat ihn nach der Eröffnung seiner ersten Raststätte in Novara als Marke eingetragen. Die Firma, inzwischen geleitet von Manager Alberto Ferrante, weicht auf eine naheliegende Alternative aus, 1960 eröffnet sie den ersten *mottagrill*. Somaglia ovest liegt an der A1, nahe dem norditalienischen Piacenza, mit seinen Glasfassaden und Metallstreben wirkt er wie ein meterhoher Wintergarten.

Alemagna, das dritte Raststätten-Unternehmen, ist in den 1950er Jahren Mottas ärgster Konkurrent. Als Motta in der Adventszeit mit dem Slogan »Es ist kein Weihnachten ohne Motta« wirbt, antwortet Alemagna mit »Man schreibt es Weihnachten, man spricht es ›Alemagna‹ aus«.[14] Im italienischen Wirtschaftswunderjahre-Roman *La bella di Lodi* lässt die Protagonistin Roberta ein Buffet im Familiensitz von Alemagna organisieren.[15]

Wie Simone Colafranceschi in seinem Buch *Autogrill. Una storia italiana* schreibt, ist es für den Alemagna-Vorstand logisch, neben Pavesi und Motta selbst auch in das Autobahnraststätten-Geschäft einzusteigen. Die Lokale von Alemagna sind deutlich nüchterner als die der Konkurrenz: Die *autobar* sind meistens Fertigbauten, in denen sowohl der Gastronomiebereich als auch die Tankstelle untergebracht sind.

An den Autobahnen schießen in diesen Jahren *autogrill, mottagrill* und *autobar* aus dem Boden. Die Raststätten werden überrannt, die stetig anschwellende Masse der automobilen Menschen im reicher werdenden Italien steuert die Lokale an wie touristische Attraktionen. Um spektakuläre 82 Prozent wächst etwa allein zwischen 1961 und 1962 der Umsatz von *autogrill, mottagrill* und *autobar* am Rand der A1 auf der Teilstrecke zwischen Mailand und Florenz.[16] In *La bella di Lodi* beschreibt Arbasino die »unfassbare sonntägliche Menschenmenge«, die in einem *autogrill* einfällt und »alles Mögliche kauft: Einkaufswagenladungen voller glitzernder Pakete mit Stofftieren, Korbtaschen, Marsmenschenhelmen, Go-Kart-Helmen, etruskischen Amphoren, nachtleuchtenden Strandeimern, miauenden Teddybären, Krokodilen zum Aufhängen für die Windschutz- und die Rückscheibe, Plastikblumen für die Feier bei den Cousins«.[17]

Die Autobahnraststätten werden zu Pilgerorten für Millionen. Kirchliche Würdenträger erteilen den konsumhungrigen Menschen im damals noch tiefkatholischen Italien ihren Segen. Als am 29. April 1961 an der Autobahn A1 nahe Bologna der *mottagrill* Cantagallo eröffnet wird, die größte aller italienischen Autobahnraststätten, ist neben Bildungsstaatssekretär Giovanni Elkan auch Giacomo Kardinal Lercaro vor Ort, der Erzbischof von Bologna.[18] Cantagallo ist eine Brückenraststätte: 70 Meter lang, 13 Meter breit, mit 70 000 Quadratmetern Gewerbefläche, auf denen 150 Angestellte im Dreischichtbetrieb 24 Stunden täglich die Kundschaft versorgen.[19]

Bei der Einweihungsfeier vergleicht Kardinal Lercaro diesen gigantischen *mottagrill* mit einem Rastplatz auf dem Weg nach Jerusalem, von dem Jesus im Gleichnis vom barmherzigen Samariter erzählt habe. Dann sagt Lercaro: »Und nun haben wir den Herrn gebeten, seinen Segen über diese Raststätte zu bringen, die so viel größer und schöner ist, aber auf den Fleiß der Menschen und den Segen Gottes wartet.«[20] Es sind Worte, die zur Strategie der Kirche im damaligen Italien passen: Die eng mit den regierenden Christdemokraten verbandelten Kirchenoberen heiligen die Konsumgesellschaft, weil sie in ihren Freuden den mächtigsten Wirkstoff sehen, gegen den Kommunismus, den sie angesichts der anhaltenden Beliebtheit der größten kommunistischen Partei Westeuropas für das schrecklichste aller Gespenster halten.

Brückenraststätten wie Cantagallo – und das am Kapitelanfang genannte Montepulciano – stehen auf das Spektakulärste dafür, wie sehr sich in den italienischen Autobahnraststätten der Modernisierungsschub abbildet, den Italien in dieser Zeit erlebt. Die *autogrill* und *mottagrill a ponte* sind Zeugen der »eher kühnen als strengen, eher frenetischen als nachdenklichen Epoche, in der sie entstanden sind«, schreibt Architekturjournalist Alessandro Benetti für *Domus*. Allein der Architekt Angelo Bianchetti plant neben Montepulciano zehn weitere dieser Gebäude für die Firma Pavesi. Eines davon vergrößert den allerersten *autogrill*: 1962 wird aus der Raststätte in Novara ein *autogrill a ponte*. Im Jahrzehnt danach lassen Pavesi und Motta ein knappes Dutzend weiterer Brückenraststätten bauen.

Aber in den Jahren, in denen diese mächtigsten Symbole der goldenen Raststättenjahre entstehen, beginnt die Grundlage dieser italienischen Wirtschaftswundergeschichte schon zu bröckeln. Das Wirtschaftswachstum in Italien verliert ab 1963 erstmals an Fahrt, die Beschäftigungsquote geht zurück. Zwei der drei Lebensmittelriesen hinter den Autobahnraststätten, Alemagna und Motta, erschließen sich neue Geschäftsfelder, um den Umsatz trotzdem weiter zu steigern: von Grissini über Eier bis zu löslichem Kaffee. Aber die neuen Produkte verkaufen sich teilweise nur schleppend, was auf die Gewinnmargen drückt. In der *Autogrill*-Erfinderfirma Pavesi verliert in dieser Zeit die Familie um Gründer Mario Pavesi an Einfluss: Der Industriekoloss Edison kauft nach und nach größere Anteile des Unternehmens, bis er zum Mehrheitseigner wird. Edison fusioniert dann mit der Industriegruppe Montecatini, und Pavesi wird – wie Alemagna und Motta – Teil einer der großen Industriedynastien Italiens.[21]

In diesen Jahren beginnt im Land die Hochzeit der *borghesia di stato*. Nach der Gründung des staatlichen nationalen Stromversorgers Enel im Jahr 1962 bringen staatliche Großunternehmen weite Teile der Wirtschaft in Italien unter ihre Kontrolle. Eines davon ist das Staatsunternehmen Società Meridionale di Elettricità, kurz SME, eine Tochter der nationalen Wiederaufbaugesellschaft Istituto per la Ricostruzione Industriale. Die SME kauft sich in die italienische Lebensmittelindustrie ein –

unter anderem in Alemagna, Motta und Pavesi. Ab Mitte der 1960er Jahre gehen zwischen 35 und 50 Prozent der Anteile der drei Unternehmen ins SME-Eigentum über. Aber während der italienische Staat immer stärker zum Unternehmer wird, schaffen es die Regierungsmehrheiten der Zeit nicht ansatzweise, diese Entwicklung mit einer klugen Industriepolitik zu begleiten.[22]

Das Jahrzehnt des rauschhaften Aufstiegs ist vorbei, die Unternehmen hinter den Autobahnraststätten verändern sich tiefgreifend. Aber in den *autogrill, mottagrill* und *autobar* klingeln die Kassen zunächst weiter. Bis 1973 wächst das Business um durchschnittlich rund zehn Prozent pro Jahr.[23] Die Zahl der Autobesitzer und somit der Kundenstamm steigt weiter – und die Autobahnen wachsen in Italien in diesen Jahren um deutlich mehr zusätzliche Straßenkilometer pro Jahr als in der Bundesrepublik Deutschland und in Frankreich.

1971 entsteht in Alfaterna sogar die erste Brückenraststätte im wirtschaftlich schwächeren Süden Italiens. Es ist ein besonders wuchtiges, mehrstöckiges Gebäude. Sogar ein Motel befindet sich darin, in dem Gäste über den Fahrspuren der Autobahn zwischen Neapel und Salerno die Nacht verbringen können.[24] Nach Alfaterna, nach 1971, wird in Italien nie wieder eine neue Brückenraststätte gebaut werden.

1973 ist es vorbei mit der goldenen Ära. In diesem Jahr erwischt die bis dahin heftigste wirtschaftliche Krise seit Kriegsende Italien wie den Rest der westlichen Welt: Nach dem Jom-Kippur-Krieg gegen Israel drosseln die wichtigsten arabischen Erdölproduzenten ihre Förderung, die Treibstoffpreise schießen in die Höhe. In Italien werden, wie in Westdeutschland und der Schweiz, autofreie Sonntage verordnet. Die Regierung in Rom stoppt den Autobahnausbau größtenteils und schwenkt um auf *austerity*, Sparpolitik. *Autogrill, mottagrill* und *autobar* bleiben die Kunden weg, die Umsätze brechen ein, während gleichzeitig die Personalkosten deutlich steigen.[25]

Die staatliche SME setzt für die Autobahnraststätten einen Rettungsplan aus Personalkürzungen und Einsparungen beim Service auf: Automaten und Thekenrestaurants mit Selbstbedienung statt livrierter Kellner, die *primo* und *secondo* an den Tisch bringen.[26] An Autobahnabschnitten mit wenig Verkehr gelegene Lokale werden verkauft. Das reicht aber nicht. Mitte der 1970er Jahre geraten Alemagna und Motta, diese beiden Symbolfirmen der italienischen Boomjahre, in eine existenzbedrohende Krise. Das Autobahnraststätten-Geschäft wird aus den Firmen ausgegliedert.

1977 wird ein neues Unternehmen gegründet, in dem sämtliche Autobahnraststätten von Alemagna, Motta und Pavesi zusammengefasst sind: Es entsteht die Autogrill SpA, eine zu einem großen Teil staatlich kontrollierte Aktiengesellschaft, der größte Gastronomiebetrieb Italiens. Autogrill verwandelt sich von einer Marke in ein Unternehmen. Sie versucht, die 278 Raststätten in ihrem Eigentum aus der Krise zu führen.[27]

Das funktioniert Ende der 1970er und Anfang der 1980er Jahre zunächst kaum: Zwischen 1973 und 1984 liegt die jährliche Teuerungsrate in Italien ununterbrochen über zehn Prozent, das Einkommen vieler Familien schmilzt dahin – und damit auch das Budget, das viele Menschen bei einem Halt im Autogrill ausgeben können. In dieser Zeit zerstören auch noch Brände zwei besonders prestigeträchtige Brückenraststätten: 1981 die größte Brückenraststätte Cantagallo, 1984 den allerersten *autogrill* Novara.[28]

1984 aber beginnt in Italien auch das, was mehrere Autoren das »zweite Wirtschaftswunder« nennen: Das Wirtschaftswachstum schnellt nach mageren Jahren auf 2,5 Prozent nach oben, 1987 steigt Italien auf Rang fünf der größten Volkswirtschaften der Welt auf, Hunderte neue Autobahnkilometer werden im Land gebaut.[29]

Das Management von Autogrill verpasst den Autobahnraststätten eine neue Identität, behutsam, wie sich das für ein notorisch nostalgisches Land wie Italien empfiehlt. Das von 1977 bis 1996 verwendete Autogrill-Logo – ein rotes Dreieck aus drei ineinander verschachtelten Pfeilen – steht für die alten drei Raststättenpioniere Alemagna, Motta und Pavesi.[30] Bis Anfang der 1990er Jahre sind die drei Namen sogar noch an den Lokalen sichtbar und werden in der Werbung genannt. Zeitgleich aber möbelt Autogrill seine Raststätten auf und vereinheitlicht ihr Aussehen, richtet moderne Self-Service-Lokale ein, schafft Untermarken wie die Fast-Food-Pizza-Kette Spizzico und verpasst seinen Panini unverwechselbare Autogrill-Namen: Camogli, Rustichella, Apollo werden zu ikonischen Produkten, für die Menschen gerne von der Autobahn herunterfahren.

1994 wird Autogrill privatisiert, 1997 folgt der Börsengang.[31] Die neue Unternehmensführung verwandelt es binnen weniger Jahre in den mächtigsten Global Player der Reisegastronomie. Die Firma expandiert nach der Jahrtausendwende weiter, in die Schweiz, nach Österreich, in die USA und nach Vietnam. 2023 fusioniert Autogrill mit dem Schweizer Konzern Dufry, aus beiden wird die Avolta AG. Zur Autogrill Group gehören mittlerweile nach eigenen Angaben 3300 Lokale weltweit, vom Aperitif-Lokal an der Piazza Duomo in Mailand bis zum Flughafenrestaurant auf der indonesischen Insel Bali.

Im Bewusstsein der meisten Menschen in Italien aber bleiben die *autogrill* Orte an der Autobahn. Lokale, die jede und jeder kennt, mit denen die allermeisten Erinnerungen, Gefühle, manchmal Sehnsüchte verbinden. Das seit 1996 genutzte Firmenlogo – ein stilisiertes A, mit einem Querbalken wie ein abgeschnittener Nike-Swoosh – ist Menschen in Italien mindestens so präsent wie im Rest der Welt das McDonald's-M. »In manchen Nächten, wenn alle Bars zu sind / wird am erstbesten *autogrill* noch jemand feiern«, diese Passage der 1995 veröffentlichten Rockhymne »Certe notti« des Liedermachers Ligabue können in der Generation der seit 1975 Geborenen bis heute ähnlich viele Menschen in Italien mitsingen wie die Nationalhymne.

Wer heute auf Italienisch »mi fermo in autogrill« (mit Betonung auf der letzten Silbe) sagt, meint einfach: Ich fahre von der Autobahn und bleibe an einer Raststätte stehen – ob in Prenestina Ovest, Angath Nord oder Frankenwald West. »Autogrill« ist ein Deonym, ein Markenname, der als allgemeine Bezeichnung dient: so wie »Tesa« im Deutschen für Klebeband steht und »Tempo« für Taschentücher.

Gut 200 Autogrill, also Raststätten der gleichnamigen Firma, gibt es heute noch an Autobahnen in Italien. Aber in manchen Landstrichen fahren Reisende heute erst an einer Handvoll autobahngrüner Hinweisschilder von Fini, Sarni, Chef Express oder Ristop vorbei, bis sie einen »echten« Autogrill sehen, eine Raststätte, die tatsächlich dem gleichnamigen Unternehmen gehört.

Die Zahl dieser Autogrill wird in den kommenden Jahren eher sinken. »Gezielt in eine kleinere Zahl von Filialen investieren, um eine höhere Rentabilität zu erreichen«, so formuliert das Unternehmen selbst die eigenen Ziele für den italienischen Autobahnmarkt – den Markt, in dem alles anfing.[32] Auch in Italien fahren heute weniger Menschen lange Autobahnstrecken als früher, Wachstumsraten wie in den Wirtschaftswunderjahren wird es an den Rändern der *autostrade* wohl nie mehr geben.

Nachdem sie 2021 im Süden der Toskana die Montepulciano-

Brückenraststätte aus der Landschaft gerissen haben, sind zwei kleinere Autogrill an beiden Seiten der A1 entstanden, moderne und effiziente Gebäude mit in Gitterstahl und LED-Installationen verkleideten Dächern.[33]

Der allererste *autogrill*, Novara, hat inzwischen den Eigentümer gewechselt. Das Konkurrenzunternehmen Chef Express hat die Brückenraststätte umbauen lassen und betreibt sie seit 2017.[34] Als sie unter dem neuen Betreiber eröffnet wird, zitiert das lokale Nachrichtenportal *Prima Novara* Gianni Luciani, den Chef der für den Abschnitt zuständigen Autobahngesellschaft SATAP, mit diesem Satz zur umgestalteten Raststätte: »Es ist mir ziemlich schwergefallen, sie nicht mehr *autogrill* zu nennen.«[35]

Passaparola – Mundpropaganda:

Vermutlich fängt kein zweites Buch den Geist der italienischen Wirtschaftswunderjahre so gut ein wie *La bella di Lodi*. Wegen Alberto Arbasinos schnellen Sprachrhythmus und seiner schnörkellosen, flotten Beschreibungen von Orten, Menschen und Denkweisen – und wegen der Szenen aus dem Leben eines unruhigen Lands im Aufwind. Mehrere Szenen von *La bella di Lodi* spielen in und um *Autogrill*-Raststätten: architektonisch unerhört moderne Gebäude, in denen aus bitterer Not aufgestiegene Menschen ihre Lust am Konsum mit ihrer Lust an automobiler Bewegung vereinbaren können. Die unromantische und sehr körperliche Liebesgeschichte der reichen und selbstsicheren norditalienischen Agrarindustriellen-Tochter Roberta mit dem ungebildeten Automechaniker Franco hat Regisseur Mario Missiroli 1963 verfilmt. *La bella di Lodi*, mit Stefania Sandrelli in der weiblichen Hauptrolle, ist auf Videoportalen in der Originalfassung mit englischen Untertiteln abrufbar. Wer Gefallen findet an der Ästhetik der *Autogrill*-Raststätten, an *Autogrill*-Produkten von heute und aus vergangenen Jahrzehnten, sollte auf Instagram den Profilen @passione_autogrill und @nostalgiautogrill folgen.

Belpaese

Woher die Italienklischees kommen

Eine Illustration aus dem frühen 20. Jahrhundert. Auf der in den Farben Italiens gehaltenen Trikolore stehen die Worte: »là dove 'l sì suona«, wo das *sì* erklingt, aus Dantes *Göttlicher Komödie*. Die Person in der Mitte ist der Dichter höchstselbst.

La parola – das Wort:

Belpaese [bɛlpa'e:ze], seltener: *bel paese* – wörtlich: das schöne Land, zusammengesetzt aus »bello« (schön) und »paese« (Land).

1. Name, der stellvertretend für Italien steht. Angelehnt an berühmte Zitate der italienischen Nationaldichter Dante Alighieri (1265-1321) und Francesco Petrarca (1304-1374). Titel eines 1875 erschienenen populärwissenschaftlichen Buchs von Antonio Stoppani über landschaftliche Sehenswürdigkeiten Italiens.

2. Markenname eines Weichkäses, der in der norditalienischen Region Lombardei hergestellt wird.[1]

La storia dietro la parola – die Geschichte hinter dem Wort:

Womit hat Italien das eigentlich verdient? Hügel mit Zypressen auf den Kuppen; elegant gekleidete, braun gebrannte Frauen und Männer mit Sonnenbrille auf der Nase, die Espresso aus kleinen, weißen Tassen nippen; ein Mensch auf einer Vespa, der mit knatterndem Geräusch über die dunklen, breiten Kopfsteine der Piazza einer italienischen Stadt fährt. Warum schießen so vielen Menschen heute angenehme Bilder wie diese in den Kopf, wenn sie an Italien denken? Warum gilt Italien im deutschsprachigen Raum als so schön, dass zum Wort »Italiensehnsucht« seit 2006 ein eigener Wikipedia-Eintrag existiert?[2]

Das unübersetzbare italienische Wort *belpaese* ist so etwas wie die Mutter aller Italienklischees. Wer diesem Wort auf den

Grund geht, entdeckt Spuren von Jahrhunderten des Kampfs um den Aufbau der italienischen Nation und um eine nationale Identität. In *belpaese* spiegelt sich aber auch ein Teil des Blicks von außen und vor allem von Norden aus auf Italien wider: ein Blick, der zwischen sehnsüchtig und abschätzig pendelt.

Belpaese ist im Italienischen des frühen 21. Jahrhunderts die wohl populärste Bezeichnung für Italien. Verwendet wird sie im Wesentlichen mit drei unterschiedlichen Bedeutungen. Zum einen wird *belpaese* nah an der wörtlichen Bedeutung verwendet. Italien ist ein *bel paese*, ein schönes Land, das ist in den Augen vieler Besucher ebenso wie eines großen Teils der knapp 59 Millionen Einwohner eine Wahrheit, die sich leicht überprüfen lässt: an den Hängen der Dolomiten, in den Ortschaften der Cinque Terre in Ligurien, an den Stränden Sardiniens. Diese Selbstzuschreibung findet Anklang auch bei Italienromantikern im Rest der Welt. *Belpaese* mit der vermeintlich nur beschreibenden Bedeutung »schönes Land« wird gerne genutzt im Tourismus und in den anderen Formen der Italienvermarktung: Reiseveranstalter preisen ihre Trips in die Toskana oder nach Rom mit diesem Wort an. Restaurants und Pizzerien tragen es in ihrem Namen. Leiter von Italienischkursen locken Menschen mit der Möglichkeit, die »Sprache des belpaese« zu lernen.

Dieser Ausdruck hat aber auch etwas Ausschließendes. Er wird nur für Italien verwendet. Und dieser patriotisch-selbstverliebte Blick kann ausarten, in Überhöhung – und somit in die zweite Ausprägung des Begriffs *belpaese*. »Pizza-Chauvinismus«, so hat Ulrich Ladurner, ein in Südtirol geborener italienischer Journalist der *Zeit*, diese Bedeutungsdimension genannt. In einem Text aus dem Sommer 2002 bietet Ladurner eine Erklärung für ein italienisches Phänomen an, das damals viele Menschen im deutschsprachigen Raum ratlos zurücklässt: die Beliebtheit Silvio Berlusconis, der damals seit gut einem Jahr zum zweiten Mal als Regierungschef amtiert (→ Berlusconismo). Warum dieser Mann so beliebt ist, erklärt der *Zeit*-Journalist unter anderem so:

> Zwischen ihm und seinen Wählern gibt es so etwas wie eine Übereinstimmung der Seelen. Sie senden auf gleicher Welle. Berlusconi verfügt über ein gigantisches narzisstisches Ego, und er ist der Sohn eines Volkes, das zwischen Minderwertigkeitskomplex und Größenwahn schwankt und das sich seiner selbst nicht sicher ist. Würde man fragen, was es denn bedeute, Italiener zu sein, bekäme man sehr unterschiedliche Antworten. Nur in einem würden sich alle wiederfinden: Italien ist *il bel paese*, das schöne Land, heißt das übersetzt, gemeint ist aber »Italien ist das schönste Land«.[3]

Schön, schöner, Italien: Berlusconi wird diesen überhöhenden *Belpaese*-Begriff immer wieder verwenden in den insgesamt rund siebeneinhalb Jahren, in denen er nach Erscheinen von Ladurners Text noch die Regierung Italiens anführen wird.

Berlusconi nutzte ein Muster, das italienische Politikerinnen und Politiker seither immer wieder verwendet haben. Kritik aus dem Ausland an bestimmten politischen Entscheidungen oder an der allgemeinen Linie der Regierung wird umgedeutet in einen Angriff auf den Stolz des *belpaese*, des schönsten Lands der Welt, auf das diese schnöseligen Ausländer einfach nur neidisch seien. »Non prendiamo lezioni da nessuno«, wir lassen uns von keinem anderen Land belehren, dieser Satz ist die wohl kürzeste Fassung dieser Haltung. In den vergangenen Jahren haben ihn so (zumindest auf den ersten Blick) unterschiedliche Politiker wie der Mitte-links-Regierungschef

Matteo Renzi und der spätere rechtsnationale Innenminister Matteo Salvini verwendet: Renzi im Jahr 2014 gegen Kritik des deutschen Konservativen Manfred Weber an der hohen Staatsverschuldung Italiens, Salvini 2019 gegen Kritik an der Migrationspolitik seiner Regierung.[4]

Dass auf diese *Belpaese*-Wagenburgmentalität oft zurückgegriffen wird, um von hausgemachten Fehlern und Problemen abzulenken, erkennen in Italien viele Menschen. Und auf dieser Erkenntnis beruht die dritte Bedeutung, mit der *belpaese* im Italienisch der Gegenwart gebraucht wird: als selbstironisch oder sarkastisch gebrochenes Klischee. »Che belpaese, eh«, mit diesem Ausruf würzen Menschen in Italien regelmäßig Gespräche über den jüngsten politischen Skandal im Land, über den Rückstand Italiens zu anderen europäischen Staaten in vielen Bereichen, über chronische Übel wie organisierte Kriminalität oder großflächigen Steuerbetrug. In Medien wird der sarkastisch gebrochene Mythos regelmäßig gebraucht: Die Tageszeitung *La Repubblica* betitelt etwa einen Artikel über die im europäischen Vergleich überdurchschnittlichen Arbeitszeiten der Italiener mit »il belpaese che lavora troppo«, das *belpaese*, das zu viel arbeitet.[5] Die linke Zeitung *Il Manifesto* wettert gegen das »belpaese smemorato«, das *belpaese* ohne geschichtliches Gedächtnis.[6]

»Tanto ci sarà sempre chi pagherà le spese / in questo benedetto, assurdo belpaese«, so singt sich der linke Liedermacher Francesco Guccini in seinem 1996 erschienenen Lied »Cirano« den Frust über die politische Entwicklung aus dem Leib: »Irgendeiner wird ja immer die Zeche bezahlen / in diesem gesegneten, lächerlichen *belpaese.*« Vier Jahre waren da vergangen seit der Explosion des riesigen *Tangentopoli*-Korruptionsskandals, der die politischen Parteien der Nachkriegsjahrzehnte weggefegt und bei Millionen Italienern die Hoffnung auf eine bessere Republik geweckt hatte. Herausgekommen sind der Aufstieg des milliardenschweren Politikneulings Silvio Berlusconi und die Zersplitterung der italienischen Linken.

15 Jahre später – in einem Italien, das im europäischen Vergleich wirtschaftlich noch weiter zurückgefallen[7] und politisch noch tiefer in die Krise gerutscht ist – veröffentlicht der Rapper Caparezza »Goodbye malinconia«. Der Song ist eine bittere Hymne für die Millionen junger Italiener, die aus dem Land auswandern, um ordentlich bezahlte Jobs und eine Perspektive zu finden. Caparezza reimt, in Italien, das Dante Alighieri Anfang des 14. Jahrhunderts als »bel paese dove 'l sì sona« besungen hatte, habe früher ein Schulabschluss gereicht, um über die Runden zu kommen. Man habe dafür nicht, wie heute, ein Star sein müssen oder mit dem Lebenslauf eines Pornostars in die Politik gehen müssen. Caparezza spielt hier auf die vielen Frauen an, die der damals noch amtierende Regierungschef Berlusconi mit Posten versorgt oder anderweitig finanziell abgesichert haben soll – weil sie mutmaßlich an Feiern beteiligt waren, die unter dem Stichwort »Bunga Bunga« in die Geschichte eingegangen sind. Sogar der Espresso, sagt Caparezza, schmecke inzwischen bitter, als wäre er mit Zyankali vergiftet – wie jener im Gefängnis getrunkene Becher Espresso, an dem im März 1986 der wegen mehrerer schwerster Verbrechen verurteilte Banker Michele Sindona starb.

Solche Verse sind das Gegenteil von romantischer Italienverklärung. Aber *belpaese* ist eben seit Jahrhunderten ein viel komplizierteres Wort, als manche Italienromantiker der Gegenwart uns weismachen wollen. Wie Caparezza korrekt rappt, ist der Erste, der den Ausdruck nachweislich verwendet hat, Dante Alighieri: jener inzwischen zum Nationaldichter erhobene Mann aus dem mittelitalienischen Florenz, nach dem heute knapp 3800 Straßen und Plätze im Land benannt sind.[8]

Dante, zeitlebens ein hochpolitischer Schriftsteller, verwendet den Ausdruck »bel paese là dove 'l sí sona« (das schöne Land, in dem das *sì* erklingt) in seinem mit Abstand einflussreichsten Werk, der *Göttlichen Komödie.* Der aus seiner Stadt verbannte Florentiner reist darin als Ich-Erzähler durch die drei Reiche des christlichen Jenseits: Hölle, Fegefeuer, Paradies. Und das *bel paese* taucht in der Hölle auf, genauer gesagt im 33. Gesang von Dantes Inferno, im letzten Ring, nur kurz vor dem Erdkern, in dem der Teufel sitzt.

Die Bezeichnung Italiens als *bel paese* ist bei Dante Teil einer grauenhaften Verfluchung, die er gegen das nahe Florenz gelegene Pisa richtet. Die Stadt solle von einer Flut zerstört werden, die jeden Menschen in ihr ertränken möge, schreibt der Dichter. Pisa sei die *Schande* des *bel paese,* weil die Oberen der Stadt die unschuldigen Kinder des verurteilten Grafen Ugolino della Gherardesca im Kerker verhungern lassen hatten.

Als ein paar Jahrzehnte später der zweite italienische Großdichter vom *belpaese* schreibt, tut er das in einem deutlich weniger brutalen Zusammenhang. Der im toskanischen Arezzo geborene Francesco Petrarca schreibt im *Canzoniere,* seiner autobiografischen Gedichtsammlung, von Italien als »il bel paese Ch'Appennin parte, e 'l mar circonda e l'Alpe«: das schöne Land, geteilt vom Apennin, umgeben vom Meer und von den Alpen. Diese Bezeichnung ist Teil des 146. von 366 Gedichten im *Canzoniere.* Die von ihm geliebte und in seinem Werk oft gelobte Frau Laura, so Petrarca, könne er nicht auf der ganzen Welt bekannt machen, sondern eben nur im *bel paese,* nur in Italien – zumindest bei jenen Menschen, die die frühe Form von italienischer Sprache verstehen, die er benutzt.

Als Petrarca diese Zeilen schreibt, ist Italien noch ein halbes Jahrtausend davon entfernt, ein geeintes Land zu sein: Es ist ein mittelalterlicher Flickenteppich aus kleinen Republiken,

Herzogtümern, Königreichen, unter dem Dach von Papst und Kaiser stehend – aber weitgehend unabhängig und oft miteinander verfeindet. Als Idee, als geistiges Sehnsuchtsziel für Intellektuelle wie ihn, existiert ein einiges Italien aber schon damals. Im 128. Gedicht, das mit dem Ausruf »Italia mia« beginnt, mein Italien, wünscht sich Petrarca diese Einigkeit herbei. Söldner aus Deutschland, klagt er, würden im Land ihr Unwesen treiben, beauftragt von gegeneinander kämpfenden italienischen Herrschern. Petrarca besingt die glorreiche Vergangenheit des Römischen Reichs, als die in Italien geborenen Gaius Marius und Julius Cäsar die Barbaren aus dem Norden besiegten. Nun wüteten die Nachfahren dieser Leute hier sogar im Auftrag italienischer Herrscher.

Italien bleibt nach Petrarcas Ausruf politisch zersplittert. Aber schon lange vor seiner politischen Einheit beginnt die Karriere des *belpaese* als Sehnsuchtsland der Menschen aus dem nördlicheren Europa. Ab dem späten 17. Jahrhundert, nachdem Europa sich vom jahrzehntelangen Gemetzel des Dreißigjährigen Kriegs erholt hat, begeben sich vor allem junge Erwachsene auf die Grand Tour durch Europa. Angehörige aus der kleinen wohlhabenden Schicht Englands, Frankreichs und der deutschsprachigen Länder bereisen den Kontinent, und Italien ist ein besonders begehrtes Ziel.

Johann Wolfgang Goethe schreibt seine Jubelzeilen vom »Land, wo die Zitronen blüh'n«, wohl schon, bevor er 1786 zu seiner italienischen Reise aufbricht. »Auch ich in Arkadien!«, schreibt er an den Anfang seines Reiseberichts. Er meint: Auch ich im Sehnsuchtsland, in dem die antike Hochkultur entstanden ist, im *belpaese*, das Idylle und Glück verheißt. In dem Werk selbst schreibt Goethe ausgiebig über die Menschen, vor allem aber die Bauwerke und die Landschaft des geliebten Lands, unter anderem über die Zypresse, diesen »respektabelsten Baum, wenn er recht alt und wohl gewachsen ist«. Das Gemälde *Goethe in der Campagna,* auf dem sein malender Begleiter Johann Heinrich Wilhelm Tischbein den Dichter in einem idealisierten ländlichen Mittelitalien abbildet, wird die Italienfantasien von Generationen von Menschen nördlich der Alpen prägen.

Eine französische Italienbesucherin verhilft dem Wort *belpaese* zu neuer Bekanntheit. Madame de Staël, Schriftstellerin und Vorreiterin von Literaturwissenschaft und Literatursoziologie, bereist das Land Anfang des 19. Jahrhunderts. Nach ihrer Rückkehr verfasst sie den Roman *Corinna oder Italien.* Auf der ersten Seite zitiert sie Petrarcas Verse aus dem *Canzoniere*: »Udrallo il Bel paese Ch'Appennin parte, e 'l mar circonda e l'Alpe«, das schöne Italien wird von dieser Geschichte hören.

Das Italienbild der Besucher aus dem Norden hat aber auch eine großflächige Schattenseite. Denn sosehr manche der Reisenden für Vegetation, Kultur, Architektur im *belpaese* schwärmen, so stark fremdeln viele von ihnen auch mit Land und Leuten. Und mit der Küche. »Die klassische Italienreise war Augenlust, nicht Gaumenschmaus«, so beschreibt es der Autor und ausgezeichnete Italienkenner Dieter Richter.[9] Johann Gottfried Seume, der 1802 von Sachsen ins sizilianische Syrakus wandert, sieht die Menschen auf der größten Mittelmeerinsel Nudeln essen und lästert über den »bestialischen Maccaronifraß«.[10] In Rom und Neapel gibt es gut besuchte deutsche Gaststätten, dank denen den Besuchern die angeblich ungenießbare heimische Küche erspart bleibt.[11]

Wenige Jahre später bringen die Nationalbewegungen die alten europäischen Reiche ins Wanken. In Italien nimmt das Risorgimento an Fahrt auf, wörtlich die »Wiederauferstehung« Italiens. Nach zwei Unabhängigkeitskriegen gegen das österreichische Kaisertum und dem »Zug der Tausend« des republikanischen Revolutionärs Giuseppe Garibaldi von Sizilien aus bis nach Neapel wird 1861 das Königreich Italien ausgerufen, sein König ist Viktor Emanuel II. Italien ist erstmals ein moderner, einheitlicher Nationalstaat.

Doch das Land steht vor gewaltigen Problemen: Wirtschaftlich und militärisch ist man im Vergleich zu den Staaten West- und Mitteleuropas eklatant abgeschlagen.[12] Und in Italien gibt es viel zu wenige Italiener.

»Fatta l'Italia bisogna fare gl'Italiani.« An diesem Satz, den der 1866 gestorbene Schriftsteller, Künstler und Politiker Massimo d'Azeglio in den ersten Jahren nach der Einheit gesagt haben soll, kommt in Italien kaum eine Schülerin und kein politisch und geschichtlich interessierter Mensch vorbei: Italien ist geschaffen, jetzt müssen die Italiener geschaffen werden, so lässt er sich frei übersetzen. D'Azeglio meint: Es fehlt einem großen Teil der Menschen in Italien an Nationalgefühl, an der inneren Überzeugung, zu einem einzigen Land zu gehören, das von den Alpentälern des Aostatals bis zu den Küsten Siziliens reicht.

Das ist wenig verwunderlich: Die Lebensrealitäten der Menschen in den Regionen des neuen Staats unterscheiden sich auf heute kaum mehr vorstellbare Weise. Der Alltag eines Menschen aus gutbürgerlichem Kreis, der in den 1860er Jahren in Mailand oder Turin lebt, hat erheblich mehr mit dem eines Wieners oder Parisers gemein als mit dem eines Palermitaners oder Neapolitaners – von dem eines Menschen im ländlichen Kalabrien oder Apulien ganz zu schweigen. Arbeitsalltag und Bräuche sind jahrhundertelang völlig anders geprägt worden. Im Norden mit seinen selbstbewussten Städten und ihrer ausgeprägten Zivilgesellschaft haben die Industrialisierung und die Modernisierung der Landwirtschaft begonnen, während im Süden ein gewaltiger Teil der Bevölkerung in vormodernem Elend lebt.[13] Die allermeisten Staatsbürger eint nicht einmal die gemeinsame Sprache: Nach Schätzungen des Sprachwissenschaftlers Tullio De Mauro sprechen 1861 gerade einmal 2,5 Prozent der Menschen in Italien Italienisch, alle anderen können sich nur in ihrem Dialekt verständigen.[14]

Dass den Menschen patriotische Gefühle eingeflößt werden müssen, denkt nicht nur Massimo d'Azeglio. In den Jahren und Jahrzehnten ab 1861 unternehmen der italienische Staat und patriotisch gesinnte Privatleute große Anstrengungen, um aus möglichst vielen Menschen gute Italiener zu machen. Einer von ihnen ist der katholische Priester Antonio Stoppani, einer der Wegbereiter der Geologie, der Paläontologie und der Gletscherkunde in Italien und – für einen italienischen Kirchenmenschen damals eher ungewöhnlich – glühender Patriot.

1876 veröffentlicht der damals gut fünfzig Jahre alte und weit gereiste Stoppani ein Buch mit 29 Kapiteln. Er will den Menschen in Italien die Landschaften ihrer immer noch jungen Nation näherbringen – von den Gletschern in der Lombardei und im Piemont über die Marmorsteinbrüche der Toskana bis zum Vulkan Ätna in Sizilien. Es ist ein ausdrücklich pädagogisches Buch. Stoppani leitet es mit einem Vorwort ein, in dem er sich verpflichtet, zum »Wissen der Nation« über die eigene Landschaft beizutragen und den unhaltbaren Zustand zu beenden, dass viele Italiener mehr über die Landschaften Englands, Frankreichs oder Amerikas wüssten als über ihr eigenes Heimatland.[15] Der Titel von Stoppanis Buch: *Il Bel Paese*, eine Ehrerbietung an Petrarca, den er im Vorwort zitiert. 1877 zeichnet das Königliche Institut für Wissenschaft und Literatur Stoppanis Werk als »bestes Lesebuch für das italienische Volk« aus.[16] Ab 1889 wird *Il Bel Paese* als günstige Ausgabe für Schüler gedruckt.[17] Erstmals lernt eine breite Masse von Menschen in Italien diesen Ausdruck als Selbstbezeichnung für das eigene Land kennen.

Zu den Lesern des patriotischen Reisebuchs gehört offensichtlich Egidio Galbani. Galbani hat in den 1880er Jahren mit seinem Bruder Davide in der norditalienischen Region Lombardei eine Käserei gegründet und sie in den Jahren danach auf industriellen Maßstab ausgebaut. Anfang des neuen Jahrhunderts fällt ihm nach eigenen Angaben auf, dass in den Feinkostläden italienischer Städte keine einzige hochwertige Käsesorte mit einem italienischen Namen zu finden ist – sondern nur französische. 1906 bringt Galbani daher eine neue Weichkäsesorte auf den Markt und wählt dafür den patriotischen Namen Il Formaggio del Bel Paese, der *Belpaese*-Käse.[18] Auf die Käselaibe aufgedruckt wird neben den Namen von Produkt und Hersteller eine Karte Italiens und das Gesicht von *Il-Bel-Paese*-Autor Antonio Stoppani.

Dessen Buch wird indessen zu einem der ersten Bestseller des geeinten Italiens. Bis 1931 erreicht es offiziell 150 Auflagen.[19] Auch die faschistische Diktatur unter Benito Mussolini erwärmt sich für das Werk. Luigi Freddi, einer der mächtigsten Propagandaverantwortlichen des Regimes, schreibt 1929 für die Parteizeitung *Il Popolo d'Italia*, der Reisebericht Stoppanis mache aus dem »Vaterland eine lebendige, greifbare Sache«, eine »Liebhaberin, für die es schön ist, nötigenfalls zu sterben«. 1939 erscheint das Buch in einer neuen Auflage mit üppigen Illustrationen und viel nationalistischem Pathos: Den Lesern einer neuen Generation soll darin unter anderem auch gezeigt werden, wie sehr sich das *belpaese* unter der faschistischen Regierung im Vergleich zu 1875 verändert hat.[20]

Aber was heißt damals überhaupt *belpaese*? Verändert hat das faschistische Regime in jedem Fall das Bild, das es von Italien in der Welt vermitteln will. Italien soll nicht mehr in erster Linie als das liebliche Kulturland gelten, von dem romantische Studierende und andere Bildungsbürger träumen. Italien soll gefürchtet sein, als militaristische Kolonialmacht, als *impero*, das über das Mittelmeer herrscht wie einst das Römische Reich.

Geistige Vorarbeit für diesen Imagewandel hat schon Jahre vor Mussolinis Marsch auf Rom der Futurismus geleistet. Die von Filippo Tommaso Marinetti begründete künstlerische Strömung will radikal mit dem Kulturerbe des *belpaese* brechen. In seinem 1909 in der französischen Zeitung *Le Figaro* veröffentlichten »Manifest des Futurismus« schreibt Marinetti, die Futuristen wollten mit der »gedankenschweren Unbeweglichkeit« brechen, die Schriftsteller bisher gepriesen hätten, und stattdessen die »angriffslustige Bewegung« loben, die »fiebrige Schlaflosigkeit, den Laufschritt, den Salto mortale, die Ohrfeige und den Faustschlag«. Seine Bewegung wolle »den Krieg verherrlichen«, die »einzige Hygiene der Welt«, den »Militarismus, den Patriotismus, die Vernichtungstat der Anarchisten, die schönen Ideen, für die man stirbt, und die Verachtung des Weibes«.[21] Marinetti wird wenige Jahre später zum Faschisten, noch mit weit über sechzig Jahren nimmt er für die italienische Armee am Vernichtungskrieg Nazideutschlands gegen die Sowjetunion teil.

Um neu zu definieren, was Menschen in Italien und weltweit unter *belpaese* verstehen sollen, nehmen es die Faschisten derweil auch mit der Pasta auf. Die Nudeln, die heute als Inbegriff italienischer Kultur gelten, sind bis weit ins 20. Jahrhundert außerhalb Süditaliens kaum bekannt, beginnen sich aber damals landesweit auszubreiten. Die Faschisten bekämpfen den Vormarsch von Spaghetti und Maccheroni vehement. Mussolini will Italien unabhängig von Getreideimporten machen, den Verbrauch im Land senken und die Menschen lieber zum Essen von Reis drängen. Außerdem sehen viele Faschisten Pasta als Lebensmittel an, das die Menschen verweichlicht, und als Mode, die von italienischen Auswanderern aus den verhassten USA ins Land gebracht werden soll.[22]

Die Versuche, aus dem *belpaese* eine furchterregende Militärmacht voller kriegsbesessener Pasta-Hasser zu machen, zerschellen binnen weniger Jahre in der Katastrophe des Zweiten Weltkriegs. Italien wird 1946 zur Republik, 1948 tritt eine demokratische Verfassung in Kraft. Das Land wird zu einer modernen Marktwirtschaft. Zwischen Ende der 1950er und Mitte der 1960er Jahre erlebt es den bis heute spektakulärsten Wirtschaftsboom aller Zeiten. Es sind nicht nur die Jahre, in denen in Italien der Wohlstand so stark und so schnell wächst wie nie zuvor. Es ist auch die Zeit, in der ein großer Teil des heutigen Italienbilds geprägt wird.

Ab den 1950er Jahren wird die Pizza – die bis dahin außerhalb Neapels kaum einem Menschen in Italien ein Begriff war[23] – zum italienischen Nationalgericht. Der Parmesankäse bekommt erst in den 1960er Jahren die Form und den Geschmack, die er heute hat,[24] der Panettone wird erst in den Nachkriegsjahrzehnten zum italienweit bekannten Weihnachtskuchen.[25] Der *caffè espresso* und die Vespa des Zweiradherstellers Piaggio beginnen in der Wirtschaftswunderzeit ihren globalen Siegeszug. 1960 kommt *La Dolce Vita* von Federico Fellini in die Kinos: Die bissige Filmsatire über den Jetset im Rom der Zeit erscheint im deutschsprachigen Raum unter dem Titel *Das süße Leben*. Der italienische Titel aber wird weltweit zum heute wohl am stärksten ausgelutschten Italienklischee.

Zur selben Zeit ermöglichen es Wirtschaftsaufschwung und Wohlstandszuwachs im deutschsprachigen Raum Millionen Menschen, nicht nur aus der Ferne von Italien zu schwärmen. Die Fahrt mit dem ersten eigenen Auto über Brenner oder Reschenpass in den Süden wird für viele Familien zum ersten großen Reiseabenteuer der Nachkriegszeit. Zugleich strömen

Arbeitsmigranten vor allem aus dem Süden Italiens nach Westdeutschland, Österreich und in die Schweiz. Die ersten italienischen Restaurants eröffnen in vielen Städten in den 1950er Jahren, italienische Eisdielen werden von Hamburg bis Innsbruck zu Fixpunkten des sommerlichen Alltags.[26]

Es verhärten sich auf der Nordseite der Alpen aber auch die negativen Klischees über Italien. Viele »Gastarbeiter« erleiden Rassismus und Ausgrenzung, in der Schweiz stimmt 1970 nur knapp weniger als die Hälfte der teilnehmenden Menschen für eine Volksinitiative, die zu einer Ausweisung Hunderttausender Italiener geführt hätte.[27] 1977 erscheint das deutsche Nachrichtenmagazin *Der Spiegel* mit einem Cover, das jahrzehntelang nachhallen wird: eine schwarze Pistole auf einem Teller Spaghetti, darunter die Überschrift »Urlaubsland Italien«. Die Titelgeschichte dreht sich um die Welle aus Terrorismus, Straßenkriminalität und Entführungen, die über das Land schwappt. Das Pistole-Spaghetti-Bild gilt in Italien bis heute als eine Art Ursünde für klischeebelastete Berichterstattung ausländischer Medien über das Land. Seit dem Höhepunkt der Euro-Staatsfinanzierungskrise haben deutschsprachige Medien dafür weitere Belege geliefert. Italien als Land des Chaos, des süßen Nichtstuns, das auf Kosten seiner nördlichen Nachbarn lebe: Das Klischeebild des *belpaese* wirft weiter große Schatten.

In Italien selbst gehen die mächtigsten Vertreter der nationalen Politik in den Jahrzehnten nach dem Zweiten Weltkrieg lange recht sparsam um mit patriotischen Tönen. Abseits von Olympischen Spielen und großen Fußballturnieren sprechen die Verantwortlichen bis in die 1990er Jahre nur selten von *patria* und *nazione*, von Vaterland und Nation.[28] 1961 wird auch die von den Faschisten gewollte Ausgabe von *Il Bel Paese*, dem Bestseller von Antonio Stoppani, zum bisher letzten Mal neu aufgelegt.[29] Seither spielt das Buch im italienischen Schulunterricht fast keine Rolle mehr. Auf den Weichkäse *Bel Paese* wird bis in die 1980er Jahre das Gesicht von Schriftsteller Stoppani gedruckt. In einem Fernsehwerbespot von 1982 betont der Sprecher aber vor allem, dass Bel-Paese-Käse von New York bis Amsterdam gerne gegessen werde und besonders »ergiebig« sei.[30]

Als in den 1990er Jahren dann die separatistische Lega Nord die Idee eines unabhängigen norditalienischen Teilstaats namens Padanien populär macht und die Einheit des Landes ernsthaft gefährdet scheint, lanciert der 1999 gewählte Staatspräsident und überzeugte Europäer Carlo Azeglio Ciampi eine Kampagne, um das italienische Nationalbewusstsein und die Symbole der Nation wieder stärker im Alltag zu verankern.

Galbani wirbt für seinen *Bel Paese* heute mit einem Slogan in der Befehlsform: »Ama l'Italia« – Liebe Italien![31]

Passaparola – Mundpropaganda:

Ja, der Blick aus dem deutschsprachigen Raum auf Italien ist heute stark von Klischees geprägt, von abschätzigen (Chaosland!) wie verklärenden (Dolce Vita!). Ja, manche Deutschsprachige könnten sich mehr Mühe bei der Aussprache von »Gnocchi« oder »Latte Macchiato« geben. Aber vielleicht sollte man hin und wieder anerkennen, dass diese Klischees und diese Oberflächlichkeiten ein Fortschritt sind. Es ist hilfreich, ein paar Jahrzehnte zurückzublicken. Zum Beispiel auf *Ein Herz und eine Seele*, diese großartig-bitterböse Satire auf die kleinbürgerliche Spießigkeit vieler westdeutscher Familien der 1970er Jahre. Der faschistoide Familienvater Alfred Tetzlaff, wundervoll gespielt von Heinz Schubert, spricht darin seine Ressentiments gegen alles, was er für links hält, gegen Frauen und gegen Nichtdeutsche so schamlos aus, dass die ARD vor die heute in der Mediathek abrufbaren Folgen einen Warnhinweis platziert hat. In der 1974 erstmals ausgestrahlten Episode »Der Ofen ist aus« breitet »Ekel Alfred« die ekligsten Klischees über Italiener aus, die Menschen damals in vielen bundesrepublikanischen Wohnzimmern und Kneipenstuben austauschten. Alfred lässt erst eine Tirade vom Stapel gegen den Teigfladen namens Pizza, der damals auf dem Weg war, zu einer der beliebtesten Speisen der Deutschen zu werden. Dann breitet er seine rassistischen Klischees gegen die »Gastarbeiter« aus dem Süden aus. Wie schön klingt dagegen ein dahingesagtes »Gnotschi«.

Berlusconismo

Wie der *cavaliere*
Italien verändert hat

Silvio Berlusconi auf der Piazza San Babila in Mailand bei der Sammlung von Unterschriften gegen Romani Prodi im November 2007. Berlusconi wollte mit der Aktion den damaligen Ministerpräsidenten Prodi stürzen und vorgezogene Parlamentswahlen herbeiführen.

La parola –
das Wort:

Berlusconismo [berluskɔˈnizmo] – Die Denkweise und das soziale und alltagskulturelle Phänomen, das auf den italienischen Bauunternehmer, Medienmogul, Fußballklubeigentümer und späteren Spitzenpolitiker und langjährigen Regierungschef Silvio Berlusconi und die von ihm gegründete politische Bewegung zurückgeht; die von Silvio Berlusconi vertretene Auffassung von Wirtschaft, Markt und Politik.[1]

La storia dietro la parola –
die Geschichte hinter dem Wort:

Am 28. März 1994 raucht Nanni Moretti den ersten Joint seines Lebens. Zumindest erzählt er das selbst so. Er sitzt neben seiner Mutter, nimmt einen unwirklich großen glimmenden Zylinder in die rechte Hand, zieht daran, atmet den Rauch aus, sieht die Mama an und sagt: »Marijuana. Che vuoi fare?« Marihuana. Was bleibt einem anderes übrig?

Beide schauen auf den Fernseher, der vor ihnen auf dem Ecktisch im Wohnzimmer steht. Gezeigt werden die Ergebnisse der italienischen Parlamentswahl.

Es ist die Anfangsszene von *Aprile*, einem Spielfilm Morettis, erschienen im April 1998. Moretti ist einer der eigentümlichsten Regisseure Europas, er kommt in seinen Filmen immer selbst als zentrale Figur vor und spiegelt darin seinen Blick auf das wundervolle, schreckliche, komplizierte Land Italien. In *Aprile* erzählt Moretti von zwei enorm wichtigen Übergängen: von der Geburt seines Sohns Pietro, die 1996 sein privates Leben auf den Kopf stellt – und vom ersten Wahlsieg Silvio

Berlusconis, mit dem am 28. März 1994 in Italien der *berlusconismo* in die Zentrale der politischen Macht einzieht: die Politik nach Art von Silvio Berlusconi.

Silvio Berlusconi kommt im September 1936 auf die Welt, im kleinbürgerlichen Mailänder Stadtteil Isola. In den Wirren des Zweiten Weltkriegs muss die Familie die Stadt verlassen. Nach dem Kriegsende arbeitet sein Vater Luigi als Angestellter bei der Privatbank Banca Rasini, seine Mutter Rosa Bossi als Stenografin beim Reifenhersteller Pirelli. Silvio besucht das *liceo classico*, das humanistische Gymnasium, er studiert Jura an der Università Statale in Mailand. Er jobbt als Barkeeper, Fotograf, Staubsaugervertreter und Animateur auf Kreuzfahrtschiffen. Schon als Student hat er ein *lavoro vero*, wie man in Italien sagt, einen seriösen Arbeitsplatz: als Immobilienmakler für den Unternehmer Pietro Canali.

Berlusconi will schnell Geld machen, schreibt der Journalist Gianni Barbacetto in seiner Biografie über ihn. 1961 schließt er sein Studium mit Bestnote und einer preisgekrönten Arbeit ab und wird im selben Jahr selbst Unternehmer.[2] Berlusconi hat ein Auge auf ein Grundstück in der westlich des Stadtzentrums gelegenen Via Alciati geworfen, er holt sich bei der Stadt persönlich eine Baugenehmigung. Gemeinsam mit seinem Chef Canali gründet er seine erste Bauträgergesellschaft. Die 190 Millionen Lire für das Grundstück kommen von der Banca Rasini, für die sein Vater arbeitet.[3]

Berlusconi steigt als Immobilienentwickler rasch auf, es sind die letzten Jahre des *boom economico*, des Wirtschaftsbooms im Nachkriegsitalien – und er denkt gerne groß. In den folgenden Jahren zieht er zwei ganze Wohnquartiere im Mailänder Umland hoch: 1964 bis 1969 einen Wohnblock in Brugherio nahe Monza, von 1969 bis 1979 eine ganze Trabantenstadt, die er unbescheiden Milano Due nennt: ein zweites, kleines Mailand, nur viel moderner und vor allem ruhiger. »Il silenzio non ha prezzo«, Stille ist unbezahlbar, mit diesem Slogan werden die Wohnungen in Milano Due in einer Werbebroschüre angepriesen.

Um diese Stille sicherzustellen, lässt Berlusconi sein inzwischen beachtliches Netzwerk spielen: Er einigt sich mit dem geschäftstüchtigen wie kontroversen Pfarrer Luigi Maria Verzé darauf, dessen neues San-Raffaele-Krankenhaus in direkter Nachbarschaft von Milano Due bauen zu lassen. So erreicht Berlusconi, dass die Einflugschneise des nahen Flughafens Mailand-Linate verlegt wird – und der Fluglärm stattdessen die Nachbargemeinden Segrate und Pioltello plagt.[4]

Stille schätzen offensichtlich auch die Menschen, die Geld in die Unternehmungen Berlusconis pumpen: An der Frage, woher in den ersten Jahren das Kapital für den schnellen Ausbau von Berlusconis Unternehmertätigkeit kommt, werden sich Journalisten, Ermittler und Richter jahrzehntelang die Zähne ausbeißen. Denn obwohl Italien ab Ende der 1960er Jahre erst in wirtschaftlich unruhige Zeiten und dann, ab 1973, in eine tiefe Krise schlittert, strömen in Berlusconis Firmen weiter Milliarden von Lire.

Wie der Berlusconi-Biograf Barbacetto schreibt, scheint heute gesichert, dass große Summen aus Schweizer Konten in die Immobilienprojekte fließen. Geld, das reiche Bürgerfamilien aus dem italienischen Nordwesten damals buchstäblich in Koffern ins vom Bankengeheimnis abgeschirmte nördliche Nachbarland getragen haben und das sie nun in die Bauprojekte des jungen Unternehmers Berlusconi stecken.[5] Das Geld wird über eine immer größer werdende Anzahl an Holdinggesellschaften transferiert, die Geldflüsse sind von außen kaum nachvollziehbar.[6]

Berlusconi setzt unterdessen seinen wirtschaftlichen und

gesellschaftlichen Aufstieg fort. 1977 verleiht ihm Staatspräsident Giovanni Leone den Titel »Cavaliere del Lavoro«, Ritter der Arbeit. 1980 beginnt er mit Milano Tre die nächste Trabantenstadt zu bauen, diesmal südwestlich von Mailand. Berlusconi ist in der norditalienischen Wirtschaftselite bekannt wie ein bunter Hund.

Solche Bekanntheit ist in diesen Jahren in Italien besonders gefährlich. Die organisierte Kriminalität hat ein Geschäftsmodell daraus gemacht, reiche Unternehmer oder ihre Angehörigen zu entführen und gegen Zahlung enormer Summen freizupressen. Auf Berlusconis Büros und sein privates Anwesen, die Villa San Martino im Mailänder Vorort Arcore, verüben Mafiosi erste Angriffe, Berlusconi selbst fährt in den 1970er Jahren durch Mailand in einem Maserati Bora, eskortiert von zwei Autos mit Leibwächtern. 1977 lässt er sich mit einer Pistole auf dem Schreibtisch fotografieren.[7]

Spätestens in dieser Zeit nimmt Berlusconi wohl Kontakt zur sizilianischen Mafia auf, der Cosa Nostra. In den 1970er Jahren freundet er sich mit einem Studenten aus Sizilien namens Marcello Dell'Utri an. Dell'Utri, der Jahrzehnte später wegen seiner Verbindungen zur Mafia rechtskräftig verurteilt wird, vermittelt Berlusconi einen Kontakt zu Mafiaboss Vittorio Mangano. Berlusconi stellt Mangano als Stallwärter für die Villa San Martino ein. Der Mafioso Gaspare Mutolo leitet nach eigenen Angaben in dieser Zeit ein Entführungskommando, das Marina und Pier Silvio entführen soll, Berlusconis Kinder, die damals im Grundschulalter sind. »Wir waren bereit zum Zugriff, als ich die Kinder plötzlich aus Berlusconis Villa Arcore kommen sehe, in Begleitung einer mir bekannten Person«, erzählt Mutolo später in einem Interview. Er meint Mangano. Der Entführungsversuch wird abgebrochen.[8]

Inwieweit die Mafia auch finanziell an Berlusconis Erfolg

beteiligt war, ist bis heute ungeklärt. Der Mafioso Mutolo, der zum Kronzeugen für die Justiz wird, sagt dazu: »Wenn der Unternehmer einmal mit der Cosa Nostra in Kontakt gekommen ist, kann und darf er sich nicht mehr von ihr lösen – und muss den verschiedenen Anfragen der Ehrenmänner, mit denen er in Kontakt steht, nachkommen. Dazu gehört zweifelsohne die Reinvestition von Kapital illegalen Ursprungs.«[9]

1975 gründet Berlusconi das Finanzholding-Unternehmen Fininvest, das zum Dach für alle seine unternehmerischen Aktivitäten wird. Und die weitet Berlusconi rasant aus. Ende der 1970er Jahre wittert er das nächste große Geschäft. Das Jahrzehnt ist in Italien bestimmt von Wirtschaftskrisen, politischer Gewalt und Terrorismus mit Hunderten Todesopfern – aber auch von gesellschaftlicher Liberalisierung. Die spiegelt sich unter anderem auch in der Medienlandschaft wider, über das Land verteilt entstehen private Radiostationen und Fernsehsender. Italien ist in diesen Jahren das erste europäische Land, in dem der öffentlich-rechtliche Rundfunk auch offiziell sein Monopol verliert: 1976 macht ein Urteil des Verfassungsgerichtshofs in Rom den Weg frei für die neuen Sender, aber nur, solange sie lokal und nicht landesweit ausgestrahlt werden.

Berlusconi betreibt in seiner Trabantenstadt Milano Due schon seit 1974 einen Kabel-Fernsehsender, über den Hinweise für die Bewohner verbreitet werden. 1978 kauft er den Lokalsender Telemilano. Binnen weniger Jahre baut er darauf ein nationales TV-Imperium auf – obwohl landesweite Privatsender eigentlich verboten sind. Berlusconi bedient sich dafür eines Tricks, der als *pizzone* in die italienische Geschichte eingeht: Telemilano zeichnet auf einer Videokassette mehrere Programme auf, einschließlich der Werbespots, die während der Pausen ausgestrahlt werden. Die *pizzoni* werden dann an

Dutzende private Lokalsender in ganz Italien verschickt. Diese Lokalsender übertragen die Kassetten landesweit zur selben Zeit und erreichen insgesamt Millionen Zuschauer. Berlusconi kann so Werbeplätze anbieten, auf denen die Kunden ganz Italien erreichen.[10]

Berlusconi denkt groß, wie schon bei seinem Start in die Baubranche: 1979 gründet er Publitalia, eine eigene Firma zur Werbevermarktung. Er kauft die Rechte an Hunderten Filmen und Serien, lockt A-Promis der Unterhaltungsbranche vom öffentlich-rechtlichen Sender Rai zu seinem Privatsender: den seit den 1950er Jahren im Land bekannten Quizmaster Mike Bongiorno, Moderator Pippo Baudo, die Entertainerinnen Loretta Goggi und Raffaella Carrà. 1980 gründet Berlusconi mit den Sendern, die seine Inhalte italienweit übertragen, das Netzwerk Canale 5. Dank der Inhalte und des *Pizzone*-Systems wird Berlusconis Fernsehprogramm zur Gelddruckmaschine und verändert den Alltag der Menschen im Land.

Berlusconi kauft bis 1984 zwei weitere Sender, Italia 1 und Rete 4. Mit Sendungen wie *Drive In* und *Non è la Rai*, aber auch mit Cartoons von den Schlümpfen über die Ghostbusters bis zu den Simpsons wachsen in Italien ab den 1980er Jahren Generationen auf, sie alle laufen auf Berlusconis Sendern. Was Berlusconis Privatsender in die Wohnzimmer der Italienerinnen und Italiener ausstrahlen, ist eine Medienrevolution. Der Journalist Mattia Feltri, in den 1980er Jahre Teenager, wird später von einem »kolossalen, großartigen Rausch« für die Menschen vor den Fernsehgeräten schreiben: »Berlusconi stellt alles auf den Kopf. Er füllt den Tag (und bald auch die Nacht) mit Quizsendungen, TV-Shows, Comedy-Programmen, Farben, Werbung, die in die Alltagssprache eingeht.«[11]

In diesen Jahren wird das unübersetzbar italienische Wort *berlusconismo* Teil der italienischen Sprache, als Inbegriff für den Stil seiner Fernsehsender: viel Unterhaltung, viel Sport, viel nackte weibliche Haut.[12]

Der *cavaliere* ist nun Eigentümer dreier landesweiter Kanäle, deren Programm täglich durch die Wohnzimmer von Aosta bis Agrigento flimmert, obwohl landesweites Privatfernsehen nach wie vor gar nicht legal ist. Berlusconi hat das Fernsehmonopol der Rai gebrochen, baut nun aber selbst eine eigene Übermacht auf, die Wettbewerb fast unmöglich macht. Mehrere private Lokalsender und die öffentlich-rechtliche Rai gehen rechtlich gegen die *Pizzone*-Praxis vor. Im Oktober 1984 beschließen Gerichte in Turin, Rom und Pescara daraufhin die Abschaltung der Frequenzen, über die die Berlusconi-Sender übertragen werden.

An dieser Stelle kommt Berlusconi einer seiner mächtigen Freunde zu Hilfe, genauer gesagt der mächtigste: Bettino Craxi, Parteichef der italienischen Sozialisten und damaliger Ministerpräsident Italiens. Craxi erlässt drei Gesetzesdekrete, die als *decreti Berlusconi* bekannt werden. Sie legalisieren Berlusconis Privatsender, bis das italienische Fernsehsystem dann 1990 mit einem Parlamentsgesetz endgültig neu geregelt wird.

Berlusconi ist damals längst Teil des vermutlich mächtigsten italienischen Netzwerks seiner Zeit: der Geheimloge Propaganda Due, kurz P2, gegründet vom umtriebigen Unternehmer Licio Gelli. Gellis Ziel ist es, die italienische Republik zu einem autoritäreren Staat zu machen. Der P2, deren Existenz 1981 öffentlich wird, gehören 59 Parlamentsabgeordnete an, acht Chefredakteure großer Zeitungen, 119 hochrangige Militärs, Unternehmer. Wie konkret Berlusconi an diesem politischen Ziel interessiert ist oder daran mitarbeitet, ist bis heute stark umstritten.[13] In jedem Fall ist die P2 in diesen Jahren ein elitärer Club äußerst einflussreicher Menschen. Teil davon zu sein hilft Berlusconi, seine Macht bis ins Unheimliche auszubauen.

Neben seinem TV-Imperium kauft Berlusconi zwischen Ende der 1970er und Ende der 1980er Jahre auch die Zeitung *Il Giornale*, das Verlagshaus Mondadori, in dem unter anderem die einflussreiche Wochenzeitschrift *Panorama* erscheint, und die Filmproduktionsfirma Medusa. In den 1980er Jahren wird kein Kartellgesetz verabschiedet, das die mediale Übermacht Berlusconis eindämmen würde.

1986 kauft Berlusconi den Mailänder Fußballklub AC Milan und macht ihn mit Unsummen zu einem der besten Teams der Welt. Wieder ist er unverschämt erfolgreich. Die Mailänder gewinnen bis Anfang der 1990er Jahre die Trophäen aller wichtigen nationalen Wettbewerbe (→ Patron). Berlusconi festigt sein Image als Geschäftsmann, dem alles gelingt, was er anpackt.

Italien aber gerät in diesen Jahren ins Wackeln. Anfang der 1990er Jahre decken Staatsanwälte einen gigantischen Korruptionsskandal auf, der den Namen *tangentopoli* bekommt. Ein System von Schmiergeldzahlungen durch Unternehmen kommt ans Licht, an dem alle größeren Parteien beteiligt sind. Die Enthüllungen lösen enorme Wut bei den Bürgern aus. *Tangentopoli* bringt das Parteiensystem zum Einsturz, das in Italien in den Nachkriegsjahrzehnten für eine gewisse Grundstabilität gesorgt hat – trotz Terror, Wirtschaftskrisen und der Frontstellung des Lands im Kalten Krieg. Unter *tangentopoli* brechen die großen traditionellen Parteien zusammen, von den übermächtigen Christdemokraten über die Kommunisten und Sozialisten bis hin zu den Sozialdemokraten.

Italien gerät in dieser Zeit an den Rand des Staatsbankrotts. Für Berlusconi bedeuten diese Jahre vor allem einen Einschnitt: Sein politischer Vertrauter und Beschützer Bettino Craxi wird zur Hassfigur der *Tangentopoli*-Skandale. Auch weil seine Sozialisten die erste Partei sind, aus der prominente Figuren verhaftet werden. Gegen Craxi ermittelt schließlich die Staatsanwaltschaft. Er flieht aus Italien nach Tunesien, in die Stadt Hammamet, wo er sich bis zu seinem Tod der italienischen Justiz entzieht. Berlusconi muss fürchten, dass auf nationaler Ebene eine politische Mehrheit entsteht, die seine enorme Medienmacht in Frage stellt. Er beginnt, eine politische Bewegung namens Forza Italia aufzubauen.

Im November 1993 gewinnen bei den Kommunalwahlen unter anderem in Rom, Venedig, Genua und Neapel linke Kandidaten aus der Zivilgesellschaft. Am 16. Januar 1994 ruft Staatspräsident Oscar Luigi Scalfaro Neuwahlen aus. Silvio Berlusconi nimmt in dieser Lage die Sache selbst in die Hand.

Berlusconi, der in den vergangenen zwei Jahrzehnten die Medienwelt Italiens durchgerüttelt hat, will nun auch die Politik revolutionieren. Er zeichnet eine Fernsehansprache auf, die am 26. Januar 1994 auf seinen drei Privatsendern übertragen wird und, in gekürzter Fassung, auf den Kanälen der Rai. Es ist für den siegreichen Fußballklub-Präsidenten die *discesa in campo*, der Gang hinunter aufs Spielfeld. »L'Italia è il Paese che amo«, Italien ist das Land, das ich liebe, so beginnt das neunminütige Video, mit dem Forza Italia zur Partei und der *berlusconismo* auch zur politischen Strömung werden.

Berlusconi wettert in seiner Rede aus dem sauber ausgeleuchteten Büro, mit den Händen auf dem Schreibtisch und vor zwei Familienfotos im Regal hinter ihm, gegen linke Politiker, die Italien zu einem »illiberalen Land« machen wollten. Er inszeniert sich als Vorkämpfer der Freiheit, der sich mit seiner Erfahrung als Erfolgsunternehmer in den Dienst der Gesellschaft stelle. Er betont seinen Glauben an »das Individuum, die Familie, das Unternehmen, den Wettbewerb, an die wirtschaftliche Entwicklung, an die Effizienz, den freien Markt und die Solidarität, die von Gerechtigkeit und Freiheit kommt«.

Er geißelt die linken Parteien im Land, die aus dem Partito Comunista Italiano hervorgegangen sind, der größten kommunistischen Partei Europas, als »verwaiste Kinder und Nostalgiker des Kommunismus«. Sie seien ideologisch verblendet und nicht darauf vorbereitet, das Land zu regieren. Er hingegen, sagt Berlusconi, sehe die Möglichkeit und die Pflicht, ein neues »italienisches Wunder« zu schaffen, dreißig Jahre nach dem Ende des *boom economico*.

Ein Teil des Landes reagiert begeistert, ein anderer entsetzt. Der linke Regisseur Nanni Moretti arbeitet kurz vor der Wahl mit acht weiteren Regisseuren an dem Kurzfilm *L'unico paese al mondo*, der in kurzen Episoden vor einer Regierung Berlusconi warnt, vor allem wegen der enormen Medienmacht des Kandidaten.[14] Der Streifen kommt Mitte März in die Kinos, eine gute Woche vor der Wahl. Italien wäre, so eine Aussage des Films, das einzige Land der Welt mit einem Regierungschef, der gleichzeitig die größten Privatsender des Landes kontrolliert. Gut zwei Monate später ist Berlusconi der Wahlsieger – und Moretti raucht den ersten Joint seines Lebens.

Berlusconi bildet eine mittig-rechte Regierungskoalition mit zwei Parteien aus politischen Familien, die bisher am Rand des politischen Spektrums gestanden haben: mit Postfaschisten und Separatisten. Der eine Partner ist die Partei Alleanza Nazionale, hervorgegangen aus dem neofaschistischen Movimento Sociale Italiano, das jahrzehntelang die Heimat für Nostalgiker der Diktatur von Benito Mussolini gewesen ist (→ LVI). Der andere die Lega Nord, eine Regionalpartei aus dem Norden, deren Anführer Umberto Bossi eine Abspaltung von Süditalien anstrebt und Menschen südlich des Apennin für arbeitsscheue Nichtsnutze hält. Die Koalition zerbricht nach nur wenigen Monaten, am Streit über eine Verfassungsreform. Es ist die erste große Niederlage für Berlusconi.

1996 wählen die Italiener wieder ein neues Parlament. Berlusconi tritt wieder für sein Mitte-rechts-Bündnis an – und verliert, gegen eine Mitte-links-Koalition unter dem Universitätsprofessor Romano Prodi.

Im Film *Aprile* fährt Nanni Moretti am Wahlabend grinsend auf seiner Vespa über eine Schnellstraße in Rom, ihn überholen Anhänger der Mitte-links-Partei Partito Democratico della Sinistra, die ihre Fahnen aus dem offenen Fenster schwenken. Aber der politische *berlusconismo* hat gerade erst begonnen.

Berlusconi arbeitet als Oppositionsführer an seiner Rückkehr an die Macht. Am 8. Mai 2001, wenige Tage vor den nächsten Parlamentswahlen, unterzeichnet er im Studio von *Porta a Porta,* der bekanntesten Fernsehtalkshow des Landes, einen »Vertrag mit den Italienern«. Er verspricht deutlich niedrigere Einkommensteuern, weniger Kriminalität, höhere Mindestrenten, neue große Bauprojekte, eine Halbierung der Arbeitslosigkeit im Land. Fünf Tage später triumphiert er bei der Wahl, er kehrt an die Regierung zurück, erneut an der Seite von Alleanza Nazionale und Lega Nord. Es beginnt die Hochphase des *berlusconismo.*

Während dieser zweiten Regierungszeit Berlusconis wird in Italien im Jahr 2002 der Euro eingeführt. Die Regierung Berlusconi bringt eine Verfassungsreform auf den Weg, die die Bürgerinnen und Bürger dann jedoch 2006 in einer Volksabstimmung ablehnen. Einige Regelungen im Arbeitsmarkt werden gelockert, es gibt umstrittene Reformen im Schul- und Universitätssystem sowie im Einwanderungsrecht. Unter der Regierung Berlusconi wird der Wehrdienst abgeschafft, und es wird ein allgemeines Rauchverbot in Innenräumen eingeführt.

Auf internationaler Bühne ist Italien unter Berlusconi nach den Terroranschlägen vom 11. September 2001 einer der engsten Verbündeten der USA unter dem Präsidenten George W.

Bush und beteiligt sich, anders als Deutschland und Frankreich, ab 2003 am Irakkrieg. 2002, beim Nato-Russland-Gipfel auf der Nato-Basis Pratica di Mare südwestlich von Rom, lässt Berlusconi sich zwischen US-Präsident George W. Bush und dem russischen Staatschef Wladimir Putin ablichten, zu beiden pflegt er eine persönliche Freundschaft. Man gibt einander lächelnd die Hand, die Nato-Staaten und Russland unterzeichnen ein Abkommen, das die Zusammenarbeit verbessern soll. Berlusconi wird das Abkommen noch zwei Jahrzehnte später als Erfolg feiern – als es sich schon längst als Illusion erwiesen hat.[15]

Für Schlagzeilen sorgt Berlusconi in dieser Zeit aber auch wegen für ihn unangenehmer Angelegenheiten. Er hat zahlreiche Probleme mit der Justiz, darunter Ermittlungen wegen mutmaßlicher Wirtschaftsverbrechen und Korruption. In mehr als dreißig Prozessen muss er sich vor Gericht verantworten. Besonders aufsehenerregend sind die Gesetze, die von Berlusconis Regierungsmehrheit verabschiedet werden und vor allem einem Menschen helfen sollen: Berlusconi selbst. Diese *leggi ad personam* zielen offensichtlich darauf ab, den Regierungschef vor Strafverfolgung oder zumindest einer Verurteilung zu bewahren: ein Gesetz zur faktischen Abschaffung des Straftatbestands der Bilanzfälschung, mehrere Straferlasse und Amnestien, verkürzte Verjährungsfristen für Straftaten, wegen derer Berlusconi sich verantworten muss.

Berlusconi giftet bei öffentlichen Auftritten regelmäßig gegen Richter und Staatsanwälte. 2002 veranlasst er bei einer Pressekonferenz auf einer Auslandsreise in Bulgarien den Rauswurf der Journalisten Enzo Biagi und Michele Santoro und des Komikers Daniele Luttazzi aus dem öffentlich-rechtlichen Rundfunk Rai, weil diese ihn dort scharf kritisiert haben.

Berlusconi verharmlost außerdem regelmäßig die faschistische Diktatur: 2003 behauptet er, Mussolini habe »nie jemanden getötet« und politische Gegner lediglich »in den Urlaub« geschickt.[16] Jahrelang schwänzt er die Feierlichkeiten zum 25. April, dem Nationalfeiertag, an dem an die Befreiung von Nationalsozialisten und Faschisten erinnert wird.[17]

Nanni Moretti positioniert sich immer deutlicher als lauter Berlusconi-Gegner – und gleichzeitig als Stachel im Fleisch der Opposition. Im Februar 2002 schreit er auf der Piazza Navona in Rom auf einer Kundgebung des Mitte-links-Bündnisses L'Ulivo den anwesenden Spitzenpolitikern ins Gesicht, dass die Linke mit solchen Führungspersonen nie Wahlen gewinnen werde.[18] Zur selben Zeit ist Moretti einer der führenden Köpfe der Girotondi-Bewegung: Proteste, bei denen sich Tausende Menschen an der Hand nehmen und Ringelreihen vor Gerichten, Redaktionen der Rai, Schulen und Ministerien tanzen.[19]

Berlusconiano oder *antiberlusconiano*: Wer sich in diesen Jahren in Italien auch nur halbwegs für Politik interessiert, reiht sich in eines dieser Lager ein. Der *berlusconismo* sortiert die politische Landschaft neu. Das italienische Wunder, das Berlusconi 1994 versprochen hat, löst er aber nicht im Ansatz aus. Die Probleme, die Italien seit Jahrzehnten mitschleppt, geht seine Regierung nicht an: die gigantische Staatsverschuldung, die aufgedunsene, ineffiziente Verwaltung, die Jugendarbeitslosigkeit, das Gefälle zwischen Norden und Süden des Landes. Die Steuerquote in Italien bleibt erdrückend hoch, während der Staat seinen Bürgern viel weniger bietet als in den Ländern nördlich der Alpen.

Berlusconis Regierungskoalition hält jedenfalls – und tritt zur nächsten Parlamentswahl im Frühjahr 2006 erneut an. Nanni Moretti, der Lieblingsregisseur vieler *antiberlusconiani*, dreht den Film *Il caimano* (in deutschsprachigen Ländern *Der*

Italiener), der vor der Wahl erscheint. Die Tragikomödie handelt von einem Filmproduzenten in einer Lebens- und Schaffenskrise, der nach dem Drehbuch einer jungen Regisseurin einen Film über Silvio Berlusconi voranbringen will. Er scheitert, dreht am Ende nur die Schlussszene: Berlusconi, der vor Gericht verurteilt wird – und seine Anhänger, die das Gerichtsgebäude mit Molotow-Cocktails bewerfen und in Flammen aufgehen lassen.

Berlusconi verliert knapp, die Mitte-links-Opposition bastelt eine wacklige Koalition mit hauchdünner Parlamentsmehrheit. Sie zerbröselt nach knapp zwei Jahren, es wird wieder gewählt – und Berlusconi triumphiert ein letztes Mal.

Wenige Monate später rutscht Italien aber in krisenhafte Jahre. Die Immobilienkrise in den USA schwappt nach Europa über, löst auch in Italien eine Schuldenfinanzierungskrise aus. Parallel dazu gerät Berlusconi wegen Sexpartys in die Schlagzeilen, die für ihn veranstaltet worden sein sollen, mit teils blutjungen Frauen, die ihm wie in einem privaten Harem zugeliefert worden sein sollen. In italienischen Medien werden Auszüge aus abgehörten Telefonaten zu den Feiern veröffentlicht, der Ausdruck »Bunga Bunga«, den Berlusconi selbst verwendet haben soll, wird weltweit bekannt.

Im Jahr 2011 spitzen sich die Probleme weiter zu. Die Investoren, denen der italienische Staat seine Anleihen verkaufen will, verlangen horrende Zinsen, auch weil der Regierung Berlusconi kaum jemand mehr zutraut, die Krise in den Griff zu bekommen. Italien droht der Staatsbankrott. Es besteht die Gefahr, dass das Land sich auf den Finanzmärkten kein Geld mehr leihen und für seine Ausgaben nicht mehr aufkommen kann. Berlusconis internationales Ansehen erreicht den absoluten Tiefpunkt. Im November 2011 tritt er schließlich zurück. Berlusconis politische Karriere scheint am Ende zu sein.

Zwei Jahre später, vor den Parlamentswahlen 2013, beweist er jedoch noch einmal sein Talent als Wahlkämpfer und holt in den Umfragen massiv auf. Für eine eigene Regierungsmehrheit reicht es aber nicht mehr.

2013 wird Berlusconi dann auch noch zum einzigen Mal in seiner Karriere rechtskräftig von einem Gericht verurteilt, wegen Steuerbetrugs. Er muss dafür zwar nicht ins Gefängnis, ihm wird aber eine mehrjährige Ämtersperre auferlegt. In der italienischen Rechten laufen ihm andere den Rang ab. Zuerst Matteo Salvini, der aus der separatistischen Nord-Partei Lega Nord die Lega formt – eine rechtsnationale, gesamtitalienische Partei. Dazu kommt, dass neben dem Mitte-rechts-Bündnis und den Mitte-links-Parteien in den 2010er Jahren eine neue Partei entsteht. Die populistische Fünf-Sterne-Bewegung, die Ende der Nullerjahre zu einem großen Teil als Protestbewegung gegen den *berlusconismo* entstanden ist und, im von der Krise durchgeschüttelten Land, bis 2018 auf mehr als dreißig Prozent Zustimmung anwächst. Fünf Sterne und Lega regieren dann ab 2018 auch ein gutes Jahr miteinander, ein völlig neuartiges, populistisches Regierungsbündnis – ohne Forza Italia, ohne Berlusconi.

Silvio Berlusconi kommt jedoch noch einmal zurück auf die politische Bühne. Ab 2018 präsentiert er sich als Gegengewicht zu den Populisten. Berlusconis Macht ist aber inzwischen deutlich geschrumpft, er selbst wirkt massiv gealtert und nicht mehr fähig, die *pancia del paese* zu erreichen: die tieferliegenden Emotionen im Land, mit denen er von den 1980ern bis in die 2000er so gekonnt gespielt hat.

Nachdem 2022 die Regierung der nationalen Einheit des Bankiers Mario Draghi stürzt und Neuwahlen ausgerufen werden, kandidiert Berlusconi noch einmal an der Seite von Lega-Chef Salvini und der Ultrarechten Giorgia Meloni. Meloni, von

2008 bis 2011 in Berlusconis Regierung Ministerin für Jugend und Sport, hat 2012 ihre Partei Fratelli d'Italia mit begründet, weil ihr Berlusconis damalige Mitte-rechts-Partei zu proeuropäisch und gemäßigt war. Am Ende des Wahlkampfs steigt Berlusconi im September 2022 auf die Bühne neben Salvini und Meloni, er hinkt, Salvini stützt ihn. In seiner Rede spricht Berlusconi von den Erfolgen, die er in seiner Regierungszeit erreicht habe. Den Kalten Krieg, den habe er ja beendet, 2002 in Pratica di Mare, sagt er unter anderem.

Bei der Wahl holt Berlusconis Forza Italia noch rund acht Prozent der Stimmen, 2006 war der Anteil noch dreimal so hoch gewesen. Melonis Fratelli d'Italia sichern sich 26 Prozent. Berlusconis Partei wird Juniorpartner in der ultrarechten Regierungskoalition.

Berlusconi hat Italien für insgesamt 3339 Tage regiert, so lange wie kein anderer Mensch seit dem Diktator Mussolini. Italiens politische Landschaft ist Anfang der 2020er Jahre das Ergebnis des *Berlusconismo*: Gespalten in ein rechtes und ein linkes Lager, zwischen den Fronten die populistische Fünf-Sterne-Bewegung und zwei liberale Kleinparteien. Heute ist Italien der einzige EU-Mitgliedsstaat, in dem die Menschen Anfang der 2020er Jahre inflationsbereinigt durchschnittlich weniger verdienen als zu Beginn der 1990er Jahre. Die Produktivität ist gesunken, in Indizes zum Bildungssystem und zur Justiz liegt Italien unverändert weit hinter vergleichbar wohlhabenden Staaten.[20]

Wenige Stunden nachdem Berlusconi am 12. Juni 2023 gestorben ist, spaltet er noch einmal das Land. Die Regierung Meloni ordnet ein Staatsbegräbnis an und ruft drei Tage Staatstrauer aus.[21] Es ist das erste Mal, dass ein ehemaliger Regierungschef auf diese Weise geehrt wird.

Regisseur Nanni Moretti, der sich drei Jahrzehnte lang an

Berlusconi abgearbeitet hat, sagt in einem Interview mit der französischen Zeitung *Le Monde*, die Staatstrauer sei »völlig unangemessen« für einen Mann, der »die Regeln verachtet hat«. Meloni und Salvini, seine radikal rechten Nachfolger seien die Erben von Berlusconis Art, Politik zu machen.[22]

Als Berlusconi beerdigt wird, schreibt seine Nachfolgerin Meloni auf Facebook selbst einen Post zu seinen Ehren: »Danke Silvio. Wir werden dich stolz machen.«[23]

Passaparola – Mundpropaganda:

Viele Menschen in deutschsprachigen Ländern hat der Erfolg Silvio Berlusconis jahrzehntelang ratlos hinterlassen. Warum haben die Italienerinnen und Italiener diesem Mann dreimal bei Wahlen das Land anvertraut? Bei ihren Antwortversuchen haben viele Beobachter einen wichtigen Teil der Antwort ausgespart: Silvio Berlusconi war aus Sicht von Millionen Italienern sympathisch. Anders als Populisten von Viktor Orbán bis Donald Trump, die seinem Vorbild gefolgt sind, strahlte Berlusconi menschliche Wärme aus, das haben ihm in Italien selbst erbitterte politische Gegner bescheinigt. Er war »ein großer Casanova der Politik und des Fernsehens, des Fußballs und der Wirtschaft«, so hat es die linke Journalistin Concita De Gregorio am Tag seines Todes zusammengefasst. Wie Berlusconi diese menschliche Stärke einzusetzen vermochte, das hat der oscarprämierte italienische Regisseur Paolo Sorrentino eingefangen. Sein Film *Loro – Die Verführten,* in dem Berlusconi von Sorrentinos Lieblingsschauspieler Toni Servillo verkörpert wird, spielt nach Berlusconis knapper Wahlniederlage von 2006. Der damals an seiner politischen Rückkehr arbeitende Berlusconi wird gezeigt, wie er aus einem Büro seiner Villa in Nordsardinien die Telefonnummer einer beliebigen Frau wählt – und ihr mit schwer fassbarem Charme eine Wohnung aufschwatzt. Wer diesen Film sieht, wird danach wenig von den politischen Gründen für Berlusconis Erfolg verstehen – bekommt aber ein Gefühl für die zwischenmenschlichen.

Cinepanettone

Weihnachtsfilme, die ein Land spalten

Massimo Boldi, links, und Christian De Sica, rechts,
in dem 2001 erschienenen *cinepanettone Merry Christmas*.

La parola –
das Wort:

cinepanettone [ˈʧiːnepaneˈttoːne] – Neologismus, erstmals im Jahr 1997 belegt. Zusammengesetztes Wort aus »cine«, Kurzform von »cinema«, Kino, und »panettone«, dem italienischen Weihnachtskuchen.
Art von Filmkomödie, die zur Weihnachtszeit im Kino ausgestrahlt wird – und deren Handlung auf grobem, oft vulgärem Humor beruht und sich auf die Popularität der Schauspieler sowie die großzügige Zurschaustellung weiblicher Reize stützt.[1]

La storia dietro la parola –
die Geschichte hinter dem Wort:

Jetzt singt Jerry Calà ihn, endlich. Dem Mann mit nackenlangem, grauem Haar am hinteren Rand seines kahlen Kopfs perlt der Schweiß von der Stirn. Über seiner Schulter hängt die Gitarre, er schrubbt wieder in die Saiten. Er stimmt den Refrain an, das Publikum steigt blitzschnell ein: »Maracaíbo / Mare Forza Nove / Fuggire sì ma dove / Zazà.« Endlich spielt Calà den Song, den sie schon den ganzen Abend von ihm fordern, das Lied von dieser seltsamen Liebesgeschichte in der Millionenstadt in Venezuela nahe dem Karibischen Meer. Dutzende Menschen vor ihm im Saal jubeln, tanzen, singen mit.[2]

Vier Jahrzehnte später ist der *Vacanze-di-Natale*-Geist zurück, zumindest für ein paar Minuten. Zumindest in diesem Saal im noblen Hôtel de la Poste in Cortina d'Ampezzo, am nördlichen Rand Italiens, nur gut vierzig Straßenkilometer von Österreich entfernt. Die Feier mit dem 72-jährigen Schauspieler Jerry Calà ist vermutlich der Höhepunkt des Boheis, das sie im Dezember 2023 in Italien um *Vacanze di Natale* veranstalten. Vierzig Jahre alt wird er in diesen Adventstagen, dieser am 22. Dezember 1983 in die Kinos gekommene Film von Regisseur Carlo Vanzina, dessen deutsche Übersetzung schlicht »Weihnachtsurlaub« bedeutet. Calà spielt darin eine der Hauptrollen: den Pianisten Billo Damasco, der in einem Lokal in Cortina die Gäste unterhält – und unverschämt erfolgreich bei eigentlich vergebenen Frauen ist. An mehreren Stellen des Films spielt Billo den Song »Maracaíbo«, immer mit einer Schönen im Blickfeld. »Non sono bello ... piaccio«, sagt Billo in einer Szene des Films: Ich bin nicht schön ... ich gefalle. Ein Satz, der zum geflügelten Wort geworden ist.

Es ist nicht nur die Feier im Hôtel de la Poste, zu der sie aus ganz Italien gereist sind und über die Medien von der Regionalzeitung *Il Gazzettino* über das öffentlich-rechtliche Fernsehen der Rai bis hin zur *New York Times* berichten.[3] Ein paar Tage später veranstalten 239 Kinos von Brixen in Südtirol bis Catania auf Sizilien den »Vacanze di Natale Day«, zu dem der Film in digital restaurierter Fassung noch einmal ausgestrahlt wird.[4] Das Event beschert den Betreibern an einem Tag rund eine halbe Million Euro an Einnahmen[5] – und wird deshalb am 6. Januar 2024 in über 140 Sälen gleich noch einmal wiederholt.[6] Reporter reisen in die Dolomiten, um dem Geist des Films nachzuschnüffeln. »Ma quella Cortina c'è ancora?«, fragt die Sendung *L'aria che tira* des Privatfernsehsenders La7 in einem Beitrag: Gibt es das Cortina von 1983 noch?[7] Und die mittelitalienische Regionalzeitung *Quotidiano Nazionale* antwortet: »Dieses Cortina existiert nicht mehr.«[8]

Klar, der Rummel um *Vacanze di Natale* hat viel mit der Nostalgie für die 1980er Jahre zu tun, die viele westliche Gesellschaften in den 2020er Jahren erfasst hat und die zwischen Trient und Trapani besonders stark ausgeprägt ist. Das mag damit zusammenhängen, dass Italien erstens das EU-Land mit dem höchsten Durchschnittsalter ist und zweitens der einzige Staat der Europäischen Union, in dem Menschen heutzutage inflationsbereinigt im Durchschnitt weniger Geld verdienen als Anfang der 1990er Jahre.[9] Die 1980er Jahre sind dagegen – zumindest im verklärenden Rückblick vieler – die Ära eines »zweiten Wirtschaftswunders«. Die Jahre nach den blutigen 1970er Jahren, in denen neofaschistischer und linksextremer Terrorismus weitgehend besiegt scheinen. 1986 überholt Italien, auch getragen von enormen schuldenfinanzierten Staatsausgaben, bei der Wirtschaftsleistung Großbritannien und steigt zwischenzeitlich zur fünftgrößten Volkswirtschaft der Welt auf.[10] Das norditalienische Mailand wird in diesen Jahren oft *Milano da bere* genannt, Mailand zum Trinken:[11] die Stadt der Cocktailbars, des Börsenbooms, der Vergnügungssucht und der konsum- und modeverliebten Jugendbewegung der *paninari*.

Die Wirtschaftsmetropole ist das emotionale Zentrum des Landes. Cortina d'Ampezzo ist in den Wintermonaten ihr eingeschneiter Ableger, der Ort, in den die Reichen – und diejenigen, die reich erscheinen wollen – mit Skiern auf dem Gepäckträger und Pelzmänteln oder Moncler-Daunenjacken im Kofferraum einfahren, wie die Protagonisten und Nebenfiguren in *Vacanze di Natale*.

Dass der Film vierzig Jahre nach seinem Erscheinen noch solche Emotionen auslöst, hat aber auch einen weiteren Grund: Er ist der erste *cinepanettone*. Der 92-minütige Streifen begründet ein Filmgenre, das es nur in Italien gibt, das mutmaßlich nur in diesem Land und nur in den drei Jahrzehnten rund um die Jahrtausendwende erfolgreich sein konnte. Unübersetzbare Weihnachtsfilme, die in Italien teils erfolgreicher waren als *Star-Wars-* und *Harry-Potter*-Filme, die außerhalb des Landes aber bis heute fast niemand kennt. Filme, an denen in den 1990er und 2000er Jahren keiner vorbeigekommen ist und die das Land in zwei nahezu unversöhnliche Lager gespalten haben: *Cinepanettone*-Fans und *Cinepanettone*-Hasser.

28 *cinepanettoni* listet der irische Filmwissenschaftler Alan O'Leary in seinem auf Italienisch erschienenen Buch *Fenomenologia del Cinepanettone* auf, von *Vacanze di Natale* (1983) bis *Vacanze di Natale a Cortina* (2011).[12] *Vacanze di Natale* enthält schon viele der Zutaten, die dieses Genre ausmachen werden: Der Film spielt in den Weihnachtsferien. Er dreht sich um mehrere, ganz unterschiedliche Charaktere, fleischgewordene Karikaturen bestimmter Typen des Italiens der Gegenwart. Die schwerreichen Covellis aus dem Zentrum Roms, die im eigenen Chalet mit Hausdienerschaft wohnen. Die proletarische Metzgerfamilie Marchetti aus dem römischen Arbeiterviertel Torpignattara, die unglamourös im Fiat Ritmo anreist und sich ausnahmsweise ein paar Tage Cortina im Dreisternehotel gönnt.[13] Der schnöselige Mailänder Unternehmer Donatone Braghetti und seine bildhübsche Frau Ivana. Und eben Billo, der wenig Geld, aber umso mehr Charme besitzt.

In *Vacanze di Natale* prallen diese Figuren aus völlig unterschiedlichen Lebenswelten immer wieder aufeinander. Es geht um die gesellschaftliche Stellung der Figuren und ihre Angst davor, nicht reich genug zu wirken. Um Körperlichkeit und vor allem um Sex, um Seitensprünge und ihre Folgen. Und es geht, schon in diesem ersten *cinepanettone*, um wacklige Männlichkeit.

Die Figur, deren Sexualität in *Vacanze di Natale* am stärksten in Frage gestellt wird, ist die von Roberto Covelli, einem der Söhne der stinkreichen römischen Familie. Ihn spielt der gebürtige Römer Christian De Sica. Der Sohn von Vittorio De Sica, einem der bekanntesten Regisseure des italienischen

Nachkriegskinos, ist zu diesem Zeitpunkt 32 Jahre alt. Christian De Sica ist vom ersten Film an eine zentrale Figur der *cinepanettoni*. Ab 1990 tritt in den Filmen Massimo Boldi an De Sicas Seite, 1945 auf die Welt gekommen und aufgewachsen in der norditalienischen Lombardei. Von 1990 bis 2005, von *Vacanze di Natale '90* bis *Natale a Miami*, sind Boldi und De Sica Jahr für Jahr gemeinsam im jeweils neuen *cinepanettone* zu sehen. Film für Film stellen sie gegensätzliche Charaktere dar. De Sica ist der braungebrannte, gut aussehende *cafone arricchito*, der ungehobelte Neureiche, der Italienisch mit starker römischer Einfärbung spricht, hyperaktiv, extrovertiert und erfolgreich bei Frauen. Boldi dagegen ist blass, übergewichtig und hat lichtes Haupthaar, er gibt den naiven, tollpatschigen und jähzornigen Mailänder.

Die De-Sica- und die Boldi-Figur treffen im Film aufeinander – und fast immer schlittern sie nach und nach in die komische Katastrophe: an den Punkt am Ende ihrer Weihnachtsferien, an dem die schmutzigen Geheimnisse ans Licht kommen und die weiblichen Nebenfiguren, Ehefrauen, Liebhaberinnen, Töchter, die beiden die Zeche für ihr Lotterleben zahlen lassen.

Auf *Vacanze di Natale* und *Vacanze in America* (1984), beide gedreht von Carlo Vanzina, folgen fünf Jahre ohne *cinepanettone*. Ab 1990 erscheinen die Filme im Jahresrhythmus, zunächst führen entweder Carlo Vanzina oder Enrico Oldoini Regie. Es sind die frühen 1990er Jahre, die Weihnachtsfilme erreichen ein Publikum, das gerade harte Zeiten erlebt. Der Korruptionsskandal *tangentopoli* lässt das politische System der Nachkriegszeit einstürzen, die Mafia terrorisiert Italien mit blutigen Bombenanschlägen, das Land rutscht an den Rand der Zahlungsunfähigkeit. Die *cinepanettoni* spielen damals auf Politik und Medienwelt im Land an. Sie enthalten Parodien auf Regierungskampagnen gegen Tabakkonsum und zur

Aids-Prävention (*Anni '90*, 1992) und Satire über von den *Tangentopoli*-Ermittlungen als korrupt enthüllte Politiker (*S. P. Q.R, 2000 e ½ anni fa*, 1994).

Das ändert sich, als Neri Parenti die Regie übernimmt. Er dreht die Weihnachtsfilme von 1995 und 1998 und dann fast alle *cinepanettoni* ab dem Jahr 2000. Die Parenti-Streifen sind stärker auf Situationskomik und Slapstick-Humor ausgerichtet. Sie leben noch stärker vom unaufhaltsamen Redefluss und der energischen Mimik von Christian De Sica und von den grotesken Verrenkungen Massimo Boldis. Boldi setzt seinen Körper üppig in Szene – unter anderem, indem er sabbert, furzt, rülpst oder an abwegigen Orten seine Notdurft verrichtet.

Damit steht der Körper Boldis in extremem Kontrast zu denen der wichtigsten Frauenfiguren in den Filmen. In jedem *cinepanettone* spielen aus dem Fernsehen bekannte weibliche Stars eine tragende Rolle neben Boldi und/oder De Sica: Die durchtrainierten, wohlgeformten Körper von Maria Grazia Cucinotta (*Vacanze di Natale '90*, 1990), Carmen Electra (*Vacanze di Natale 2000*, 1999) oder Sabrina Ferilli (*Natale a New York*, 2006, *Vacanze di Natale a Cortina*, 2011) werden von Kopf bis Fuß und in einzelnen Szenen kaum bekleidet gezeigt, offensichtlich für den Blick des heterosexuellen männlichen Zuschauers inszeniert.

»Fröhlich vulgäre, grobe und schablonenhafte Weihnachtskomödien«, so nennt Jason Horowitz, Chefkorrespondent der *New York Times* in Rom, die *cinepanettoni* in einem Text zu vierzig Jahren *Vacanze di Natale*.[14] »Ein Vermögen eingebracht« hätten sie, schreibt er und untertreibt damit sagenhaft. Obwohl die Filme immer nur gut einen Monat lang in den italienischen Kinos liefen, zwischen Anfang Dezember und dem 6. Januar, war der *cinepanettone* von 2002, 2006 und 2007 in Italien der jeweils erfolgreichste Film der gesamten Saison.[15] *Natale sul*

Nilo von 2002 ist mit rund 28,3 Millionen Euro Ticketeinnahmen bis heute einer der zwanzig erfolgreichsten Filme aller Zeiten in Italien, gewinnträchtiger als jeder der *Harry-Potter-* und jeder der *Herr-der-Ringe-* und *Star-Wars*-Filme.[16]

Einen Erklärungsansatz für diesen Erfolg liefert der Journalist Stefano Pontoni. Auf dem Fanblog cinepanettoni.it schreibt er:

> Warum ist der *cinepanettone* so gut angekommen, dass ein eigenes Genre daraus geworden ist? Der *cinepanettone* ist ein Teil von uns allen, ein Teil unseres Italienischseins. In diesen klischeehaften und überzogenen Figuren sehen wir uns selbst und unser Alltagsleben. In den Gesichtern von Jerry Calà, Christian De Sica, Massimo Boldi und Guido Nicheli sehen wir Freunde, Bekannte und uns selbst wieder, und wir lachen darüber.
>
> Exotische Traumschauplätze, der Soundtrack aus den Disco-Hits des Jahres und dann die unterschiedlichen Charakterfiguren: der gefallene Adlige, der schamlose Emporkömmling, der betrogene Ehemann, der Mailänder, dem jemand einen Bären aufbindet. Und dann die vielen Szenen, in denen die unterschiedlichen Dialekte gesprochen werden.[17]

Die *Cinepanettoni*-Figuren sind demnach wie die aktuelle Version typischer Charaktere aus jahrhundertelanger Theatertradition: Der tapsige Mailänder Massimo Boldi wie der lüsterne Alte in den Komödien des antiken Komödiendichters Plautus, der überdrehte Römer Christian De Sica wie der *capitano*, der angeberische extrovertierte Soldat in der Commedia dell'Arte des 16. bis 18. Jahrhunderts.[18]

Die Filme sind in den Jahren um die Jahrtausendwende in

Millionen italienischer Familien Teil des Weihnachtsrituals. Das Festessen am Weihnachtstag, die Geschenke unter dem Baum, der Film *Die Glücksritter* im Fernsehen,[19] der neue *cinepanettone* im Kino: So hat Filippo Zoratti es für das Filmportal cinematographe.it zusammengefasst.[20] Dieses Ritual verstärkt wiederum den Erfolg der *cinepanettoni*. Marco Martani, Drehbuchautor für mehrere in den 2000er Jahren erschienene Filme, fasst es im Gespräch mit dem Filmwissenschaftler O'Leary so zusammen:

> [Der *cinepanettone*] bringt jeden zum Lachen, weil jeder etwas darin findet, aber mit Blick auf den gesamten Film kann ich selbst natürlich nur über gewisse Dinge lachen, nicht über alles.
>
> Und da es sich um kinotaugliche Filme handelt, ist das Lachen ansteckend. Es ist, als ob man sich zum gemeinsamen Lachen verabredete.
>
> [Die *cinepanettoni*] sind in dieser Hinsicht ein Phänomen. Wahrscheinlich gefallen sie einem viel besser, wenn man sie im Kino anschaut, als wenn man sie quasi in steriler Umgebung auf DVD zuhause anschaut, vielleicht sogar alleine. Das Kinoerlebnis an sich macht daraus eine packende Erfahrung.[21]

Millionen Italienerinnen und Italiener finden diese Filme aber alles andere als packend. Unübersetzbar italienisch wie die *cinepanettoni* an sich sind auch die Empörung und der Ekel, mit dem Millionen Menschen in Italien auf sie reagieren. Schon bei seiner allerersten belegten Erwähnung ist das Wort *cinepanettone* abschätzig gemeint. In der Zeitung *La Repubblica* schreibt der Filmkritiker Franco Montini im Dezember 1997 über das weihnachtliche Filmangebot:

> In der tiefsten Provinz gibt es Kinos, die nur von Weihnachten bis zum Dreikönigstag geöffnet sind, denn in dieser Zeit wird das Kino wieder zum Konsumgut für das ganze Volk, wie im Italien von vor vierzig Jahren, in den späten 1950er Jahren, als jede Saison zwischen sechshundert und achthundert Millionen Karten verkauft wurden. Aus diesen Gründen ist die Weihnachtszeit im Kino etwas ganz Eigenes. In dieser Zeit werden vor allem fernsehähnliche Produkte belohnt, die zu jedem anderen Zeitpunkt des Jahres unbemerkt bleiben würden. [...]
>
> Das Angebot an Filmen wird an dieses Weihnachtspublikum angepasst, mit *cinepanettoni,* die in industriellen Mengen verkauft werden.[22]

Die *cinepanettoni,* das sind in den Augen Montinis schlechte Filme für Leute, die nur an Weihnachten ins Kino gehen und keinen Geschmack für die echte Kunst der großen Leinwand haben: Industrieprodukte wie die *panettoni,* die Weihnachtskuchen aus gelblichem Hefeteig, mit Rosinen und kandierten Früchten, die ab dem frühen Herbst in italienischen Supermärkten aufgestapelt werden. Beliebte Massenware, die, in Scheiben geschnitten, zum Abschluss der weihnachtlichen Essmarathons serviert oder in den Wochen davor oder danach bröckchenweise in den morgendlichen Cappuccino getunkt wird. Diese Art von Filmen gibt es zu diesem Zeitpunkt schon seit 14 Jahren. Mit *cinepanettone* findet der Journalist Montini ein Etikett, das ihnen angeheftet werden kann.

Das Urteil über die Filme wird in den Jahren danach noch viel strenger. Die *cinepanettoni* gelten vielen im Italien des beginnenden 21. Jahrhunderts sogar als Merkmal einer Krankheit, die das Land erfasst hat. Ernesto Galli della Loggia, Leitartikler des *Corriere della Sera,* der reichweitenstärksten italienischen

Zeitung, schreibt für die Heiligabend-Ausgabe des Jahres 2009, er frage sich, ob es außer Italien noch andere Länder gebe, in denen »ausgerechnet der voraussichtlich meistgesehene Film des Jahres im Wesentlichen aus einer ununterbrochenen Reihe von *volgarità* besteht, die mit Schimpfwörtern gespickt sind: eine Art lange, obszöne Inschrift an der Wand eines Bahnhofsscheißhauses«. Aber, fährt Galli della Loggia dann bitter fort: »So ist Italien offensichtlich.«[23]

Volgarità, Vulgarität: ein Urteil, das bis heute in weiten Teilen der italienischen Gesellschaft als vernichtend gilt. Erotische Fotos seien wunderschön, aber *volgari* dürften sie eben nicht sein, solche Sätze sagen etwa Fotografen oder Models gerne über ihre Arbeit. Die *cinepanettoni* gelten jedenfalls als fürchterlich *volgari*, mit ihrem Fokus auf Sex, Nacktheit, Körperausscheidungen, mit den Schimpfwörtern, die in den Filmen gerne in Kontexten fallen, in denen sie anständige Menschen im Leben außerhalb der Kinoleinwand nie verwenden sollten: am heimischen Mittagstisch, gegenüber dem Chef, im noblen Restaurant.

Die *cinepanettoni* gelten als rassistisch, weil Menschen aus anderen, vor allem nichteuropäischen Ländern in ihnen oft nur stereotype Masken sind: Schwarze tauchen als brasilianische Transvestiten oder Mitglieder eines Gospelchors auf, asiatische Menschen werden schon mal als »Geisha« und »Dragonball« beschimpft.

Den *cinepanettoni* wird Sexismus angelastet, weil Frauen in diesen fast ausschließlich von Männern geschriebenen, von Männern gedrehten und in den zwei wiederkehrenden Hauptrollen von Männern gespielten Filmen im Großteil der Fälle entweder Objekte sexueller Begierde sind oder alte, übergewichtige Zielscheiben von Bodyshaming.

Sie gelten als homophobe Filme, weil gerade die von Boldi und De Sica gespielten Protagonisten tatsächlich oder vermeintlich homosexuelle Männer häufig aufs Übelste beschimpfen – und auf wenig so sehr achten wie darauf, selbst nicht als schwul durchzugehen.

Der Autor Giorgio Simoncelli nennt die *cinepanettoni* ein »peinliches italienisches Phänomen«, das »bei jeder Neuerscheinung einen großen Teil der Gesellschaft empört«.[24] Wie Galli della Loggia und Simoncelli denken zahlreiche Menschen im Land, gegen die *Cinepanettone*-Fans grenzen sich viele gerne ab. Dieses Gefühl intellektueller Überlegenheit fängt Alan O'Leary in einer nichtrepräsentativen Umfrage ein, die er für sein Buch *Fenomenologia del Cinepanettone* unter 289 Menschen durchgeführt hat. Wie O'Leary schreibt, waren die Befragten im Vergleich zur italienischen Gesamtbevölkerung überdurchschnittlich onlineaffin, jung und links.[25] Die Frage, ob es ein typisches *Cinepanettone*-Publikum gibt, bejahte mehr als die Hälfte der Umfrageteilnehmer. Zu diesem Publikum schreiben die Antwortenden Aussagen wie diese: »Zum Glück kenne ich keine solchen Menschen.« »Ein durchschnittlicher Italiener, mit eher geringer Bildung.« »Ein ignoranter Durchschnittsitaliener, der nicht zur Wahl geht oder Berlusconi wählt, der nur an Oberflächlichkeiten und einfach verdientem Geld interessiert ist.«[26]

Die *cinepanettoni* werden in der zweiten und dritten Regierungszeit Silvio Berlusconis (→ Berlusconismo) zum kulturpolitischen Zankapfel. Wer sich in den 2000er Jahren zum *cinepanettone* bekennt, gilt als *berlusconiano*, als Konservativer oder Rechter. Wer als links oder progressiv durchgehen will, macht sich über die Filme lustig, sieht sie als Zeichen des bedrohlichen Verfalls, die der *berlusconismo* aus Sicht vieler Beobachter über die Gesellschaft gebracht habe: mit seiner Überhöhung von Konsum und Luxus, mit seiner Missachtung von Regeln und Bürgersinn, mit seinem erniedrigenden Frauenbild.

Die Abwertung der *cinepanettoni* setzt sich in diesen Jahren in vielen Köpfen fest. Sie wirkt bis heute nach. So sehr, dass einer der Erfinder des Genres, Enrico Vanzina, später mehrfach sagen wird, der von ihm gedrehte *Vacanze di Natale* von 1983 sei gar kein *cinepanettone* gewesen.[27]

Der Filmwissenschaftler O'Leary dreht den Spieß um. Er widerspricht italienischen Kritikern, die in der Beliebtheit des *cinepanettone* einen Beleg für die rechte Gesinnung seiner Millionen Zuschauer und eine direkte Folge des *berlusconismo* sehen. Der Ire erkennt in den Streifen vielmehr eine Karikatur von Menschen, die sich rassistisch, sexistisch und homophob äußern und verhalten: eine Satire mit »kritischer Nähe« zu ihren Protagonisten.[28] De Sica selbst hat sich im Gespräch mit O'Leary zu den Vorwürfen geäußert, die ihm »gewisse intellektuelle Kreise« und die »linken Kino-Theoretiker« gemacht hätten, die ihn mit Berlusconi verglichen hätten:

> Nur weil ich beschließe, mich über das italienische Bürgertum lustig zu machen, heißt das nicht, dass ich ein Reaktionär bin! Im Gegenteil, ich spiele diese Figuren auf groteske Art, eben weil ich mich über sie lustig mache. Und ich hoffe ja auch, dass ich eben nicht so großmäulig, unhöflich, frauenfeindlich, rassistisch und klassistisch bin.[29]

Gerade die von De Sica gespielten Figuren sind oft widersprüchlicher, als *Cinepanettone*-Hasser das darstellen. Am Ende des allerersten *cinepanettone, Vacanze di Natale,* kommt ans Licht, dass der von De Sica gespielte Sohn der reichen römischen Familie homosexuell ist – worauf er seinem empörten Vater im besten Römisch zuruft: »Perché, nun se po'?« Frei übersetzt: Na und? In der Schlusssequenz von *Merry Christmas* (2001) entpuppt sich der von De Sica gespielte Pilot Fabio Trivellone, der im Film in einem japanischen Restaurant das Personal rassistisch beschimpft, als Ehemann einer Schwarzen Frau, mit der er drei Kinder hat.

2011 endet die Ära der *cinepanettoni*. In diesem Jahr erscheint *Vacanze a Cortina*. Ein letztes Mal mit Christian De Sica in der Hauptrolle. Mit Massimo Boldi hat er sich schon sechs Jahre zuvor zerstritten, die beiden sind seither getrennt voneinander in jeweils unterschiedlichen Weihnachtsfilmen aufgetreten. Es ist der dritte *cinepanettone* in dem Skiort Cortina d'Ampezzo. Wieder geht es um untreue Ehemänner und -frauen, um Menschen, die reicher und prominenter erscheinen wollen, als sie es sind. Mit nur 11,7 Millionen Euro Einnahmen ist *Vacanze a Cortina* aber ein unerhörter Flop, zumindest für die Standards des Genres. 2011 ist das Jahr, in dem der *cinepanettone* abstürzt, schreibt Andrea Minuz in der Zeitung *Il Foglio*.[30] »Der *cinepanettone* gefällt nicht mehr«, steht über einem erleichterten Kommentar des renommierten Journalisten Curzio Maltese.[31]

Alle Versuche, das Genre wiederzubeleben, sind seither gescheitert. Sogar, als sich Boldi und De Sica versöhnen und 2018 ihr *Amici come Prima* in die Kinos kommt, spielt er weniger als ein Drittel der Einnahmen des erfolgreichsten *cinepanettone* *Natale sul Nilo* ein. Die satirischen Komödien um Schauspieler Checco Zalone, die seit 2009 in unregelmäßigem Abstand erscheinen, spielen dagegen Dutzende Millionen Euro pro Film ein.

Dezember 2023, zwölf Jahre sind seit dem letzten *cinepanettone* vergangen. In Cortina d'Ampezzo, im Hôtel de la Poste, legt auf der Vierzig-Jahr-Feier für *Vacanze di Natale* Claudio Cecchetto auf, einer der erfolgreichsten italienischen Musikproduzenten der vergangenen Jahrzehnte. Am Rande der Party spricht er mit Jason Horowitz von der *New York Times*, der hierhergekommen ist, um die Faszination dieser unübersetzbaren Filme zu ergründen. Cecchetto sagt, die intellektuellen Kritiker der Filme verstünden bis heute nicht, dass sie »absichtlich minderwertig« gemacht worden seien. Über die Menschen hinter den *cinepanettoni* sagt er: »Das sind superintelligente Leute, die beschlossen haben, sich zu amüsieren. Die Leute wollen eben einfach Spaß haben. Ich meine, warum zur Hölle auch nicht?«[32]

Passaparola – Mundpropaganda:

Wer sich dem unübersetzbaren Phänomen *cinepanettone* nähern will, muss etwas davon sehen. Um die Filme selbst anzuschauen, sollte man grundsätzlich solide Italienisch- und Italienkenntnisse haben – und Grundwissen zur italienischen Popkultur der 1980er bis 2000er Jahre. Ein *cinepanettone* ist aber auch in deutscher Fassung erschienen: *S. P. Q. R. 2000 e 1/2 anni fa* kam 1994 unter dem Titel *Die römische Kanone* auch in deutschsprachigen Ländern in die Kinos und ist antiquarisch auf DVD erhältlich. Wer sich ein kurzes Bild von der musikalischen Atmosphäre, von der Art von Humor der *cinepanettoni* verschaffen will, findet auf YouTube den Trailer des allerersten Films des Genres, des 1983 veröffentlichten *Vacanze di Natale*. Einfach die Suchbegriffe »Vacanze di natale trailer filmauro« eingeben – und kurz eintauchen in dieses unübersetzbar italienische Phänomen, das jahrzehntelang das Land gespalten hat.

Dietrologia

Verschwörungsglauben auf Italienisch

Eine kleine Ansammlung betrachtet die Titelseite einer italienischen Zeitung mit einem Foto des von den Roten Brigaden entführten Aldo Moro, April 1978.

La parola –
das Wort:

Dietrologia [djɛ:troloˈdʒi:a] – Zusammengesetztes Wort aus »dietro« (dahinter) und dem Wortbestandteil –»logia« (-logie); wörtlich: die Wissenschaft dessen, was dahintersteckt. Im Sprachgebrauch von Politik und Journalismus in Italien: Die Suche nach vermuteten verborgenen Motiven hinter einem Ereignis. Im Plural *dietrologie:* einzelne Theorien zu geheimen Machenschaften hinter Ereignissen.[1]

La storia dietro la parola –
die Geschichte hinter dem Wort:

4. August 1974, gegen 1 Uhr in der Nacht: Die Waggons fahren in den Tunnel ein. Triebwagen, drei Schlafwagen, drei Liegewagen, Waggons mit Sitzplätzen, Waggons mit Gepäck. Der Expresszug 1486 Italicus ist vor über vier Stunden in Rom nach Norden gestartet. Jetzt, kurz hinter Florenz, ist er rappelvoll. Rund tausend Menschen sind an Bord: Familien mit Kindern, süditalienische Arbeiter, die aus dem Heimaturlaub zurückfahren, österreichische und deutsche Touristen.[2]

Zwölf Minuten dauert im Sommer 1974 üblicherweise die Fahrt durch den Apennin-Basistunnel, den längsten Eisenbahntunnel Italiens. Kurz danach, in Bologna, soll der Italicus aufgeteilt werden: Ein Zugteil fährt weiter nach Venedig, einer nach München, einer nach Wien, einer nach Cortina d'Ampezzo.

Am Tunnelausgang, am kleinen Bahnhof von San Benedetto Val di Sambro, wartet ein Eisenbahnpolizist. Er soll feststellen, dass der Italicus die Station ordnungsgemäß passiert hat. Der

Zug hat 32 Minuten Verspätung, jetzt kommt er angerollt. Der Polizist blickt auf, sieht zum Tunnelausgang. Plötzlich sieht er ein furchterregendes Leuchten, so wird er es später erzählen. Der Zug, der nur wenige hundert Meter vom Tunnelportal entfernt ist, sieht aus, als würde er aufgeblasen, dann explodieren die Oberleitungen. Ein Knall durchdringt die Sommernacht, dann ein zweiter, dann die Schreie Hunderter Passagiere. Der Zug rollt aus dem Tunnel, ein Waggon ist zerborsten und brennt lichterloh. 400 Meter später kommt der Zug zum Stehen.[3]

Um 1:23 Uhr am 4. August 1974 zerfetzt eine Bombe den fünften Waggon des Schnellzugs Italicus. 12 Menschen sterben, 48 weitere werden verletzt.

Wer an die 1970er Jahre denkt, hat schnell Bilder im Kopf: Blumentapeten, Hippies mit Blume im langen Haar und Gitarre in der Hand, Schlaghosen, Glamrock. In den 1970er Jahren gründen in Italien kreative Menschen von Nord bis Süd freie Privatradiosender. Ehescheidungen und die Antibabypille werden legalisiert, trotz erbitterter Gegnerschaft der katholischen Kirche und der mit ihr verbündeten Dauerregierungspartei Democrazia Cristiana (DC). Das Fernsehen schaltet 1977 seine regulären Übertragungen von Schwarz-Weiß auf Farbe. Raffaella Carrà und Lucio Dalla, zwei unverschämt unangepasste Stars des Italo-Pop, beginnen ihre Weltkarrieren. Es sind bunte Jahre.

Es sind aber auch grauenhafte Jahre. *Anni di piombo* wird die Zeit zwischen Ende der 1960er und Anfang der 1980er Jahre heute in Italien genannt – bleierne Jahre.

In den 1970er Jahren werden im Land Hunderte Menschen bei Tausenden politischen Gewalttaten getötet. Rechtsextreme, Linksextreme, ausländische Terroristen erschießen und erstechen politische Gegner, Polizisten und Carabinieri, prügeln sie zu Tode, schießen ihnen in die Beine, jagen Gebäude und Autos mit Sprengstoff in die Luft.[4] Keine einzige Woche des Jahrzehnts vergeht ohne ein Attentat.[5]

Allein zwischen 1969 und 1975 sind es 4384 politische Gewalttaten, mehr als vier Fünftel begangen von Neofaschisten:[6] von Rechtsextremen, die sich eine Diktatur wie in den zwei Jahrzehnten unter dem Gewaltherrscher Benito Mussolini zurückwünschen. Die neofaschistische Terrorgruppe Ordine Nuovo steckt hinter dem Bombenanschlag auf eine Bankfiliale an der Piazza Fontana im vorweihnachtlichen Mailand, bei der am 12. Dezember 1969 17 Menschen getötet werden. Sie steckt hinter der Explosion einer Autobombe in Peteano im äußersten Nordosten Italiens, bei der drei Carabinieri sterben.

1973 verbietet das Innenministerium Ordine Nuovo. Im Jahr 1974 rächen sich die Rechtsextremen. Im Wochenrhythmus werden Anschläge verübt, in einem Jahr allein elf Attentate auf Züge, Bahnhöfe oder Gleisanlagen.[7] Neofaschistische Terroristen sind besonders aktiv in der norditalienischen Industriestadt Brescia und Umgebung. In der Nacht auf den 19. Mai stirbt hier ein Rechtsextremer, als eine Bombe, die er gerade auf einem Vespa-Motorroller transportiert, in die Luft geht.[8] Für den Vormittag des 28. Mai rufen Gewerkschaften und andere demokratische Organisationen von Christdemokraten bis Kommunisten zu einer Kundgebung gegen den Terror auf der Piazza della Loggia im Zentrum von Brescia auf, Hunderte Menschen kommen. Als der Gewerkschafter Franco Castrezzati gerade sechs Minuten lang gesprochen hat, detoniert eine Bombe in einem Müllkorb.[9] Acht Menschen werden getötet, 102 weitere verletzt. Gut zwei Monate später geht die Bombe im Italicus-Zug in die Luft.

1974 ist das Jahr, in dem mit den Bombenanschlägen von Brescia und auf den Italicus zwei verheerende *stragi* Italien erschüttern: Massaker, die zufällig jene Menschen treffen, die sich gerade zum falschen Moment am falschen Ort befinden. 1974 ist auch das Jahr, in dem ein neues Wort in die italienische Sprache eingeht: *dietrologia*.[10]

Zwischen den 1960er und 1980er Jahren versuchen Terroristen, die italienische Republik zu Fall zu bringen. So viel ist gesichert, von den Recherchen der Journalisten, den Forschungen der Historiker, den Ermittlungen der Staatsanwaltschaften und parlamentarischen Untersuchungsausschüsse, den Urteilen der Gerichte. Ein großer Teil dieser blutigen Geschichte, deren Ausläufer bis in die Gegenwart reichen, ist in Italien aber zutiefst umstritten. Mit diesem Teil der Geschichte beschäftigt sich die *dietrologia*.

Dietrologia bedeutet, sinngemäß übersetzt, Wissenschaft dessen, was dahintersteckt. Gemeint ist die Suche nach vermuteten verborgenen Motiven hinter einem Ereignis. *Dietrologia*, auch in der Mehrzahl verwendet als *dietrologie*, ist die Verbreitung solcher Geheimniserzählungen, ein *dietrologo* ein Mensch, der solche Erzählungen verbreitet.[11] Im Italienischen wird *dietrologia* bisweilen gleichbedeutend verwendet mit *teoria del complotto*, zu Deutsch Verschwörungserzählung oder Verschwörungstheorie.[12] *Dietrologia* ist aber ein unübersetzbar italienisches Wort. Es ist ein Phänomen, das dabei hilft, Wahlergebnisse und politische Reden in Italien besser zu verstehen, aber auch Gespräche am Tisch der *bar* oder beim Abendessen mit Freunden und Verwandten.

Die *dietrologia* ist unübersetzbar italienisch, weil sie aufs Engste verknüpft ist mit den bunten, grauenhaften 1970er Jahren. Italien nimmt in diesem Jahrzehnt einen traurigen Spitzenplatz ein. Das Land rutscht nach dem rasanten Wachstum des *boom economico* in eine tiefe Wirtschaftskrise. Dem Rest Westeuropas ergeht es nicht anders, aber – von Regionen mit ethnischen oder nationalen Konflikten wie dem Baskenland oder Nordirland abgesehen – die politische Gewalt ist damals in keinem anderen westlichen Land so heftig und verbreitet wie in Italien.[13] Dazu kommen grassierende Straßenkriminalität und eine regelrechte Entführungsindustrie: Von 1970 bis 1979 werden 383 Menschen entführt, teilweise werden sie monatelang gefangen gehalten, manche von ihnen werden verstümmelt oder sogar getötet.[14]

Im Juli 1977 erscheint eine Ausgabe des Wochenmagazins *Der Spiegel* mit einem bis heute in Italien berüchtigten Titelbild: ein Teller blanker Spaghetti, darauf eine schwarze Pistole, darüber drei Einschusslöcher (→ Belpaese). Titel: »Urlaubsland Italien«, begleitet von einem grün-weiß-roten Querstreifen mit der Aufschrift »Entführung, Erpressung, Straßenraub«.[15] Die Gewalt im Italien dieser Zeit ist der Nährboden für die *dietrologia*. Für Erzählungen, die der Brutalität einen tieferen Sinn geben.

Dietrologia, das ist das zweite unübersetzbar italienische Merkmal dieses Verschwörungsdenkens, bezieht sich fast immer auf Ereignisse, die sich in Italien abspielen. Die Drahtzieher vermuten *dietrologi* allerdings häufig im Ausland. Besonders deutlich wird diese Besonderheit nach der Entführung von Aldo Moro. Aldo Moro ist im Frühjahr 1978 einer der wichtigsten Politiker Italiens. Der im süditalienischen Apulien geborene, tiefgläubige Katholik ist seit 1976 Präsident der Democrazia Cristiana, der Partei, die seit 1946 ununterbrochen den Ministerpräsidenten stellt. Moro gilt als Vertreter des linken Flügels der DC. Er ist überzeugter Antikommunist[16] – hat sich aber dazu durchgerungen, ein unerhörtes Bündnis mit Enrico Berlinguer einzugehen. Mit dem Chef der Kommunisten.

Der Partito Comunista Italiano (PCI) hat eine unübersetzbar italienische Geschichte. Der PCI ist die mit Abstand erfolgreichste kommunistische Partei Westeuropas. Er erreicht bei nationalen Wahlen Ergebnisse zwischen 20 und knapp 35 Prozent – und ist der konservativen DC teils dicht auf den Fersen. Gleichzeitig sind die Kommunisten in keinem zweiten westeuropäischen Land der demokratisch-freiheitlichen Verfassung so treu: In Deutschland würden die Kommunisten gefürchtet, in Italien seien sie »penetrant ordungsliebend«, heißt es im *Spiegel* im Sommer 1977.[17]

Kommunistische Politiker haben entscheidend an der demokratischen Verfassung mitgearbeitet. In Regionen wie Emilia-Romagna und Toskana stellt die Partei Bürgermeister und Regionalpräsidenten, in Rom wird 1976 mit Pietro Ingrao erstmals ein Kommunist Präsident des Abgeordnetenhauses, er ist damit der dritthöchste Mann im Staat. Auf einem Tabu besteht die DC aber: Keine Regierung mit kommunistischer Unterstützung.

PCI-Chef Berlinguer will dieses Tabu überwinden. Er ist überzeugt, dass Italien in den bunten und grauenhaften 1970er Jahren einen geschichtsträchtigen Kompromiss braucht. Einen *compromesso storico* zwischen seiner Partei und den Christdemokraten, für eine Regierung, von der sich möglichst viele Menschen im Land vertreten fühlen. Berlinguer bietet der DC 1973 Gespräche über eine Zusammenarbeit an. Die Christdemokraten reagieren kühl. Aldo Moro und die anderen Vertreter der DC-Spitze bleiben bei der Linie, die sie seit den 1950er Jahren fahren: der PCI, den die Christdemokraten jahrzehntelang als gefährliche Kolonne der Sowjetunion in Italien dargestellt haben, kommt nicht in die Regierung.

1976 aber erreicht der PCI bei den Parlamentswahlen mit rund 34 Prozent das stärkste Ergebnis seiner Geschichte. Die Christdemokraten ändern, nach heftigem internem Streit, ihre Position. Sie einigen sich mit dem PCI und den Sozialisten auf das *governo della non-sfiducia*, die Regierung des »Nicht-Misstrauens«: Im Kabinett sitzen nur DC-Minister, Kommunisten und Sozialisten tolerieren die Regierung aber im Parlament. Das Gebilde ist wacklig. Die politischen Differenzen im Parlament sind groß – und die Stimmung in Italien wird immer explosiver.

Ab der Mitte der 1970er Jahre kommt die Gefahr für die Demokratie nicht mehr nur von Rechtsaußen. Linksextreme Gruppen werden nach und nach brutaler. Allein im Jahr 1977 verüben sie mindestens 777 Attentate und töten 43 Menschen.[18] Die am besten organisierte linksextreme Terrororganisation sind die Brigate Rosse (BR). Die im Jahr 1970 in einer Trattoria nahe Reggio Emilia bei Tortelli, Kaninchenbraten und Lambrusco gegründeten roten Brigaden verüben 1974 ihre erste Entführung und begehen 1976 den ersten Mordanschlag.[19] Der Staat verschärft seine Antiterrorgesetze, Polizei und Carabinieri verhaften einen Großteil der BR-Gründergeneration.

1976 beginnt in der norditalienischen Industriestadt Turin der erste große Prozess gegen sie. In Freiheit befindliche Terroristen versuchen, das Verfahren aufzuhalten: Sie lehnen jegliche Verteidigung durch Anwälte ab und schüchtern durch Gewalttaten mögliche Prozessbeteiligte ein. Im März 1977 ermorden die BR den Anwalt Fulvio Croce, der sich als Pflichtverteidiger zur Verfügung gestellt hat. Die Justiz bringt den Prozess trotzdem voran, unterstützt von den Parteien von DC bis PCI, von Gewerkschaften und einem großen Teil der Zivilgesellschaft. Am 9. März 1978 geht das Verfahren nach monatelanger Unterbrechung weiter.[20]

Je brutaler die BR werden, desto weiter entfernt sich die Kommunistische Partei von den linksradikalen Bewegungen im Land. Der PCI ist in der zweiten Hälfte der 1970er Jahre

»immer weniger Kampfpartei und immer mehr Regierungspartei«, schreibt der Historiker Vladimiro Satta. Die Partei mit Hammer und Sichel im Symbol verwandelt sich »von der Schutzmacht selbst des heftigsten sozialen Protests« in eine »unnachgiebige Schutzmacht der öffentlichen Ordnung«.[21]

Die Christdemokraten unter Moro und die Kommunisten unter Berlinguer nähern sich weiter an. Trotz internen Widerstands beschließt die DC Ende Februar 1978, den PCI in die Regierungsmehrheit aufzunehmen. Am Morgen des 16. März 1978 soll das Parlament der neuen christdemokratischen Regierung von Ministerpräsident Giulio Andreotti das Vertrauen aussprechen – unter anderem mit den Stimmen der Kommunisten. Am Morgen dieses 16. März holen zwei Autos mit einem Fahrer und vier Leibwächtern Aldo Moro in dessen Wohnung in der Via del Forte Trionfale im Norden Roms ab, um ihn ins Parlament zu bringen.

Moro steigt in den vorderen Wagen ein, die Autos fahren durch das Viertel Camilluccia in Richtung Stadtzentrum. Als sie durch die Via Fani kommen, schert plötzlich ein Auto mit Diplomatenkennzeichen vor ihnen ein. Dann, an der Kreuzung zur Via Stresa, bremst der Wagen plötzlich ab, die Fahrer der Autos mit Moro und seiner Eskorte legen eine Vollbremsung ein, sie stecken fest.

Hinter Büschen vor der Terrasse einer geschlossenen *bar* kommen vier bewaffnete BR-Terroristen hervor, laufen zu den beiden Autos, feuern aus nächster Nähe 91 Patronen auf die vier Leibwächter und den Fahrer ab, 45 davon treffen ihre Ziele. Vier Männer aus der Eskorte sind sofort tot, ein weiterer stirbt wenig später im Krankenhaus.

Moro, geschützt von einem Leibwächter und hinter der Lehne eines Autositzes versteckt, bleibt unverletzt. Die BR-Terroristen entführen ihn, wechseln mehrfach die Autos, zwei von ihnen bringen den Chef der Christdemokraten schließlich auf verschlungenen Wegen in ein Versteck im Süden Roms.[22]

55 Tage lang befindet sich Aldo Moro danach in der Gefangenschaft der Brigate Rosse in einer Wohnung in der Via Montalcini. Am 18. März, zwei Tage nach der Entführung, übermitteln sie ihr erstes Bekennerschreiben an italienische Medien, mit einem Foto des gefangenen Aldo Moro. Moro befinde sich in einem »Volksgefängnis«, schreiben die BR, sie wollten ihm den »Prozess« machen.

Die Brigate verschicken danach sechs weitere Schreiben, teilweise begleitet von Briefen Moros an seine Familie, an Vertraute und Parteifreunde der DC. Moro bittet darin um Verhandlungen, sein Ton wird immer verbitterter.

Die italienische Regierung bleibt hart. Sie wird in ihrer Haltung von den meisten Parteien unterstützt, vom überwiegenden Teil der Gewerkschaften und von den Kommentatoren in den größten Zeitungen. Nachdem der Staat nicht auf die Forderungen eingeht, ermorden die Brigate-Rosse-Mitglieder Mario Moretti und Germano Maccari Aldo Moro schließlich mit elf Schüssen.

So viel ist historisch gesichert zur Entführung und Ermordung Aldo Moros.

Und dann sind da die *dietrologie* zum *caso Moro*, zum Fall Aldo Moro. Sie füllen auch viereinhalb Jahrzehnte später noch Fernsehsendungen, Bücher, Podcasts und Zeitungskommentare. Journalisten und ehemalige Staatsanwälte verbreiten sie, Politiker, Schriftsteller und Filmregisseure. Diese *dietrologie* knüpfen teils an historische Erkenntnisse an und sind teilweise aus der Luft gegriffen, mal fantasievoll und mal plump. Fast alle haben aber eines gemeinsam: Die Menschen hinter der Entführung und Ermordung Moros sitzen laut den *dietrologi* im Ausland.

Der Historiker Tobias Hof, der zu den Verschwörungserzählungen um den linksextremen Terror im Italien der 1970er Jahre geforscht hat, fasst die *dietrologie* zum Fall Moro so zusammen:

> Die Liste der angeblichen Drahtzieher liest sich wie ein »Who is Who« von Geheimdiensten, Staaten und geheimen Organisationen: von der US-amerikanischen CIA bis zum deutschen Bundesnachrichtendienst (BND), vom sowjetischen KGB bis zum israelischen Mossad, vom amerikanischen Außenministerium bis zur NATO-Geheimorganisation Gladio, von einem internationalen Netzwerk aus Freimaurerlogen bis zur Sprachschule Hyperion in Paris, von der tschechoslowakischen bis zur britischen Regierung – die Zentralen des italienischen Terrorismus waren [diesen unterschiedlichen Theorien zufolge] überall, nur nicht in Italien.[23]

Dietrologia, das ist die dritte Eigenart des italienischen Verschwörungsdenkens, ist im Land kein Randphänomen. Die Theorien zu dunklen Hintergründen und Hintermännern verbreiten in Italien international gepriesene Schriftsteller, hochseriöse Journalisten und mächtige Politiker – in großen Zeitungen, nationalen Radio- und Fernsehsendern, privat wie öffentlich-rechtlich.

Am 14. November 1974, knapp dreieinhalb Monate nach dem Anschlag auf den Italicus-Zug, veröffentlicht der *Corriere della Sera*, die reichweitenstärkste Zeitung Italiens, einen Beitrag von Pier Paolo Pasolini, einem der einflussreichsten und bis heute populärsten linken Intellektuellen Italiens. »Io so« ist der Text überschrieben, ich weiß. Pasolini behauptet, er persönlich wisse, wer die Hintermänner der Sprengstoffanschläge an der Piazza Fontana in Mailand 1969, in Brescia und auf den Italicus sind. Er kenne die »Namen der Gruppen von Mächtigen«, die mithilfe des US-Auslandsgeheimdiensts CIA, der Militärmachthaber in Griechenland und der Mafia erst einen »antikommunistischen Kreuzzug« gestartet und schließlich eine »antifaschistische Jungfräulichkeit wiederhergestellt« hätten. Pasolini bezeichnet den Anschlag an der Piazza Fontana treffend als »neofaschistisch« und die Attentate von 1974 seltsamerweise als »antifaschistisch«. Er nennt keine der Namen, die er zu kennen vorgibt.

Später schreibt er: »Ich weiß es. Aber ich habe keine Beweise. Nicht einmal Indizien.« Aber er wisse all das, weil er »ein Intellektueller, ein Schriftsteller« sei, der »versucht, alles zu verfolgen, was vor sich geht, alles zu wissen, was geschrieben wird, sich alles vorzustellen, was nicht bekannt ist oder totgeschwiegen wird«.[24] Der Artikel Pasolinis wird bis heute häufig zitiert. Viele *dietrologi* werten den Text als geniale Eingebung des wenige Monate später ermordeten Schriftstellers. Vladimiro Satta bezeichnet ihn hingegen als »Tiefpunkt des Werks Pasolinis«, da dessen Interpretation des rechtsextremen Terrors der frühen 1970er Jahre jegliche reale Grundlage fehle.[25]

Auch 1978, nach der Entführung Aldo Moros, nimmt die *dietrologia* schnell an Fahrt auf. Schon zwei Tage nach dem Massaker in der Via Fani beklagt der Journalist Alberto Ronchey in einem Leitartikel für den *Corriere della Sera*, viele Menschen in Italien weigerten sich, den Terrorismus als Problem der italienischen Gesellschaft anzuerkennen, und stellten das Land stattdessen als »Spielfeld von Geheimdiensten und finsteren Interessen« dar.[26]

Im April 1980 schwingt sich sogar Bettino Craxi, Parteichef der italienischen Sozialisten, zum *dietrologo* auf: Es gebe »sicherlich« hinter dem linksextremen Terrorismus im Land einen »grande vecchio«, einen großen Alten, eine graue Eminenz, die die Gewalttaten aus der Ferne befehle, sagt Craxi im April 1980 in einem Interview mit dem *Corriere della Sera*. Wenige Tage später legt er gegenüber der Zeitung *Il Tempo* nach. Der *grande vecchio* könne »jemand in Paris« sein, der früher bei den Sozialisten gearbeitet habe und vielleicht jetzt für die »bewaffnete Partei« tätig sei.[27] Politische Beobachter erkennen in diesen Anspielungen den linken Aktivisten Corrado Simioni, der in Paris eine Sprachschule namens Hyperion leitet. Gegen Simioni werden nie konkrete Indizien – geschweige denn Beweise – gefunden, die auf eine Verstrickung mit dem linksextremen Terrorismus deuten würden.[28]

Die *dietrologia* ist in den vergangenen Jahrzehnten zur Schablone geworden, durch die viele Menschen in Italien die Welt betrachten. Mit *dietrologia* werden selbst alltägliche bis banale Ereignisse erklärt – das ist die vierte unübersetzbare Besonderheit dieses italienischen Verschwörungsdenkens. Der Lieblings-Fußballklub scheitert nach einer knappen Partie im Europapokal? Das muss ein Komplott des Fußballverbands Uefa sein.[29] Fernsehquiz? Grundsätzlich *pilotati*, von den Sendern gesteuert, um bestimmte Kandidaten gewinnen zu lassen.

Werner Raith, lange Zeit Italienkorrespondent der *taz*, hat die dietrologische Sicht auf den Alltag schon 1991 in einer Kolumne aufgespießt:

> Ein Dietrologe ist ein Mensch, der hinter die Dinge blickt. Also ein Italiener. Denn die sind geborene Dietrologen. Nichts, was auf der Welt geschieht, passiert ohne Hintergrund – vor allem aber: Nichts geschieht aus dem Grund, der auf der Hand liegt. [...] Und nicht nur in der Politik. Die schlichte Bitte »Können Sie mir mal den Zucker herüberreichen« vermag wahre Fluten von Reflexionen

> auszulösen – warum will er den Zucker gerade von mir, warum ausgerechnet Zucker, und warum gerade jetzt, wo ich Käse esse? Immerhin: Von der Dietrologie läßt sich's leben – die Journale zeigen es tagtäglich. Ein Bürgermeister tritt nach vierzig Dienstjahren zurück – kein Grund, an verdiente Pensionsgedanken des Mannes zu glauben, nein, das kann nur politisch motiviert sein oder durch einen Skandal in der Familie. Ein Skifahrer bricht sich beim Fußballspielen den Knöchel – das kann kein normaler Unfall sein, wozu spielt der überhaupt Fußball, und mit wem – und wer hat da draufgehauen? Sabotage? Eifersucht? Geheimdienst?[30]

Der Glaube an geheime Mächte, die im Hintergrund die Fäden ziehen, ist keine italienische Eigenheit. Dieser Glaube ist Jahrhunderte alt, die Funktionsweise von Onlinenetzwerken und die Desinformation durch demokratiefeindliche Kräfte beschleunigen die Verbreitung von Verschwörungserzählungen. Gewalttaten während der Coronapandemie, die Angriffe verschwörungsgläubiger Anhänger der Präsidenten in den USA und in Brasilien, Donald Trump und Jair Bolsonaro, auf die Kongressgebäude in Washington und Brasília belegen die Gefahr, die von Verschwörungsglauben ausgehen kann.

Die Menschen in Italien scheinen auch nicht überdurchschnittlich anfällig für Verschwörungsglauben zu sein. Aus einer Studie der Sozialwissenschaftler Laurent Cordonier, Florian Cafiero und Gérald Bronner aus dem Jahr 2021 geht hervor, dass in Italien die Zustimmung zu Verschwörungsmythen etwa zu den Terroranschlägen vom 11. September 2001, zu Impfungen und dem Klimawandel sogar etwas niedriger ist als in Deutschland.[31]

Woher kommt dann der Hang zur *dietrologia*? Eine erste,

banale Erklärung: Manche mächtigen Menschen in Italien befeuern diese Haltung. Weil sie ihnen hilft. Silvio Berlusconi, der im Juni 2023 verstorbene Ministerpräsident mit der längsten Regierungszeit der Geschichte der Republik (→ Berlusconismo), hat den Sturz der letzten von ihm geführten Regierung im November 2011 stets als »Komplott« oder gar »Staatsstreich« gegen ihn dargestellt, hinter dem Frankreich und Deutschland gestanden hätten.[32]

Wer *dietrologie* verbreitet, kann darauf hoffen, so von für ihn oder sie unangenehmen Fragen abzulenken: Berlusconi etwa von seiner Mitschuld daran, dass Italien 2011 am Rande des Staatsbankrotts gestanden hat, und von seiner offensichtlichen Unfähigkeit, mit der Euro-Staatsfinanzierungskrise umzugehen.

Dietrologia ist außerdem vermutlich eine Stressreaktion. Nicht nur die 1970er Jahre waren in Italien deutlich gewalttätiger als in anderen westlichen Ländern, sondern das gesamte Vierteljahrhundert ab 1969. Neben Links- und Rechtsextremisten greifen palästinensische Terroristen im Land an. Palästinenser verüben zwei Attentate auf den Flughafen Rom-Fiumicino. Im Jahr 1973 töten sie 31 Menschen, im Jahr 1985 15 Menschen. 1982 greift ein palästinensisches Terrorkommando am Ende des jüdischen Sukkot-Fests die Synagoge in der Hauptstadt an, tötet ein zweijähriges Kind und verletzt 37 Menschen teils schwer.

Am 2. August 1980, mitten in der Hauptreisezeit und zwei Jahre nach der Entführung und Ermordung Aldo Moros, explodiert im Hauptbahnhof von Bologna eine Bombe. 85 Menschen werden getötet, weitere 200 verletzt. Es ist das blutigste Attentat in Italien seit dem Zweiten Weltkrieg. In mehreren Prozessen werden Neofaschisten als Attentäter festgestellt.

Als der Staat Mitte der 1980er Jahre seinen Kampf gegen die

Feinde der Republik von rechts außen und links außen weitgehend gewonnen hat, beginnt die Mafia, auf Terror zu setzen. Zehn Jahre nach dem Italicus-Attentat, kurz vor Weihnachten 1984, explodiert wieder eine Bombe in einem Zug, wieder im Apennin-Basistunnel. Platziert hat sie die sizilianische Cosa Nostra. 16 Menschen werden getötet, 267 weitere verletzt. Zwischen 1992 und 1993 – als der *Tangentopoli*-Skandal gerade das politische System im Land einstürzen lässt (→ Papeete) – ermordet die Cosa Nostra mit mehreren Attentaten 21 Menschen, darunter die Staatsanwälte Giovanni Falcone und Paolo Borsellino. Italien wird bis Mitte der 1990er Jahre regelmäßig brutal erschüttert.

Im Juni 1980 stürzt im Meer vor Sizilien, unweit der kleinen Insel Ustica, ein Passagierflugzeug ins Meer, 81 Menschen sterben. Bis heute ist nicht zweifelsfrei geklärt, warum. Als wahrscheinlichste Antwort gilt, dass eine Luft-Luft-Rakete das Flugzeug getroffen hat, abgefeuert von einem Flugzeug der französischen oder der US-Luftwaffe, möglicherweise mit dem Ziel, die Regierungsmaschine des libyschen Diktators Muammar al-Gaddafi abzuschießen.[33]

Zum Bombenanschlag von Bologna im August 1980 haben Richter mehrfach geurteilt, dass Angehörige der militärischen Geheimdienste Italiens an Vertuschungsversuchen beteiligt waren – und dass die Geheimloge P2 an der Planung mitgewirkt hat.[34] Die P2, ausgeschrieben Propaganda Due, ist bis heute rätselhaft. 1981 decken Finanzpolizisten die Geheimorganisation auf: In den Büros des bestens vernetzten Unternehmers Licio Gelli finden sie eine Liste mit 962 Mitgliedern der Organisation, auf ihr stehen die Namen hochrangiger Militärs, Diplomaten und Richter, Abgeordneter und der Chefredakteure mehrerer Zeitungen. Und des damals aufsteigenden Medienunternehmers Silvio Berlusconi. Erklärtes Ziel der P2:

Den italienischen Staat in eine autoritäre Richtung zu drängen. Wie mächtig die P2 und wie erfolgreich ihre Strategie tatsächlich war, ist bis heute umstritten.[35]

Dass es so lange gedauert hat, die Schattenbereiche zu blutigen Ereignissen wie dem Absturz von Ustica und dem Attentat von Bologna und zu Machtzirkeln wie der P2 auszuleuchten, dass entscheidende Fragen dazu unbeantwortet bleiben, das ist ein weiterer Grund für die Verbreitung der *dietrologia* in Italien. Bis heute leiden auch deshalb viele Freunde, Verwandte und Nachfahren der bei den Gewalttaten Getöteten unter dem Eindruck, dass ihnen keine Gerechtigkeit widerfahren ist. So ist es auch mit dem Attentat auf den Schnellzug Italicus. Ein parlamentarischer Untersuchungsausschuss sieht es als belegt an, dass eine neofaschistische Organisation den Anschlag verübt hat, das gilt auch als historisch erwiesen. Rechtskräftig verurteilt worden ist für die Bombe, die in der Nacht auf den 4. August 1974 zwölf Menschen getötet und Hunderte Leben gezeichnet hat, niemand.[36]

Die *dietrologia* bietet vielen Menschen Erklärungen, die Ordnung in diese schreckliche Realität bringen. »Der Gedanke, dass diejenigen, die uns führen, Marionetten dunkler Mächte sind, beruhigt uns am Ende doch«, schreibt der Journalist Davide Maria De Luca dazu. »Der Gedanke, dass diese Menschen vielleicht nur dumm sind oder, noch einfacher, schlicht menschlich, dieser Gedanke jagt uns eine Höllenangst ein.«[37]

Passaparola – Mundpropaganda:

Die 2022 erschienene sechsteilige, italienisch-französische Miniserie *Und draußen die Nacht* (*Esterno Notte* im italienischen Original) von Regisseur Marco Bellocchio ist eines von vielen fiktionalen Werken, die sich mit der Entführung und Ermordung Aldo Moros beschäftigen. *Und draußen die Nacht* verdient eine Empfehlung: zum einen, weil die Serie kurzweilig, bestens inszeniert ist und weil zentrale Rollen mit hervorragenden Schauspielern wie Fabrizio Gifuni und Margherita Buy besetzt sind. Zum anderen, weil sie hilfreich ist, um dem unübersetzbar italienischen Phänomen *dietrologia* näherzukommen. In der Serie – und insbesondere in ihrer ersten Episode – wird das aufgeheizte und unfassbar gewalttätige Klima im Italien der 1970er Jahre skizziert, in dem die *dietrologia* blühen konnte. *Und draußen die Nacht* ist außerdem selbst gespickt mit *dietrologia*: Regisseur Bellocchio lässt den entführten Moro in der Gewalt der Brigate Rosse den Terroristen sagen, sie seien doch nur Nebendarsteller, die wahren Drahtzieher säßen ganz woanders. Es wird eine angeblich weit fortgeschrittene Lösegeld-Sammelaktion des Vatikans für Moro gezeigt, der aus historischer Sicht unbedeutende US-Regierungsbeamte Steve Pieczenik wird zur mächtigen grauen Eminenz aufgebauscht. Aber Regisseur Bellocchio erklärt im Abspann ja auch, dass die historischen Ereignisse nur die Vorlage seien für sein Werk.

Dissesto

Wo Italien abrutscht

Die Vajont-Staumauer in den Belluneser Alpen.

La parola – das Wort:

Dissesto [di'ssɛsto] – allgemein: schwere Unordnung, Zerrüttung, oft von außen herbeigeführt; im Wortpaar *dissesto idrogeologico:* Vorgänge, die eine stark zerstörerische Wirkung auf den Boden haben; als *dissesto* wird langsame Oberflächenerosion bezeichnet – aber auch plötzliche, katastrophale Ereignisse, bei denen der Boden unter den Füßen der Menschen infolge von Erosion wegbricht: etwa Erdrutsche, Schlammlawinen, Überschwemmungen.[1]

La storia dietro la parola – die Geschichte hinter dem Wort:

Wer von Norden aus über die Alpen auf direktem Weg nach Neapel fährt, ob auf der Straße oder auf Gleisen, fährt an drei riesigen Goldminen vorbei. Quellen eines Reichtums, die die dort lebenden Menschen anzapfen, auf die sie stolz sein und von denen sie prächtig leben können oder könnten. Die Berggipfel, Felswände und Täler der norditalienischen Alpen, die von Oliven und Zypressen bewachsenen Hügel der mittelitalienischen Toskana, schließlich die Meeresbucht um die einzige süditalienische Millionenstadt Neapel, vom Vulkan Vesuv überragt, von Bergketten umringt: Diese drei Landschaften sind Teil dessen, was italienische Politikerinnen, Forscher und Journalistinnen regelmäßig »economia della bellezza« nennen: die Schönheit als Wirtschaftszweig.[2]

Die *paesaggi italiani*, die Landschaften von Südtirol bis Syrakus, von Bari bis zum Brentatal, sind für die Menschen im Land ein Segen: Seit Jahrhunderten ziehen sie Italiensehnsüchtige aus anderen Ländern an, die hier ihr Herz und ihren Geldbeutel öffnen. Seit Jahrhunderten haben die *paesaggi* einen gewaltigen Anteil daran, dass Italien als *belpaese* gilt, als schönes Land (→ Belpaese).

Seit Jahrhunderten sind diese Landschaften aber auch tödlich. Man muss nur nach Longarone fahren, in der nordostitalienischen Provinz Belluno, kaum fünfzig Kilometer Luftlinie von der österreichischen Grenze entfernt, zwischen Bergmassiven eingeklemmt in der wildromantischen Tallandschaft des Cadore, gelegen am Fluss Piave.

Vom Ort aus schlängelt sich eine Straße nach oben in die Berglandschaft, rechts davon taucht immer wieder eine gigantische Betonwand auf. *La diga del Vajont*. 261,6 Meter hoch, vom Tal weg in einem Bogen gewölbt, an der Krone gut 190 Meter lang und 3,4 Meter breit. Ende der 1950er Jahre, als er fertiggestellt wird, der größte Staudamm der Welt. Er begrenzt damals einen künstlichen See, in den 150 Millionen Kubikmeter Wasser passen, zehnmal so viel wie im Wannsee in Berlin. Über ein Kraftwerk am Damm wird Strom erzeugt, der im Nordosten Italiens in den Wirtschaftswunderjahren nach dem Zweiten Weltkrieg den wachsenden Energiehunger zu stillen helfen soll.

Wer heute auf der Straße über Longarone weiter nach oben fährt, auf die andere Seite der *diga*, dort an dem lang gezogenen Parkplatz aussteigt und nach unten blickt, sieht kein Wasser. Da ist nur ein steiler Hang, bewachsen von Bäumen, ein Wanderweg führt hinunter. Auf der anderen Seite der Monte Toc: ein Berggipfel, 1921 Meter hoch, die Felsenflanke darunter ist Hunderte Höhenmeter lang grün bewaldet – bis zu einer Abbruchkante, wie ein riesiges M in der Landschaft. Das Grün hört auf, darunter ist nur noch nacktes, graubraunes Gestein. Es sind die Spuren einer Katastrophe.

Am 9. Oktober 1963 bricht vom Monte Toc ein gigantischer Bergsturz ab: 270 Millionen Kubikmeter Gestein rasen in den Vajont-Stausee, Wassermassen schwappen erst auf die Ortschaften Erto und Casso am Hang des Sees über, 158 Menschen sterben hier in den Fluten. Dann türmt sich im Stausee eine bis zu 250 Meter hohe Welle auf, sie klatscht über die Staumauer, ins Tal, in dem die Orte Codissago, Castellavazzo und Longarone liegen. Die Druckwelle, die das Wasser auslöst, ist so stark, als wären drei Hiroshima-Atombomben gezündet worden. Von Hunderten Menschen in Codissago, Castellavazzo und Longarone bleibt buchstäblich nichts, sie werden atomisiert. Hunderte weitere ertrinken. Rund 2000 Menschen sterben insgesamt. Von Longarone bleibt eine Stein- und Schlammwüste, aus der nur noch zehn Häuser und ein Kirchturm ragen.[3]

Die Katastrophe am Vajont-Staudamm ist der tödlichste *dissesto* der italienischen Geschichte. Die tödlichste der Episoden, bei denen der italienische Boden weggebrochen ist, weggenagt, weggespült, weggesprengt von Wasser. Das unübersetzbare Wort *dissesto,* in ausführlicher Form *dissesto idrogeologico,* kennt in Italien fast jeder Mensch, der älter als zehn ist und in der Schule halbwegs aufmerksam gewesen ist. *Dissesto* steht für eine Schattenseite des großen natürlichen Reichtums Italiens. Viele der italienischen Landschaften, die als Postkartenmotive und Sehnsuchtsorte dienen, sind enorm zerbrechlich.

Wie dramatisch die Gefahr ist, zeigt eine mehrfarbige Landkarte von Europa. Sie ist in einer 2015 veröffentlichten Studie enthalten. Auf ihr ist in den Mitgliedsstaaten der Europäischen Union sowie in Großbritannien und der Schweiz in unterschiedlichen Farben die sogenannte Niederschlagserosivität gekennzeichnet, also das Risiko, dass der Erdboden von Niederschlägen abgetragen wird.

Ist die Gefahr in einer Gegend gering, ist diese rotbraun

bis orange markiert. Gelb und Grün stehen für eine mittlere Gefahr, Hell- und Dunkelblau für große Gefahr. Das Gebiet Italiens ist fast vollständig blau. Dunkelblau der größte Teil der italienischen Alpen, der westliche Teil des italienischen Stiefels, der Norden und Osten Sardiniens, der Norden und Osten Siziliens, hellblau fast der ganze Rest des Landes.[4] Außer im kleinen Slowenien besteht der Studie zufolge in keinem zweiten der 27 EU-Mitgliedsstaaten für die Menschen auch nur ein annähernd vergleichbares Risiko, dass ihnen der Boden unter den Füßen wegbricht.

Wie das staatliche Umweltinstitut Istituto Superiore per la Protezione e la Ricerca Ambientale in seinem 2022 veröffentlichten Bericht schreibt, sind fast 94 Prozent der italienischen Gemeinden von *dissesto* bedroht: von Erdrutschen, Hochwasser und Erosion an den Küsten. Mehr als acht Millionen Bewohner Italiens leben demnach in besonders bedrohten Gebieten. Sieben Millionen davon leben mit hoher Überflutungsgefahr, 1,3 Millionen mit hoher Erdrutschgefahr.[5] Dem Onlinelexikon »Aula di Scienze« des Verlags Zanichelli zufolge sind allein von 1900 bis 2017 in Italien rund 486 000 Erdrutsche festgestellt worden, im gesamten Rest Europas nur 214 000.[6] 12 600 Menschen sind demnach in Italien in diesem Zeitraum durch den *dissesto* ums Leben gekommen.[7]

Dissesto ist ein unübersetzbares italienisches Wort, weil kein zweites großes europäisches Land so geprägt ist von dieser Gefahr.

Im Mai 1998 trifft es die Menschen am Rand des Golfs von Neapel, einer der am meisten geliebten und besungenen italienischen Landschaften. Tagelang regnet es in der Gegend zwischen Neapel und der fünfzig Kilometer weiter südlich gelegenen Großstadt Salerno. Am Pizzo d'Alvano, einem Berg oberhalb der Kleinstadt Sarno, liegt auf dem harten Kalkstein eine Schicht aus Pyroklasten – aus lockerem Vulkangestein, das der nahe Vulkan Vesuv hierhin gespuckt hat.

Der Regen weicht diese Schicht auf. Am 5. Mai schließlich lösen sich vom Berg rund zwei Millionen Kubikmeter Erdreich. Fluten aus rotbraunem Schlamm graben acht riesige Furchen in die Bergflanken, stürzen die Hänge hinunter, durchspülen die Straßen in der Kleinstadt Sarno und in den nahen Orten Bracigliano, Quindici, Siano und San Felice a Cancello. 178 Häuser werden zerstört, 450 beschädigt. Tausende Menschen werden obdachlos. 161 Menschen sterben.[8]

Bis in die 2020er Jahre kann die Spuren der Schlammfluten von 1998 am Berg erkennen, wer die Autobahn A30 zwischen Salerno und Neapel befährt und dann im Agro Nocerino, wo sie die weltberühmten San-Marzano-Tomaten pflücken und verarbeiten, auf der Höhe von Sarno nach rechts blickt.

Die Katastrophen des Vajont-Staudamms und von Sarno sind zwei der dramatischsten Fälle von *dissesto* der vergangenen Jahrzehnte. Bei beiden zeigen sich die Hauptgründe für diese tödliche Gefahr. Einer davon hat mit Erdplatten zu tun.

Die Kruste der Erde ist ständig in Bewegung, für die Menschen in Italien folgt daraus ein größeres Problem als andernorts in Europa. Zum einen ist Italien besonders stark betroffen von Verschiebungen der Erdplatten – und somit auch von Erdbeben. Weil das Gebiet des heutigen Italiens im Verhältnis zur Erdgeschichte jung ist, besteht außerdem ein großer Teil von ihm aus Geländeformen, die noch nicht von Wettereinflüssen erodiert worden sind. An vielen Orten ist der Erdboden daher aus eher lockeren Ablagerungen von Gestein entstanden, die sich noch nicht verfestigt haben. Boden, der so beschaffen ist, gerät besonders häufig ins Rutschen.[9]

Dass der *dissesto* in Italien so zerstörerisch wirkt, liegt aber auch an den Menschen. Vor den Katastrophen am Vajont-Staudamm und von Sarno haben örtliche Verantwortliche die Gefahren des Bodens vor Ort kleingeredet, ignoriert und sie durch ihr Handeln verschärft. Bis es schiefgegangen ist.

Im Oktober 1963, als die Wassermassen aus dem Vajont-Damm Tausende Menschen getötet haben, titelt der *Corriere d'Informazione* schon am Tag nach der Katastrophe: »TRAGICA COLPA«, tragische Schuld. »Leider war die Gefahr bekannt«, steht in den Schlagzeilen darunter. In einem Artikel auf Seite zwei ist zu lesen, hochrangige Kommunalbedienstete in Longarone hätten schon vor Wochen gewarnt, dass etwas nicht stimme mit dem Stausee. Seit langer Zeit habe man gewusst, dass die Bergwand des Monte Toc dem Wasser des Stausees nicht standhalten könnte.[10]

Dass die Nordflanke des Monte Toc zerbrechlich ist, hatte schon in den Jahren vor der Eröffnung des Staudamms ein österreichischer Forscher in einem Gutachten belegt. Die zuständige Elektrizitätsgesellschaft Società Adriatica Di Elettricità hielt trotzdem an dem Projekt fest, zu wichtig für die Energieversorgung und zu profitabel erschien es ihr.

Das Wasser im Stausee nagte nach der Befüllung unablässig an der Flanke. Die Ingenieure bemerkten das Problem. Sie gerieten in Panik und trafen die tödliche Entscheidung, das Niveau im Stausee schnell abzusenken. Dadurch verschlimmerten sie das Problem, weil sie eine regelrechte Rutschfläche für das lockere Gestein schufen. Obwohl im Frühherbst 1963 mehrere Ingenieure und Geologen von der akuten Gefahr wussten, ließen sie die umliegenden Orte nicht evakuieren.[11]

600 Kilometer weiter südöstlich und dreieinhalb Jahrzehnte später, in Sarno, am Hang des Pizzo d'Alvano, zerstörten in den Monaten vor den Erdrutschen im Mai 1998 Brände einen großen Teil der Bäume, die mit ihren Wurzeln die lockere Bodenschicht aus Vulkangestein festigten. Als es dann tagelang

ohne Unterlass regnete, geriet die klatschnasse Erde ins Rutschen. Die Schlammlawine, die dabei entstand, ergoss sich auch deshalb in bewohntes Gebiet, weil jahrelang niemand die Entwässerungskanäle am Hang gereinigt hatte: Sie waren verstopft, der Schlamm suchte sich andere Bahnen.[12]

Vielerorts in Italien verschärfen Menschen die *Dissesto*-Gefahr, die die Erdgeschichte dem Land vermacht hat, weiter: Indem Behörden Bäume und sonstige Vegetation abholzen oder Kriminelle sie brandroden und so den Boden zerbrechlicher machen, als er ohnehin schon ist. Indem Menschen den Boden mit Straßen, Gebäuden und anderen Bauwerken versiegeln. Auch in gefährdeten Gebieten, allzu oft ohne staatliche Erlaubnis.

Der Statistikbehörde Istituto Nazionale di Statistica zufolge wurden etwa im Jahr 2021 in Italien pro 100 legale Bauten 15,1 illegale errichtet.[13] Insbesondere im Süden ist das Problem enorm, zumal dort nur ein Bruchteil der Schwarzbauten, deren Abriss angeordnet worden ist, tatsächlich auch entfernt werden.[14] Außerdem zeigt seit Jahrzehnten ein erheblicher Teil der verantwortlichen Politiker in den Gemeinden, in den Regionen und im Parlament und in der Regierung in Rom wenig Willen, die Plage anzugehen. Manche setzen sich im Gegenteil dafür ein, schon errichtete Schwarzbauten zu legalisieren: mit einem *condono edilizio*, einem Straferlass im Gebäudesektor. Vor der Parlamentswahl 2022 etwa wirbt in Kampanien ein Kandidat der rechtsnationalen späteren Regierungspartei Lega auf Plakaten und in Onlinenetzwerken mit dem Slogan »Condono edilizio per la Campania subito!«.[15]

Wie sehr Menschen durch illegale Bautätigkeit die tödliche *dissesto*-Gefahr erhöhen, das hat sich wenige Wochen nach der Wahl in genau dieser Region gezeigt. Auf der Insel Ischia im Golf von Neapel, einem der Lieblingsurlaubsziele der früheren deutschen Bundeskanzlerin Angela Merkel.[16] In der Nacht zwischen dem 25. und 26. November 2022 regnet es unablässig über der Insel: Innerhalb von sechs Stunden fallen 126 Millimeter Regen, mehr als üblicherweise im gesamten Monat November. Am Morgen des 26. November löst sich ein Erdrutsch vom 789 Meter hohen Monte Epomeo über der Gemeinde Casamicciola. Straßen und Häuser werden verschüttet, zwölf Menschen sterben, darunter vier Kinder. Die Hälfte der Häuser in Casamicciola wurde illegal errichtet, teils auf ausgetrockneten Wasserläufen oder enorm rutschigem Gestein. Wer in solchen Gegenden Ischias gebaut habe, sagt der Präsident der regionalen Geologenvereinigung nach dem Desaster, habe »russisches Roulette gespielt«.[17]

Manche *dissesto*-Katastrophen haben die italienische Gesellschaft auf Jahrzehnte geprägt. In der Nacht vom 3. auf den 4. November 1966 tritt in Florenz, der Hauptstadt der Toskana, der Fluss Arno über die Ufer. Tagelang hat es davor ununterbrochen geregnet. Im Morgengrauen ergießen sich die Fluten in die historische Altstadt. Fünf Meter hoch steht das Wasser in manchen Vierteln, 35 Menschen sterben.

Florenz gilt, damals wie heute, als eine der Hauptstädte der europäischen Kultur: wegen der Kuppeln und Fassaden der Kirchen und *palazzi* aus der Renaissancezeit und aus späteren Jahrhunderten, wegen der Bibliotheken und der mit weltweit berühmten Kunstwerken bestückten Museen wie der Uffizien. Die Fluten und die Gefahr für dieses Kulturerbe sorgen auch im Ausland für Entsetzen. Aus den USA reist Ted Kennedy nach Florenz – der Bruder des drei Jahre zuvor ermordeten Präsidenten John F. Kennedy und damals Senator. Kennedy ruft andere Menschen per Videobotschaft zur Hilfe auf. Die damals schon legendäre Schauspielerin Liz Taylor startet einen ähnlichen Appell.[18]

In den Tagen nach der Katastrophe reisen Hunderte bis Tausende vor allem junger Menschen nach Florenz, um zu helfen. Sie arbeiten dabei mit, durchnässte Bücher oder von Schlamm bedeckte Kunstwerke sicherzustellen, damit sie später restauriert werden können. Viele von ihnen greifen den Einwohnern von Florenz dabei unter die Arme, ihre Häuser, Keller und Geschäfte von schmutzigem Wasser und Schlamm zu befreien.[19]

Manche der Helfer sind damals berühmt, andere werden es in den Jahren danach: Sängerin John Baez ist dabei, die Teenager und späteren legendären italienischen Liedermacher Francesco De Gregori und Antonello Venditti. Aus Deutschland reisen späteren Medienberichten zufolge Joschka Fischer und Gerhard Schröder an, damals junge westdeutsche Linke, gut drei Jahrzehnte später Außenminister und Kanzler der Bundesrepublik Deutschland.[20] Die jungen, oft in Bluejeans gekleideten und schockierend moderne Frisuren auf dem Kopf tragenden Frauen und Männer, die aufräumen, schaufeln, trösten und reparieren, verändern das Image einer ganzen Generation.

Die freiwilligen Helfer gehören 1966 zu den ersten Erwachsenen, die gänzlich nach dem Zweiten Weltkrieg aufgewachsen sind. Viele aus dieser Altersgruppe fallen auf mit ihrem Geschmack für diese seltsame Beat-Musik aus Großbritannien und den USA, mit ihrem unverschämten Drang zur Freiheit. Beats werden diese jungen Menschen damals in Italien oft genannt, die Sexualmoral und Lebensentwürfe ihrer Eltern ablehnen und damit die *benpensanti* im Land schockieren, die italienische Entsprechung der Spießer. Wie abgrundtief in den 1960er Jahren der Hass vieler *benpensanti* auf diese jungen Leute sein muss, lässt sich an einem Artikel erahnen, den der Journalist Paolo Bugialli im November 1965 für den *Corriere della Sera* schreibt, damals wie heute die einflussreichste Zeitung Italiens.

Bugialli nimmt sich auf Seite 3 einer fürchterlichen Plage an, die aus seiner Sicht die Altstadt von Rom befallen hat und insbesondere die Gegend um die Spanische Treppe: die *capelloni*. Männer, die es wagen, ihr Haar »fast so lang wie das der Frauen« zu tragen, »über die Schultern fließend, manchmal mit einer kleinen Locke an der Stirn«. Die Frauen in diesen Gruppen nennt Bugialli *capelline*. Sie hätten im Gegensatz zu den Männern sehr kurze Haare, teilten mit diesen aber die »offensichtliche Verachtung für Wasser und Seife«.[21]

Danach ergeht sich Bugialli in Gewaltfantasien: »Sie sagen immer noch, dass sie die Zerrissenheit der Generation der Atombombe ausdrücken: In Wahrheit sollte man Bomben auf diese Leute werfen, nach Möglichkeit mit einem Insektengift gefüllt.« Es gebe zwar kein Gesetz, dass es Menschen verbiete, lange Haare zu tragen, die Spanische Treppe aber müsse man »desinfizieren« – etwa indem Menschen, »ausgerüstet mit Bürgersinn, Insektengift und Schere«, dorthin gingen und diese Menschen provozierten.[22] An dem Tag, an dem der Artikel erscheint, greift eine Gruppe von Studenten aus Rom, bewaffnet mit Scheren und Rasiermessern, die *capelloni* an der Piazza di Spagna an. Die Polizei vermutet unter den Angreifern Rechtsextreme.[23]

1966, in den überfluteten und verschlammten Straßen von Florenz, sind viele *capelloni* unter den freiwilligen Helfern. Und im *Corriere della Sera* schreibt – ein Jahr nach den Tiraden des Journalisten Bugialli gegen die *Beats* im Zentrum von Rom – sein Kollege Giovanni Grazzini:

> Wer hierher nach Florenz kommt, selbst der Zynischste, selbst der Abgestumpfteste, versteht sofort [...], dass von nun an niemand mehr sarkastische Bemerkungen über junge Beats machen darf. Denn genau diese Jugend, über

> die man gestern noch ironische Bemerkungen gemacht hat, hat heute in Florenz ein wunderbares Beispiel dafür abgegeben, wie man sich nützlich machen kann, wie man seine Kraft und seinen Enthusiasmus für die Rettung des Gemeinwohls einsetzen kann. Ehre den Beats, Ehre den *angeli del fango*, den Engeln des Schlamms.[24]

Grazzini ist vermutlich der erste Journalist, der den Ausdruck *angeli del fango* verwendet. Er schafft ein geflügeltes Wort. Engel des Schlamms, so werden in italienischen Medien seither Menschen genannt, die Schäden beseitigen, wo ein *dissesto* die Landschaft verwüstet hat.

Angeli del fango sind auch im Mai 2023 unterwegs, in der Emilia-Romagna. 41 Gemeinden der norditalienischen Region sind von schlammbraunem Wasser überflutet worden, darunter bei deutschsprachigen Urlaubern beliebte Orte wie Riccione und Rimini. An manchen Orten hat es in wenigen Stunden so viel geregnet wie üblicherweise in den gesamten drei Frühlingsmonaten. 22 Flüsse sind über die Ufer getreten, Straßen und Brücken werden zerdrückt und weggespült. Über 22 000 Menschen haben zeitweise ihre Häuser verlassen, Industriebetriebe müssen die Produktion einstellen, Tausende Hektar Anbauflächen für Getreide, Gemüse und Obst sind zerstört. 15 Menschen ertrinken.[25]

In den Tagen danach verbreiten sich in Onlinenetzwerken Bilder von Helferinnen und Helfern in Gummistiefeln, mit Schaufeln und Kunststoffbesen, die »Romagna mia« singen, einen Gassenhauer im Walzertakt aus den 1950er Jahren, der als inoffizielle Hymne der Romagna gilt, des östlichen Teils der Region.[26]

Die Menschen in Italien müssen sich auf weitere *dissesto*-Katastrophen einstellen, auf weitere Bilder brutaler Zerstörung und von *angeli del fango*, die zu retten versuchen, was zu retten ist. Auch weil der menschengemachte Klimawandel die ohnehin große Gefahr wohl weiter wachsen lässt.

Das in Lecce im süditalienischen Apulien ansässige Forschungszentrum Euro-Mediterranean Center on Climate Change listet in einer 2020 veröffentlichten Studie zu den Auswirkungen der Klimakrise auf Italien vor allem zwei Faktoren auf, die mit steigenden Durchschnittstemperaturen einhergehen und das *dissesto*-Risiko zusätzlich erhöhen dürften: das Schmelzen von Gletschereis und Permafrost in den Alpen und die Zunahme an Starkregen, der in kurzer Zeit zu Boden geht. Dadurch wachse sowohl die Gefahr für Erdrutsche als auch für Überflutungen. Gerade solche plötzlichen *dissesto*-Ereignisse dürften demnach häufiger werden.[27]

Die Antworten auf die Frage, was helfen kann gegen die wachsende Gefahr, sind gleichzeitig einfach und furchtbar kompliziert. Sie sind einfach, weil die Rezepte gegen das Problem sattsam bekannt sind: den Bau von Gebäuden in besonders gefährdeten Gebieten untersagen, vor allem in Hanglagen; das Gelände in der Nähe von bestehenden Siedlungen, Straßen, Gleisen stabilisieren, etwa mit Fangzäunen und anderen Metallbarrieren; den Boden durch Bepflanzung festigen; Flüsse renaturieren, wo das sinnvoll ist, und andernorts Kanäle schaffen, mit denen der Abfluss von Flüssen geregelt werden kann, wie etwa durch den seit 1960 funktionierenden Kanal zwischen dem Fluss Etsch und dem Gardasee.[28] Ein landesweites Überwachungssystem für Risikogebiete, mit dem mögliche Gefahren für Überschwemmungen, Erdrutsche und Bergstürze möglichst früh erkannt werden, kann im Ernstfall viele Menschenleben retten.[29]

Aber es ist eben oft schrecklich kompliziert. Anfang 2024 hat die italienische Regierung erstmals einen nationalen Plan zur Anpassung an den Klimawandel verabschiedet[30] – zwölf Jahre später als Österreich und die Schweiz, 16 Jahre nach Deutschland.[31] Sechs Jahre hat der Weg vom ersten Entwurf bis zum fertigen Plan gedauert. Sechs Jahre, in denen sich in Rom fünf Regierungen abgewechselt haben. Italien habe heute endlich einen nationalen Anpassungsplan, kommentiert die Umweltschutzorganisation WWF am 3. Januar 2024 auf der Plattform X (vormals Twitter). Und schiebt nach: »Das ist aber die einzige gute Nachricht.«[32]

Scharfe Kritik üben Naturschutzorganisationen vor allem an dem Teil des Klimaanpassungsplans, in dem es um *dissesto* geht. Unter den 29 im Plan erwähnten Anpassungsmaßnahmen ist keine einzige, die direkte Eingriffe vorsieht: also etwa neue Infrastruktur oder die Anwendung neuer Technologien, um Erdrutsche, Überflutungen oder Bergstürze zu verhindern oder abzumildern.

Auf Sizilien, wo knapp 97 Prozent der Gemeinden der Gefahr von *dissesto* ausgesetzt sind,[33] hat die Regionalregierung im Oktober 2023 eine Tradition fortgesetzt: Sie hat wieder einen *condono edilizio* auf den Weg gebracht, einen Straferlass für illegal errichtete Häuser in Küstennähe. Ein Bürgermeister begehrt dagegen auf. Er heißt Giovì Monteleone, ist verantwortlich für die Gemeinde Carini nahe Palermo und lässt als einer von wenigen auf der größten Mittelmeerinsel Schwarzbauten tatsächlich abreißen. Zu den Plänen für einen erneuten *condono* sagt er, er hoffe, dass die Regionalregierung damit letztlich scheitert. Die Sizilianerinnen und Sizilianer müssten lernen, ihre Küstenlandschaft zu schützen. Das Meer bringe ihnen Arbeitsplätze. Es bringe ihnen Leben.[34]

Passaparola – Mundpropaganda:

Marco Paolini ist sieben Jahre alt, als im Oktober 1963, nur wenige Kilometer von seiner Heimatstadt Belluno entfernt, oberhalb der Ortschaft Longarone eine Flanke des Monte Toc in den Vajont-Stausee stürzt – und die Wassermassen über 2000 Menschen töten. Dreieinhalb Jahrzehnte später schreibt er über die Vorgeschichte und die Folgen der größten *Dissesto*-Katastrophe der italienischen Geschichte gemeinsam mit dem Autor Gabriele Vacis einen dokumentarischen Theatermonolog und ein Buch. Beide sind packend. Das Buch ist im Jahr 2000 in deutscher Fassung unter dem Titel *Der fliegende See: Chronik einer angekündigten Katastrophe* (im italienischen Original *Il racconto del Vajont*) erschienen und antiquarisch erhältlich. Den Theatermonolog führte Paolini im Oktober 1997, zum 34. Jahrestag des Desasters, vor Publikum live unterhalb der Vajont-Staumauer auf. Er wurde vom italienischen Fernsehsender Rai 3 übertragen – mit großem Erfolg. Empfehlung an alle, die Italienisch können: Auf YouTube ist die mehr als zweistündige Aufführung in voller Länge abrufbar, zu finden über die Suchbegriffe »racconto del Vajont Paolini«.

Ferragosto

Wendepunkt des italienischen Sommers

Ein typischer Anblick zu *ferragosto*: ein heruntergelassenes Rollgitter vor einem Schaufenster und ein Hinweisschild mit den Schließzeiten des Geschäfts im August.

La parola – das Wort:

Ferragosto [ferraˈgosto] – in Italien gesetzlicher Feiertag am 15. August jedes Jahres, an dem das christlich-katholische Fest Mariä Himmelfahrt begangen wird; die Tage an und um *ferragosto* gelten heute als sommerliche Feiertage schlechthin: ein kurzer Zeitabschnitt im August, in dem ein großer Teil des üblichen öffentlichen Lebens unterbrochen wird – und den die meisten Menschen gerne am Meer oder in den Bergen verbringen.

La storia dietro la parola – die Geschichte hinter dem Wort:

Existiert diese Stadt eigentlich noch? Irgendwann fragt sich Marcovaldo das, als er durch die gewohnten Straßen geht, vorbei an den gewohnten Hochhäusern, Restaurants, Zeitungskiosken. Alles da wie eh und je, in den üblichen Farben, im üblichen Licht der Sommersonne. Es fehlen nur die Menschen.

Die Häuserfronten wie eine einzige graue Hecke heruntergelassener Rollläden, verrammelt wie Festungen. In den Straßen, breit, einsam, von Autos entleert, holen sich erste Tiere ihren Raum: eine Ameisenkolonie, ein Käfer, ein Regenwurm.

> Das ganze Jahr über hatte Marcovaldo davon geträumt, die Straßen wirklich als Straßen benutzen, das heißt, mitten auf der Fahrbahn laufen zu können: Jetzt konnte er's, er konnte auch bei Rot über die Straße gehen oder sie schräg überqueren und mitten auf den Plätzen stehen bleiben. Aber er wusste, dass das Vergnügen nicht so sehr

> darin bestand, all diese ungewohnten Dinge zu tun, als vielmehr alles plötzlich ganz anders zu sehen: die Straßen als Talschluchten oder ausgetrocknete Flussbetten, die Häuser als steile Gebirgsmassive oder Felswände.[1]

Marcovaldo ist der einzige Mensch, der am 15. August nicht die Stadt verlassen hat. So schreibt es der Schriftsteller Italo Calvino, dieser hochkonzentrierte Tagträumer, in einer der Erzählungen seines 1963 erschienenen Bands *Marcovaldo oder die Jahreszeiten in der Stadt*.

Der Hilfsarbeiter und Familienvater Marcovaldo kann mit seinem kargen Lohn nicht Schritt halten mit dem Rhythmus des Wirtschaftsbooms, der um ihn herum so viele Menschen in eine neue Dimension des Wohlstands katapultiert hat. Er macht an diesem Hochsommertag die Außenseitererfahrung schlechthin: *ferragosto in città, ferragosto* in der Stadt.

Ferragosto ist der 15. August. Es ist der geplante Ausnahmezustand, der sich Jahr für Jahr in den Tagen um dieses Datum über Italien legt – und der am 15. August selbst seinen Höhepunkt erreicht. *Ferragosto*, das sind Rituale, die oft viel anstrengender sind, als sie bei oberflächlicher Betrachtung wirken. Es ist ein Zeitfenster, in dem ein großer Teil des Landes in eine Art Sommerdösen herunterfährt – und ein anderer Teil den Hochbetrieb erreicht.

Italien ist kein erzkatholisches Land mehr. Nur noch 22 Prozent der Menschen im Land gehen Sonntag für Sonntag zur Messe, nur noch 76 Prozent bezeichnen sich selbst als katholisch, die Zahl der Nichtgläubigen steigt weiter. »Gente di poca fede«, ein Volk der kaum noch Gläubigen, so hat der Soziologe Franco Garelli den Zustand im Titel eines 2020 erschienenen Buchs zur Religiosität seiner Landsleute zusammengefasst.[2]

Italien bleibt aber zutiefst katholisch geprägt. In mehreren süditalienischen Dialekten wird »cristiano«, Christ, bis heute gleichbedeutend mit »Mensch« verwendet. »Cresciuti con una morale cattolica e con il rock 'n' roll«, aufgewachsen mit katholischer Moral und Rock 'n' Roll, so fasst der in den 1950er und 1960er Jahren zum Star gewordene Sänger Little Tony die Prägung der Nachkriegsitaliener zusammen, in einem 2004 gemeinsam mit DJ Gabry Ponte veröffentlichten Dance-Song, den bis heute wohl fast jeder Mensch mitsingen kann, der um die Jahrtausendwende zumindest hin und wieder eine Bar oder eine Disco in Italien betreten hat.

Moderne weltliche Freizeitrituale vor jahrhundertealtem religiösem Hintergrund durchziehen das italienische Jahr. Der Straßenkarneval mit den Schlachten mit Schaumspray und Konfetti, die sich mehr oder weniger junge Menschen Jahr für Jahr auf den *piazze* von Treviso bis Trapani liefern. Das Picknick mit dem Freundeskreis an *pasquetta*, am Ostermontag. Die Weihnachtsbräuche: das Baum- und Krippenaufstellen am 8. Dezember, die Essgelage namens *cenoni*, die immergleichen Filme (→ Cinepanettone) und schließlich der Strumpf für die Hexe Befana, die die Festtagszeit wegkehrt. Und mittendrin, in den heißesten Wochen des Jahres, *ferragosto*.

An *ferragosto* begehen gläubige Katholikinnen und Katholiken Mariä Himmelfahrt. Sie feiern, dass die Mutter Gottes nach dem Tod mit Körper und Seele in den Himmel aufgenommen wurde. In den Kirchen landauf, landab begehen die Menschen das mit einer besonders feierlichen Messe.

Außerhalb der Kirchen findet der *esodo* statt, der Exodus. Seit Jahrzehnten verwenden italienische Journalisten dieses biblische Wort selbstverständlich, um die Bewegung raus aus den Städten zu bezeichnen: in Millionen Autos, in Zugwaggons, Fähren und Flugzeugen. In den Städten werden ganze Straßenzüge, in denen sich *bars*, Lebensmittelläden, Haushalts-

und Elektronikgeschäfte aneinanderreihen, zu einer Abfolge heruntergelassener Metallrollläden, auf denen Zettel kleben: »chiuso per ferie«, Betriebsurlaub. In Lokalzeitungen erscheinen Service-Artikel darüber, welche Geschäfte überhaupt offen haben – für die wenigen armen Schweine, die sich nicht beteiligen dürfen an der Massenflucht.[3]

Zur Frage, wohin es geht, reihen sich Italienerinnen und Italiener in zwei Fraktionen ein: *mare* oder *montagna*, Meer oder Berge. Menschen, denen beide Optionen taugen, sind eher selten. Laut einer Erhebung des Umfrageinstituts SWG im Auftrag des Italienischen Handelsverbands Confcommercio aus dem August 2022 haben in jenem Jahr 61 Prozent der Italienerinnen und Italiener *ferragosto* an einem Ort am Meer verbracht, 23 Prozent in einem Ort in den Bergen.[4] Entsprechend voll sind Strände, Lokale und Hotels. Zimmer oder Ferienwohnungen für den 15. August zu bekommen ist an vielen Orten schon Monate vorher aussichtslos.

Ferragosto ist ein Fest wuseliger Geselligkeit. Für Teenager und junge Erwachsene vor allem in Orten und Städten an der Küste geht es schon in der Nacht zuvor los, mit dem *falò di ferragosto*: dem Lagerfeuer am Strand, zu dem sich Gruppen von Freunden am 14. August nach Sonnenuntergang treffen und dann bis in die Früh die gemeinsame Zeit genießen. Mit Musik auf der eigenen Gitarre oder aus mitgebrachten Bluetooth-Lautsprechern, mit Trinken und Rauchen, mit nächtlichem Nacktbaden. Für viele Heranwachsende sind die Nächte auf *ferragosto* die ersten, die sie außerhalb der Blick- und Hörweite ihrer Eltern verbringen.

Am 15. August selbst ist das *pranzo di ferragosto* für viele der Höhepunkt des heißen Tages: auf der schattigen Terrasse des *stabilimento balneare,* im Restaurant oder hinter den kühlenden Mauern der Wohnung. In unterschiedlichen Regionen haben sich *Ferragosto*-Spezialitäten eingebürgert, viele sind angepasst an das brüllend heiße Augustwetter. Römerinnen und Römer schwören für die *Ferragosto*-Tafel auf *pollo con i peperoni*, Hähnchen mit Paprikaschoten,[5] im nordwestitalienischen Ligurien ist ein Brotsalat mit Tomaten, Thunfisch, Sardellen und Oliven namens *capponadda* angesagt, und in der zentralitalienischen Toskana sind die *Ferragosto*-Leibspeisen vieler sogar in einer Redensart verewigt: »Per ferragosto, piccioni e anitre arrosto«, gebratene Tauben und Enten, meistens begleitet von Kartoffeln.[6]

Ferragosto bedeutet für Dutzende Millionen Italienerinnen und Italiener eine Aufhebung des Alltäglichen, eine Art Weihnachten im Hochsommer. *Ferragosto* ist »der Ferientag schlechthin«, heißt es trocken-feierlich im Wörterbuch Treccani, der italienischen Entsprechung des Duden.[7]

Es ist der Gipfel des Sommers: der Jahreszeit, die in manchen italienischen Gegenden so wichtig ist, dass davon gesprochen wird, als wäre sie die einzige. »È frnut' a stagione«, die Jahreszeit ist vorbei, das sagen im lokalen Dialekt seufzend schon am 16. August viele Menschen in den Küstenorten im Cilento, der Gegend südlich des Golfs von Salerno im süditalienischen Kampanien. Denn ab dem 16. August beginnt jährlich der *controesodo*, die Gegenbewegung zurück in die Städte. Der *traffico di rientro* verstopft die Autobahnen. In den *Autogrill*-Raststätten (→ Autogrill) in nördlicher Fahrtrichtung, die von den Küstenorten an Adria und Tyrrhenischem Meer zurück nach Neapel, Florenz oder Turin führen, ist das Stimmengewusel zwischen dem Klimpern der Kaffeelöffel und dem Zischen der Espressomaschinen leiser als sonst. Es geht zurück in den Alltag.

Die Rituale um *ferragosto* sind den meisten Menschen in Italien so vertraut, dass dieser Feiertag der Feiertage wie eine uralte Tradition wirkt. Als wäre all das schon immer da gewesen, von Generation zu Generation aufs Neue erlebt. In Wahrheit aber sind die meisten *Ferragosto*-Traditionen erst im 20. Jahrhundert entstanden.

Immerhin: Die Wurzeln der hochsommerlichen Auszeit liegen im alten Rom. Die Vorgeschichte von *ferragosto* beginnt vor über 2000 Jahren, bis heute sichtbar ist das im Wort selbst. Es stammt vom Lateinischen *feriae augusti* (Augustusruhe) ab, einer staatlich genehmigten Ruhezeit aus den frühesten Jahren der Kaiserzeit im Römischen Reich. Augustus, der erste römische Kaiser, richtete die *feriae augusti* im Jahr 18 vor unserer Zeitrechnung ein. Die *feriae augusti* wiederum reichen noch weiter in die römische Geschichte zurück. Sie wurzeln in den *consualia*, die am Ende der Ernte auf den Feldern gefeiert wurden und dem Gott Consus gewidmet waren, dem Gott der Scheunen und der Fruchtbarkeit. Auch die Feriae Augusti dienten als Erntedankfest: Sie begannen am 1. August und dauerten teils den ganzen Monat über an. Ab dem 7. Jahrhundert dann, das Christentum war auf dem Gebiet des heutigen Italien zur Religion der Massen geworden, wurden die Hauptfeierlichkeiten des *ferragosto* vom 1. August auf den 15. des Monats verlegt. Das antike vorchristliche Fest zur Feier der Ernte wurde zusammengelegt mit der christlichen Feier Mariä Himmelfahrt.[8]

Ferragosto ist also seit Jahrhunderten ein bedeutender Feiertag. Bis er aber eine vergleichbare Gestalt wie heute annahm – ein gemeinsames modernes Ferienritual, an dem ein Löwenanteil der italienischen Gesellschaft teilnimmt –, vergingen Jahrhunderte. Gegen Ende des 19. Jahrhunderts verkürzten auch in Italien moderne Transportmittel wie Eisen- und Straßenbahnen die Reisezeiten für viele Menschen drastisch. Vor allem der Nordwesten des Landes erlebte einen Schub der Industrialisierung, Hunderttausende Menschen zogen vom Land in die Großstädte, aus vielen Bauern wurden Arbeiter. In den

Städten bildete sich eine frühe Form der heutigen Mittelschicht heraus. Urlaub, längere Pausen von der Arbeit samt Verreisen, blieb aber ein Privileg eines kleinen Teils der Bevölkerung.

Am 16. August 1887 heißt es im in Mailand erscheinenden *Corriere della Sera*, die Metropole habe am Vortag »ausgesehen wie eine verlassene Stadt«. In der nächsten Zeile steht, was damit konkret gemeint ist: Schätzungsweise 7000 Menschen seien am 15. August aus der Stadt herausgefahren, rund 1500 per Zug an die Küste nach Genua, viele andere mit Brotkörben und Reisebündeln ausgestattet auf das Land rund um die Stadt. Am Abend seien viele davon schon wieder in der Stadt zurück gewesen.[9] In Mailand leben damals mehr als 350 000 Menschen.

Zum Massenphänomen wird die Auszeit an und um *ferragosto* in Italien erstmals in der Zeit des Faschismus (→ LVI). 1927, fünf Jahre nach der Machtübernahme Benito Mussolinis, führt das Regime nach dem Vorbild anderer europäischer Länder für Angestellte erstmals einen Rechtsanspruch auf bezahlte Urlaubstage ein. Für Kinder werden sogenannte Ferienkolonien eingerichtet: Heime am Meer und in den Bergen, in denen auch Kinder aus Familien mit wenig Geld im Sommer ihre Tage fernab ihrer engen Wohnungen verbringen können – mit Schwimmen, Wandern, umgeben von faschistischer Propaganda. »Wie in der Kaserne« sei es in der Ferienkolonie gewesen, wird später der im Faschismus aufgewachsene und später zum antifaschistischen Partisanen gewordene Journalist Enzo Biagi schreiben.[10]

Für die Erwachsenen lässt das Regime die *treni popolari di ferragosto* einrichten, *Ferragosto*-Volkszüge. Für sie gibt es ab 1931 in der dritten, der einfachsten Klasse extrem verbilligte Fahrkarten, *prezzi ridottissimi*, wie es damals im Regime-Italienisch heißt: bis zu achtzig Prozent billiger als der Normaltarif.

Die Ferienzüge fahren in den Sommermonaten von den großen Städten wie Mailand, Rom, Bologna, Pisa oder Messina in Richtung Meer, Thermen oder Berge. Der Erfolg ist durchschlagend: Laut dem Wirtschaftshistoriker Andrea Giuntini werden schon 1931, im ersten Jahr der Züge, knapp 460 000 Fahrgäste gezählt, bis 1938 steigt die Zahl auf 1,26 Millionen. Mit den *treni popolari* werden Ausflüge ins Grüne und der Wochenendurlaub am Meer erstmals für einen großen Teil der Bevölkerung erschwinglich. Erstmals setzt an *ferragosto* eine freudige Massenflucht aus den Großstädten ein.[11]

In der *provincia* bleiben die allermeisten Menschen während des Faschismus aber noch außen vor. Die Bewohner der ländlichen Gebiete und der kleineren Städte müssen bis nach dem Zweiten Weltkrieg warten, um ihr Recht auf Urlaub wahrnehmen zu können.[12]

In den Jahren des *boom economico* nimmt *ferragosto* dann die Gestalt an, die es heute hat. In den Strandbädern von Jesolo bis Tropea mischen sich in den Nachkriegsjahrzehnten um den 15. August Millionen Italienerinnen und Italiener unter die Gäste aus Deutschland und Österreich. Die Städte werden tatsächlich ähnlich spektakulär leer, wie Italo Calvino es in *Marcovaldo* beschrieben hat. Aus der eintägigen *scampagnata*, dem Picknick im Grünen oder am Strand, wird ein mehrtägiger, manchmal gar mehrwöchiger Urlaub.

Für diejenigen, die es sich leisten können. In diesem Halbsatz steckt die wohl wichtigste Einschränkung des Mythos um *ferragosto*. Eine Auszeit für alle ist *ferragosto* nie gewesen. Manche Menschen haben immer gearbeitet. Berufsgruppen wie Ärzte, Polizistinnen, Soldaten natürlich, außerdem die Hunderttausenden Menschen, die dafür sorgen, dass in den Ferienzielen die Urlauber auf ihre Kosten kommen: Wirtinnen und Kellner in den Restaurants, Reinigungspersonal und Rezeptionisten in den Hotels, Bademeister und *baristi.* In Ortschaften, die größtenteils vom Tourismus leben, ist *ferragosto* für einen großen Teil der Einwohner nie die Zeit des Füßehochlegens gewesen, sondern die des maximalen Stresses. Wer in Positano oder Bardolino vom *Ferragosto*-Bohei lebt, macht eher an Allerheiligen oder Weihnachten frei.

Auch andernorts können aber viele nicht mehr teilnehmen am großen *Ferragosto*-Ausnahmezustand. Über die Provinz Alessandria in der norditalienischen Region Piemont schreibt die Zeitung *La Stampa* im August 2018: »Die Industrie geht im August nicht mehr in den Urlaub.« Das hat mit der Globalisierung zu tun. Unter Berufung auf den Arbeitgeberverband Confindustria heißt es in dem Artikel, in den 1980er und 1990er Jahren habe ein großer Teil der Betriebe in der Provinz Alessandria ausschließlich für den italienischen Autobauer Fiat produziert. Inzwischen seien viele Unternehmen Teil weltweiter Lieferketten – und in Taiwan oder Rotterdam sei eben kein *ferragosto.* Das »Ritual der Massenurlaube« sei »nur noch eine Erinnerung«.[13]

Bei genauerem Hinsehen bröckelt das gewohnte *Ferragosto*-Bild auch in den Großstädten. Noch in den 2000er Jahren müssen Touristen, die den 15. August in italienischen Ferienhäusern verbringen, Tage vorher Proviant einkaufen, um etwas zu essen im Kühlschrank zu haben. Inzwischen sind die rituellen Welche-Läden-haben-an-*ferragosto*-offen-Artikel in italienischen Medien ziemlich lang. Mehrere Ketten öffnen ihre Geschäfte sogar italienweit durchgehend, auch am 15. August.[14]

Und dann ist da das Thema Preise. Im Sommer 2023 haben sich viele italienische Medien mit einem beunruhigenden Phänomen beschäftigt: An *ferragosto* sind erheblich weniger Italiener als in den Vorjahren in die traditionellen Urlaubsorte im Land gefahren. Zehn Prozent weniger als noch 2021, das ergab etwa eine Umfrage des Instituts YouTrend.[15] Ein möglicher Grund: Die außerordentlich hohe Inflation, die an den im europäischen Vergleich ohnehin schon niedrigen Reallöhnen der Italienerinnen und Italienern genagt hat. Außerdem, schreibt das Nachrichtenportal *Il Post*, seien 2023 die Preise vieler Hotels und Badestrände regelrecht in die Höhe geschossen, weit jenseits der Inflationsrate. Nach der Coronapandemie habe die Zahl ausländischer Touristen in Italien wieder deutlich zugenommen. Das habe die Preise nach oben getrieben – und für viele Familien das Verreisen an *ferragosto* fast unmöglich gemacht.[16]

Viele tun inzwischen, was sich bis vor wenigen Jahren kaum jemand vorstellen hätte können: Sie machen sich an *ferragosto* auf den Weg nach Albanien. 660 000 Italienerinnen und Italiener hätten bis September ihren Urlaub im Land auf der anderen Seite der Adria verbracht, schreibt die *Gazzetta del Mezzogiorno*.[17] Ausgerechnet in Albanien, in dem Land, aus dem seit den 1990er Jahren massenweise Menschen nach Italien ausgewandert sind. In die Heimat der bitterarmen *albanesi*, auf die viele so lange gerne herabgeschaut haben.

Der albanische Regierungschef Edi Rama nutzt die neue Beliebtheit seines Landes im August 2023 für eine Spitze in Richtung Rom: Auf Instagram postet er zwei Fotos, die offenbar das mit Menschen vollgepackte Schiff *Vlora* zeigen. Die *Vlora* landete im August 1991 im süditalienischen Adria-Hafen Brindisi an. An Bord waren schätzungsweise 20 000 Albaner, die aus dem bitterarmen und international isolierten Land nach Italien aufgebrochen waren. Die allermeisten von ihnen wurden umgehend zurück in ihre Heimat gebracht. Die Bilder des Schiffs gelten bis heute aber als symbolhaft für die massenhafte Einwanderung aus Albanien nach Italien in den 1990er Jahren.

Albaniens Regierungschef Rama, der wie Hunderttausende

Albaner fließend Italienisch spricht, schreibt nun im Sommer 2023 auf das linke der beiden Bilder mit Menschenmassen auf der Vlora auf Italienisch: »Albaner fahren nach Italien – 1991« und über das rechte: »Italiener fahren in den Urlaub nach Albanien – 2023«. Lach-Emoji, Herzchen mit italienischer und albanischer Flagge. In der Post-Beschreibung, auf Albanisch: »Und das ist erst der Anfang.« Umarm-Emoji.

»Non c'è più il ferragosto di una volta«, *ferragosto* ist nicht mehr das, was es einmal war, schreibt der *Corriere della Sera* in diesem seltsamen Sommer.[18]

Passaparola – Mundpropaganda:

Der wohl berühmteste Ferragosto-Film von allen heißt auf Italienisch *Il sorpasso*, das Überholmanöver. Der 1962 erschienene Film von Dino Risi kommt noch im selben Jahr auf Deutsch unter dem Titel *Verliebt in scharfe Kurven* in die Kinos. Die Handlung beginnt im zu *ferragosto* entleerten Rom, durch das der von Vittorio Gassman gespielte Hauptdarsteller Bruno Cortona seinen Lancia Aurelia lenkt: ein Lebemann, der im Wirtschaftswunderitalien mit überdrehter Leichtigkeit versucht, viel reicher zu erscheinen, als er ist. Die rasante Tragikomödie spielt sich an zwei Tagen ab, sie ist ein frühes Roadmovie, ein Trip durch das Italien zur Hochzeit des *boom economico*. Er erzählt von einem Land, in dem traditionelle vermeintliche Gewissheiten ins Wanken geraten – und davon, wie in diesem aufstrebenden Italien gerade in den Tagen um *ferragosto* die Lust nach bedenkenlosem Vergnügen die Massen ergreift.

La 482

Von Arbërisht bis Zimbrisch – Italiens Minderheitensprachen

Hinweisschilder auf Italienisch und Arbërisht.

La parola –
das Wort:

la 482 [kuattro'tʃɛnto'ttanta'du:e] – oder, präziser: la legge 482 del 1999 (482/99); Gesetz Nr. 482 der italienischen Republik aus dem Jahr 1999; Gesetz, das den italienischen Staat zum Schutz seiner »historischen Sprachminderheiten« verpflichtet – also zwölf nichtitalienischer Sprachen, die seit Jahrhunderten in bestimmten Gebieten des Landes gesprochen werden.

La storia dietro la parola –
die Geschichte hinter dem Wort:

Was wären Italienklischees ohne Italienisch? Die Sprache gilt als so unglaublich melodisch, dass manche Italienischlernende es kaum erwarten können, mit den ersten Brocken ihren Cappuccino beim Stammitaliener in dessen Muttersprache zu bestellen. Sprachschulen bewerben Italienisch als »die Sprache des *belpaese*« (→ Belpaese). Dabei ist dieser Satz nur ein Teil der Wahrheit.

Tatsächlich ist Italien heute ein vielsprachiges Land. Einer Erhebung des Istituto Nazionale di Statistica aus dem Jahr 2015 zufolge sind immerhin 9,6 Prozent der Bevölkerung mit einer anderen Muttersprache als Italienisch aufgewachsen. Dieser Anteil hat sich demnach seit 2015 mehr als verdoppelt.[1] Das hat mit der seit 1990 stark gestiegenen Einwanderung nach Italien zu tun. Aber auch das ist nur ein Teil der Wahrheit. Italien ist seit Jahrhunderten vielsprachig.

Diese Vielfalt kann man auf einen Blick sichtbar machen: mit einer Italienkarte, die auf dem unübersetzbar italienischen Wort »quattrocentoottantadue« aufbaut. Wer eine solche Italienkarte anschaut, sieht einen bunt gescheckten Stiefel: großflächige Flecken in unterschiedlichen Farben links oben und rechts oben, also im Nordwesten und Nordosten, an den Grenzen zu Frankreich und der Schweiz, zu Österreich und Slowenien; einen großen Fleck, der fast vollständig Sardinien bedeckt, mit einem andersfarbigen kleinen Spritzer im Nordwesten der Insel; kleinere Tupfer in den süditalienischen Regionen Molise, Apulien, Basilikata und Kalabrien und auf Sizilien.

Die Flecken stehen für die sogenannten »historischen Sprachminderheiten« Italiens: In *la 482* werden mit diesem Ausdruck Bevölkerungsgruppen bezeichnet, die seit Jahrhunderten in Italien leben. *La 482, la quattrocentoottantadue* oder ausführlicher: *legge 482/99*, so heißt ein im Jahr 1999 vom italienischen Parlament verabschiedetes Gesetz.[2] Durch das Gesetz 482 werden in Italien den Sprechern von zwölf Minderheitensprachen bestimmte Rechte zuerkannt. Es geht um insgesamt rund 2,5 Millionen Menschen, die mit einer anderen Muttersprache als Italienisch aufwachsen.[3]

Die in Italien geschützten Minderheitensprachen sind:

- Französisch
- Deutsch
- Ladinisch
- Slowenisch
- Franko-Provenzalisch
- Okzitanisch
- Friaulisch
- Kroatisch
- Arbërisht, eine Variante des Albanischen
- Griko und Grecanico, zwei Varianten des Griechischen
- Sardisch
- Katalanisch

Diese Sprachen sind ein kultureller Schatz, mit dem sich Italien lange schwergetan hat. Ein Schatz, den das faschistische Regime (→ LVI) ab den 1920er Jahren teilweise zu vernichten versucht hat.

Der Ausdruck »Minderheitensprache« ist eine recht späte Erfindung, die viel mit der Entstehung moderner Nationalstaaten zu tun hat. Für die meisten Nationalbewegungen im 19. Jahrhundert war eine gemeinsame Sprache ein wesentliches Merkmal einer Nation: Deutsche sprechen Deutsch, Tschechen Tschechisch, Italiener Italienisch. Fiorenzo Toso, ein 2022 verstorbener italienischer Sprachwissenschaftler und einer der renommiertesten Experten für die sprachliche Vielfalt im Land, schreibt, in der Zeit der Nationalbewegungen seien als Minderheit »Randgruppen der Bevölkerung« definiert worden, die »Ausnahmen oder Widersprüche zur herrschenden Vorstellung der ›Nation‹« dargestellt hätten.[4] Die Folge: Wer die jeweilige Sprache nicht sprach, gehörte zu einer Minderheit. Und Minderheiten drohte in vielen Ländern der Ausschluss aus der nationalen Gemeinschaft. Diese Vorstellung wirkt bis heute nach.

In Italien ist die Verbindung zwischen Sprache und Nation seit Jahrhunderten besonders stark. Das wiederum hat viel mit dem mühsamen Weg zu tun, auf dem Italien zu einem modernen Nationalstaat wurde. Bis weit ins 19. Jahrhundert war das heutige Gebiet Italiens ein Flickenteppich aus mehr oder weniger großen Staaten, die sich oft im Konflikt miteinander befanden – anders als Frankreich und England. Und anders als die deutschen Staaten und das österreichische Kaisertum konnten die Staaten in Italien sich nicht einmal auf eine Zollunion einigen. Teilweise schotteten sie sich sogar wirtschaftlich voneinander ab. Dazu kam: Das Gebiet Italiens ist durch seine Geografie, vor allem die Alpen und den Apennin, so zerklüftet wie nur wenige andere europäische Regionen. Wie der Sprachwissenschaftler Tullio De Mauro schreibt, hatte all das zur Folge, dass die Menschen im Italien des 19. Jahrhunderts, als die Nationalbewegung namens Risorgimento an Fahrt aufnahm, einander buchstäblich nicht verstanden.

Nur eine kleine Elite war der italienischen Hochsprache mächtig, deren Regeln der Jesuit Marcoantonio Mambelli im 17. Jahrhundert erstmals in einer Art Grammatik zusammengefasst hatte. Selbst in großen Städten wie Turin, Neapel und Venedig herrschte bis in gebildete Schichten und teils sogar in der Schriftform der örtliche Dialekt vor, und zwischen manchen dieser italienischen Dialekte lagen Welten: Als im 19. Jahrhundert die beiden patriotisch gesinnten Brüder und Streiter für die italienische Einigung Giovanni und Emilio Visconti aus Mailand nach Neapel reisten und Italienisch sprachen, wurden sie dort für Engländer gehalten. Der toskanische Einheitskämpfer Giuseppe Bandi bezeichnete das, was auf Sizilien gesprochen wird, als »africanissimo«, als zutiefst afrikanisch.[5] Italienisch, so klagten damals Schriftsteller wie Ugo Foscolo und Alessandro Manzoni, sei eine »tote Sprache«.[6]

Für die Vorkämpfer des Risorgimento sind Pflege und Verbreitung der Hochsprache daher eines der wichtigsten Ziele. Nach der Vereinigung Italiens zu einem Königreich im Jahr 1861 wird diese Italianisierung Teil der Regierungspolitik. Die Lehrer in den Schulen im Land nehmen vor allem die Dialekte ins Visier. Die Mundarten von Lombardisch bis Sizilianisch werden als »Unkraut« bezeichnet, das ausgerupft gehöre, wie De Mauro schreibt. Gegenüber den nichtitalienischen Minderheitensprachen verhält sich der italienische Staat dagegen zunächst »enorm respektvoll«.[7] Damals ist das italienische Staatsgebiet allerdings auch kleiner als heute: Zu ihm gehören weder das größtenteils deutschsprachige Südtirol noch der Osten des

Friaul und die Region Triest mit ihren slowenischsprachigen Gemeinden.

Nach dem Ersten Weltkrieg und vor allem ab 1922, als der Faschist und aggressive Nationalist Benito Mussolini Regierungschef wird, verschärft sich die Lage für die Sprecher von Minderheitensprachen deutlich. Im Aostatal zum Beispiel. Die Region an der Grenze zu Frankreich und der Schweiz war im Jahr 1536 die erste Gegend der Welt, in der Französisch Amtssprache wurde – drei Jahre früher als in Frankreich.[8] Französisches Gebiet war die Region aber fast nie: Ab dem 11. Jahrhundert gehörte das Aostatal nahezu durchgehend zum Gebiet des Herrscherhauses Savoyen und ab dem 18. Jahrhundert zum savoyardischen Königreich Sardinien-Piemont: der Staat, aus dem heraus nach der Mitte des 19. Jahrhunderts das Königreich Italien entsteht.

Als in Italien die Faschisten die Macht übernehmen, machen sie sich daran, die französischsprachige Tradition im Aostatal zu tilgen. Die Schergen Mussolinis lassen die französischsprachigen Dorfschulen schließen, die *écoles de hameau*. Sie ersetzen französische durch italienische Ortsnamen – und locken italienischsprachige Menschen aus anderen Regionen des Landes an. Auch deshalb wird das Aostatal zu einem der wichtigsten Regionen für den antifaschistischen Widerstand. Nach dem Zweiten Weltkrieg ist die sprachliche Unterdrückung des Französischen schnell vorbei: Bereits 1945 wird dem Aostatal ein gesonderter Status zuerkannt, ab 1948 hat die Region ein Sonderstatut, eine eigene regionale Verfassung, die in Artikel 38 die Gleichstellung von Französisch und Italienisch garantiert.[9]

Wer heute oberflächlich auf das Aostatal blickt, sieht überall Französisch: Es ist, neben Italienisch, eine der beiden Amtssprachen. Die Ortsnamen sind französisch, die regierende

Union Valdôtaine und andere politische Parteien haben französische Namen, in den Schulen ist Französisch gleichberechtigte zweite Unterrichtssprache. Die Zahl der französischen Muttersprachler aber ist drastisch geschrumpft: Während 1921 noch 91 Prozent der Bewohner im Aostatal angaben, französische Muttersprachler zu sein, ist es im 21. Jahrhundert nur noch knapp ein Prozent.[10] Nach dem Zweiten Weltkrieg sind weiter viele italienischsprachige Menschen aus anderen Regionen ins Aostatal eingewandert, und ein erheblicher Teil der einheimischen Bevölkerung hat sich mit der Vormacht des Italienischen im Alltag arrangiert.[11]

Wesentlich stärker hat sich ein paar hundert Kilometer weiter östlich das Deutsche gehalten – in der Region, die für viele deutschsprachige Urlauber seit Jahrzehnten das erste Stück Italien ist, das sie betreten: Südtirol. Die norditalienische Provinz zwischen Brennerpass und der Gemeinde Salurn wird auf Italienisch bis heute weitgehend *Alto Adige* genannt, zu Deutsch Oberetsch, nach dem das Gebiet durchquerenden Fluss Etsch. Südtirol ist seit dem Mittelalter Teil des deutschen Sprachraums und gehört politisch zu Tirol. Bis ins 20. Jahrhundert waren rund neunzig Prozent der Bevölkerung deutschsprachig.[12] Doch ein Teil der italienischen Nationalbewegung hielt das Gebiet für uritalienisch und setzte sich ab dem 19. Jahrhundert dafür ein, dass »die Salami in Zukunft an der Brennergrenze verzollt werde«, wie es Thomas Mann seinen Protagonisten im Roman *Der Zauberberg* in einem Gespräch über einen italienischen Nationalisten sagen lässt.[13]

Nach dem Ersten Weltkrieg, den Italien an der Seite Großbritanniens, Frankreichs und der USA gegen Österreich-Ungarn und Deutschland gewinnt, wird dem Land Südtirol im Friedensvertrag von Saint-Germain zugesprochen. Danach setzt die Regierung in Rom auf die »Italianisierung« Südtirols:

Sie befördert den Umzug von Italienern nach *Alto Adige* und drängt die deutsche Sprache zurück.

Nach der Machtübernahme durch die Faschisten wird das Vorgehen deutlich brutaler. Deutsche Schulen werden verboten, Orts- und sogar Familiennamen italianisiert. Menschen, die an ihrer Sprache und Kultur festhalten, droht Gefängnis. 1939 vereinbart Benito Mussolini mit dem Regime Adolf Hitlers, seines deutschen Bruders im menschenverachtenden Geist, eine »völkische Flurbereinigung«: Deutschsprachige Südtiroler müssen im Rahmen der sogenannten »Option« entscheiden, ob sie im Land bleiben und zu »echten« Italienern werden – oder ins Deutsche Reich übersiedeln. Tatsächlich wandern mehrere zehntausend Südtiroler aus, bis der Zweite Weltkrieg das Vorhaben zum Stocken bringt. Die völkischen Träume von Nazis und Faschisten scheitern, zumindest in diesem Flecken Europas.[14]

Heute ist Südtirol als Autonome Provinz Bozen Teil der italienischen Region Trentino-Südtirol (Trentino-Alto Adige). Sie gilt weltweit als Vorbild für den politischen Umgang mit sprachlicher Vielfalt. Deutschsprachige und Italienischsprachige können ihren Alltag, von Schule über Behördengang bis Gerichtsverhandlung, in der jeweiligen Muttersprache bewältigen, der öffentlich-rechtliche Rundfunk Rai hat ein mehrsprachiges Programm, es erscheinen Zeitungen und Onlinemagazine auf Deutsch.

Die Sprachregeln in Südtirol schützen auch die Sprecher einer weiteren Minderheitensprache: die des Ladinischen. Ladinisch ist eine romanische Sprache, eng verwandt mit dem in einem kleinen Teil der Schweiz gesprochenen Rätoromanischen. In Südtirol gibt es laut Volkszählung rund 20 000 ladinische Muttersprachler, im benachbarten Trentino rund 6000.[15] Ladinisch wird außerdem von mehreren tausend Menschen im benachbarten Venetien gesprochen, unter anderem in Gemeinden nahe dem glamourösen Skiort Cortina d'Ampezzo.

Der Weg zur sprachlichen Gleichberechtigung in Südtirol nach dem Zweiten Weltkrieg dauerte Jahrzehnte, war von Missmut und oft von Hass und Gewalt überschattet. Heute aber weisen Umfragen darauf hin, dass eine große Mehrheit der Menschen hier grundsätzlich zufrieden ist mit dem Zusammenleben der Sprachgruppen.[16]

Gegen faschistische Auslöschungsfantasien hat sich, wenige dutzend Kilometer Luftlinie südöstlich von Südtirol, auch die slowenischsprachige Minderheit erfolgreich gewehrt. In der heutigen Region Friaul-Julisch Venetien, in Gebieten der Provinzen Gorizia und Udine sowie im Umland der Großstadt Triest leben teils seit dem Mittelalter slowenischsprachige Menschen. Bis 1918 gehörten diese Landstriche zu Österreich-Ungarn, erst nach dem Sieg im Ersten Weltkrieg wurden sie Italien zugesprochen. Die Faschisten gingen auch hier brutal gegen alle Menschen vor, die ihrer Wahnvorstellung von einem »ethnisch reinen« Italien widersprachen.

Schon 1920 brennen faschistische Kämpfer das Narodni Dom, das slowenische Kulturzentrum in Triest, nieder. Die Gewalt wiederum befeuert bei vielen Slowenischsprachigen die Abneigung gegen Italien[17] – und vergiftet das Klima zwischen den Sprachgruppen auf Jahrzehnte. Nach ihrer Machtübernahme in Rom wenden die Faschisten gegen Slowenischsprachige ähnliche Repressionen wie gegen die deutschsprachigen Südtiroler an: Slowenischsprachige Schulen werden geschlossen, slowenische Ortsnamen werden italianisiert, sämtliche slowenischen Nachnamen werden per königlichem Dekret in italienisch klingende umgewandelt.[18]

Rund 60 000 slowenischsprachige Bewohnerinnen und Bewohner gibt es in Friaul-Julisch Venetien heute. Die slowenischsprachige Bevölkerungsgruppe hat ein eigenes Radioprogramm und slowenischsprachige Fernsehnachrichten in der Rai, es erscheinen slowenischsprachige Zeitungen, es gibt slowenischsprachige Schulen. Im Jahr 2020, zum Jahrestag des Brandanschlags auf das Narodni Dom in Triest, ehren die Präsidenten Italiens und Sloweniens, Sergio Mattarella und Borut Pahor, gemeinsam die Opfer nationalistischen Hasses auf beiden Seiten.[19]

Französisch im Aostatal, Ladinisch und Deutsch in Südtirol-Trentino sowie Slowenisch in Friaul-Julisch Venetien sind heute die am stärksten geschützten Minderheitensprachen Italiens. Die drei Regionen haben seit Jahrzehnten ein *statuto speciale*, ein Sonderstatut: eine gesonderte regionale Verfassung, in der die Rechte der Sprachgruppen garantiert sind.

Für die anderen Minderheitensprachen in Italien verläuft der Weg zur Anerkennung im 20. Jahrhundert anders: mit weniger Hass und nationalistischem Eifer verbunden, aber auch mit deutlich weniger öffentlicher Aufmerksamkeit. Die Geschichten dieser Minderheiten sind aber mindestens genauso spannend.

Etwa die des Franko-Provenzalischen: Insgesamt rund 70 000 Menschen in Italien sprechen diese romanische, mit dem Französischen relativ eng verwandte Sprache. Die Franko-Provenzalisch-Sprecher leben im Aostatal und im Westen der angrenzenden Region Piemont.[20]

Einen franko-provenzalischen Flecken gibt es in Italien außerdem Hunderte Kilometer weiter südöstlich, in der süditalienischen Region Apulien: in den Gemeinden Faeto (auf Franko-Provenzalisch: Faíto) und Celle San Vito (Cèles de Sant Vuite). Beide Orte haben heute insgesamt nur noch wenige hundert Einwohner. Dazu, wie diese Sprachinsel entstanden ist, gibt es zwei Theorien: Die ersten Siedler könnten Anhänger der christlich-protestantischen Waldenserkirche gewesen sein, die zwischen 12. und 15. Jahrhundert aus Südfrankreich vor religiöser Verfolgung geflohen sind. Als wahrscheinlicher gilt aber, dass der damals über das Königreich Sizilien herrschende Karl von Anjou dort im 13. Jahrhundert gezielt französische Familien ansiedelte, um ein Gegengewicht zu in der Region lebenden Arabern zu bilden.[21]

Ganz sicher mit den Waldensern, dieser im Mittelalter von katholischen Herrschern brutal verfolgten christlichen Glaubensgemeinschaft, hat ein Sprachfleck noch weiter im Süden Italiens zu tun, in Kalabrien. Er liegt in Guardia Piemontese, schon der Ortsname weist auf die Herkunft seiner Bewohner hin. Hier leben die Nachfahren von Waldensern, die im 13. Jahrhundert aus dem Tal Val Pellice im Norden des Piemont auf der Flucht vor religiöser Verfolgung nach Kalabrien ausgewandert sind. Ihre Sprache: Okzitanisch, eine romanische Sprache, die mit dem Katalanischen verwandt ist, das ansonsten vor allem in Katalonien gesprochen wird, also im Nordosten von Spanien, in Andorra und im Südwesten von Frankreich.

Das Okzitanische gilt als Nachfahrin der Langue d'Oc, der Sprache der mittelalterlichen Troubadoure, der Dichter und Sänger an den Höfen der Adligen. Die okzitanischsprachigen Waldenser folgten im 16. Jahrhundert der protestantischen Reform von Martin Luther – worauf das katholische Königreich Neapel im Jahr 1561 in Kalabrien mit Gräueltaten gegen die aus ihrer Sicht Ungläubigen reagierte. Nach Guardia Piemontese, das auf einem Hügel liegt und mit Mauern befestigt ist, gelangten die Gotteskrieger nur durch eine List – und richteten danach ein Massaker an. Das Blut, so heißt es in den Chroniken der Zeit, floss damals durch die Straßen und schwappte an die Festungsmauer, an eine Öffnung, die heute deshalb Porta del Sangue heißt, Bluttor.[22] Die Bewohner von Guardia

Piemontese wurden, wie in anderen damals waldensischen Orten, zum Übertritt zum Katholizismus gezwungen. In Guardia sprechen die Menschen aber weiterhin Okzitanisch, bis heute – auch wenn es nur noch wenige hundert sind und die Sprache hier akut vom Aussterben bedroht ist.[23] Im Piemont wird das Okzitanische noch von mutmaßlich mehreren zehntausend Menschen gesprochen, vor allem im Westen und Südwesten der Region, nahe der Grenze zu Frankreich.[24]

Im Norden Italiens gibt es außerdem außerhalb Südtirols mehrere kleine deutsche Sprachminderheiten, jeweils mit ein paar Hunderten bis wenigen Tausenden Sprechern: die Walser, die in Gebirgsregionen von Piemont und Aostatal leben und eine Variante eines alemannischen Dialekts sprechen;[25] die im Mittelalter aus Oberbayern ausgewanderten Zimbern, die in mehreren Gemeinden im Trentino und in den Lessinischen Alpen und auf der Asiago-Hochebene in Venetien leben und bis heute einen alten, bairischen Dialekt sprechen;[26] die Deutschsprachigen im Kanaltal, die am und um den Tarvisio-Pass im Friaul leben und deren Mundart dem kärntnerischen Bairisch ähnelt.[27]

In derselben Region wie die deutschsprachigen Kanaltaler leben die Menschen, die Friaulisch sprechen. Friaulisch, auch Furlanisch genannt, ist ebenfalls eine romanische Sprache, verwandt also mit dem Italienischen, enger noch aber mit Ladinisch und Rätoromanisch. Sie wird laut dem Sprachwissenschaftler Fiorenzo Toso von 430 000 Menschen gesprochen und von 570 000 verstanden. Die Friaulischsprachigen leben in Friaul-Julisch Venetien, in drei der vier Provinzen der Region – Udine, Pordenone und Gorizia – und in einem kleinen Teil der Provinz Venedig im angrenzenden Venetien.

Im Verhältnis zum italienischen Nationalstaat hat die friaulischsprachige Bevölkerung eine deutlich weniger konfliktträchtige Geschichte als etwa die Deutschsprachigen in Südtirol und im Kanaltal[28] und die Slowenischsprachigen. In dem Teil des Friaul, der bis 1918 zu Österreich gehörte, sind viele Friaulischsprachige überzeugte italienische Patrioten und Anhänger des *irredentismo*: des Teils der italienischen Nationalbewegung, der Italien um weitere Gebiete vergrößern will, weil er diese als italienisch betrachtet.[29] Während des Faschismus war die Società filologica friulana, die sich für Erforschung und Förderung der friaulischen Sprache einsetzt, eine Schützenhelferin für die aggressiv-nationalistische Politik des Regimes.[30] Vor allem nach dem Zweiten Weltkrieg wurden aber in der Region Stimmen laut, die – erfolgreich – mehr politische Autonomie für die Region und besseren Schutz für die friaulische Sprache forderten.[31]

Viel kleiner als die friaulische Sprachgruppe ist in Italien die kroatische. Die sogenannten Molise-Kroaten leben seit Jahrhunderten im Grenzgebiet zwischen den heutigen süditalienischen Regionen Molise und Abruzzen. Ihre Sprache wird von Wissenschaftlern auch Moliseslavisch oder Slavisanisch genannt.[32] Die ersten Sprecher flüchteten vermutlich im 15. und 16. Jahrhundert aus dem heutigen Kroatien und Bosnien-Herzegowina über das Adriatische Meer nach Mittel- und Süditalien. Es handelte sich um katholische Christen, die vermutlich dem muslimischen türkischen Heer entgehen wollten, das gerade den Balkan eroberte.[33]

Im 19. Jahrhundert lebten nach damaligen Erhebungen mindestens 20 000 Molisekroatisch-Sprecher im Molise und den Abruzzen, im 20. Jahrhundert ging ihre Zahl aber drastisch zurück, unter anderem aufgrund der massiven Auswanderung aus dem ländlichen Süditalien. Bis zu 5000 Menschen sprechen heute noch Molisekroatisch, sie leben in den drei Gemeinden Acquaviva Collecroce (Kruč), Montemitro (Mundimitar) und San Felice del Molise (Štifilić).

Aus ähnlichen Gründen wie die Molisekroaten haben sich auch die Arbëresh in Italien niedergelassen, die albanischsprachige Minderheit. Die Arbëresh kamen vor allem vom 15. bis ins 18. Jahrhundert in mehreren Migrationen über die Adria. Sie sind christlich-orthodoxe Albaner, die wie die katholischen Molisekroaten vor dem militärischen Vormarsch der Türken flüchteten und von den Herrschern im Königreich Neapel wohlwollend empfangen wurden. Heute leben die Arbëresh in Siedlungen in mehreren süditalienischen Regionen: in den Abruzzen, in Molise, Apulien, Basilikata und Kalabrien und im Westen Siziliens.[34]

Ihre Sprache wird Arbërisht, Arbërishtja oder Gjuha Arbëreshe genannt, sie stammt aus derselben Dialektgruppe wie das Hochalbanisch, die Amtssprache in Albanien. Heute leben zwischen 70 000 und 80 000 Arbërisht-Sprecher in Süditalien. Ihre Zahl ist – wie die der Molisekroaten – unter anderem wegen der starken Auswanderung im 20. Jahrhundert stark gesunken. Etwa seit 1968, dem 500. Todestag des albanischen Nationalhelden Georg Kastriota Skanderbeg, engagieren sich deutlich mehr Arbëresh für die Bewahrung ihrer Kultur und ihrer Sprache. Mehrere Medien erscheinen in Arbërisht, Feiern in traditioneller Tracht werden gut besucht, es gibt eine »Miss Arbëresh«-Wahl.[35] An den Universitäten im sizilianischen Palermo und im kalabrischen Cosenza sind Forschungsabteilungen eingerichtet worden, die sich mit der Kultur und der Sprache der Arbëresh beschäftigen.[36]

In wenigen Orten in Süditalien wird zudem Griechisch gesprochen, von insgesamt rund 20 000 Menschen: im in der Region Apulien gelegenen Salento, dem südöstlichen Stiefelabsatz Italiens, eine Variante des Griechischen namens Griko, und weiter westlich, im Süden des Stiefelabsatzes in Kalabrien, wo die Griechisch-Variante Grecanico oder Greko genannt wird.[37] Wie tief in die Geschichte die Wurzeln dieser griechischen Sprachinseln reichen, ist umstritten. Nach dem aktuellen Forschungsstand stammen Griko und Grecanico entweder vom Griechisch byzantinischer Siedler ab, die sich im 9. Jahrhundert in Süditalien niederließen – oder sie sind sogar eine Erbschaft der ersten griechischen Siedler, die Süditalien schon ab dem 8. Jahrhundert vor der Zeitenwende kolonisierten.[38]

Hunderte Kilometer vom italienischen Festland entfernt, auf Sardinien, der zweitgrößten Insel des Mittelmeers, ist Sardisch die wichtigste Regionalsprache. Eine Million bis 1,3 Millionen Menschen beherrschen Erhebungen zufolge diese eigenständige und ziemlich weit vom Italienischen entfernte romanische Sprache, die mehrere Dialekte hat. Sardisch ist relativ nah am Lateinischen und hat darüber hinaus einige Elemente aus dem Spanischen und dem Katalanischen übernommen.[39]

Sardinien war seit dem Mittelalter ein Königreich, beherrscht von unterschiedlichen europäischen Mächten. Ab 1718 gehörte es zum Gebiet des norditalienischen Herrscherhauses Savoyen, das die Königskrone übernahm und sein gesamtes Staatsgebiet ab diesem Moment Königreich Sardinien nannte. Die savoyardischen Könige führten Italienisch als Amtssprache ein und nutzen die Ressourcen der Insel aus, das Machtzentrum der Herrscher blieb aber in Norditalien. 1861 wurde Sardinien Teil Italiens und hinkte wirtschaftlich weit hinter dem Rest des Landes her. Nach dem Ersten Weltkrieg entstand auf der Insel eine Autonomiebewegung, die mehr politische Freiheit vom Zentralstaat forderte. Sie wurde vom faschistischen Regime niedergeschlagen. Nach dem Zweiten Weltkrieg erhielt Sardinien im demokratischen Italien im Jahr 1948 – gleichzeitig mit Sizilien, Aostatal und Trentino-Südtirol – ein Sonderstatut, eine regionale Verfassung mit gesonderten Rechten. Wie Fiorenzo Toso schreibt, hat das Sardische auf der Insel bis ins

21. Jahrhundert gegenüber dem Italienischen nach und nach an Bedeutung verloren. Ein erheblicher Teil der Sarden spricht es demnach weiter, sieht es aber als sozial minderwertig im Vergleich zum Italienischen an.[40]

An einem Flecken in Sardinien wird neben Sardisch auch eine andere anerkannte Minderheitensprache gesprochen. In Alghero, einer Hafenstadt mit gut 40 000 Einwohnern im Nordwesten der Insel, ist eine Variante des Katalanischen heimisch. Nachdem die Stadt im 14. Jahrhundert von der Herrschaft des spanischen Königreichs Aragón befreit wurde, ließen sich hier Katalanen nieder. Rund die Hälfte der *algheresi* sprechen die örtliche Katalanisch-Variante nach eigenen Angaben derzeit noch.[41]

Wer durch die Gebiete Italiens reist, in denen die zwölf von der *legge 482* geschützten Minderheitensprachen gesprochen werden, sieht ein Italien, das mit Klischees über das Land bricht: von einer Südtiroler Ortschaft mit Kegelclub und Tiroler Trachtenverein über ein albanischsprachiges Dorf, in dem die Pizzeria »Tri Kartuçe« heißt und an der Straße liegt, die nach dem albanischen Nationalhelden Skanderbeg benannt ist, bis hin zur Paella, die in Alghero als ortstypisches Gericht gilt. Es sind Gebiete, die dem Land eine Vielfalt bieten, mit der sich die Regierenden lange schwergetan haben und von der ein erheblicher Teil der italienischen Bevölkerung bis heute kaum weiß.

Wenige Monate nachdem sich Italien 1945 dank des Widerstandskampfs der Partisanen und des militärischen Siegs der Alliierten vom Faschismus befreit hat, ändert das Land auch seinen Umgang mit den Minderheitensprachen deutlich. 1948 tritt die Verfassung der neuen italienischen Republik in Kraft. Artikel 6 besteht aus diesem Satz: »Die Republik schützt mit besonderen Bestimmungen die sprachlichen Minderheiten.« 1996 deutet der italienische Verfassungsgerichtshof diesen

Satz in einem Urteil als Inbegriff der »Überwindung der geschlossenen Vorstellungen vom Nationalstaat des 19. Jahrhunderts«. Italien habe mit dem Schutz der Minderheitensprachen »eine Kehrtwende von großer politischer und kultureller Bedeutung im Vergleich zur nationalistischen Haltung des Faschismus« vollzogen.[42]

Drei Jahre später verabschieden das Abgeordnetenhaus und der Senat das unübersetzbar italienische Gesetz 482/99. Es garantiert seit 1999 den Sprechern aller Minderheitensprachen unter anderem, dass Eltern das Recht haben, in Kindergärten und Schulen Unterricht in der Minderheitensprache für ihre Kinder zu erhalten. Bürgern wird das Recht gewährt, im Umgang mit der Verwaltung die Minderheitensprache zu verwenden. Gemeinden dürfen Ortsschilder zweisprachig beschriften, während Regionen die Möglichkeit erhalten, Inhalte in der jeweiligen Minderheitensprache in den Medien zu fördern.

Für Menschen in Regionen, wo die Minderheitensprache Verfassungsrang hat – darunter Französischsprachige im Aostatal, Deutsch- und Ladinischsprachige in Südtirol und Slowenischsprachige in Friaul-Julisch Venetien –, ändert das Gesetz kaum etwas. Die regionalen Verfassungen gestehen ihnen nämlich noch deutlich umfangreichere Rechte zu. Auch hat das Gesetz 482 erhebliche Mängel: Unter anderem bleiben mehrere Minderheitensprachen ungeschützt, darunter das aus dem norditalienischen Ligurien stammende Tabarkinisch, das in einer Inselgruppe vor Sardinien gesprochen wird, und die Sprachen der in Italien lebenden Sinti und Roma, die seit dem späten Mittelalter im Land belegt sind.[43]

Aber das unübersetzbare italienische Wort »482«, »quattrocentoottantadue«, steht für die bemerkenswerten Fortschritte, die der italienische Staat nach dem Ende des Faschismus im Umgang mit der sprachlichen Vielfalt im Land gemacht hat. Es war ein langer Weg dorthin – und ein schmerzhafter für viele Menschen, die Italienerinnen und Italiener waren, aber kein Italienisch sprachen.

Passaparola – Mundpropaganda:

Wie umgehen mit Südtirol? Wie umgehen mit diesem nördlichsten Zipfel des Lands, der 1918 nach dem Ersten Weltkrieg italienisch wurde, nachdem er Jahrhunderte zu Tirol gehört hatte und obwohl er fast ausschließlich deutschsprachig war? Die Fronten in dieser Frage waren jahrzehntelang verhärtet, nur wenige Italiener aus dem Rest der Republik zeigten echtes Verständnis für die Menschen zwischen Sterzing und Salurn, die sich über Jahrzehnte einen Sonderstatus innerhalb des Staats erkämpft hatten. Der Schriftsteller Marco Balzano hat sich in die Südtiroler Gefühlswelt eingearbeitet. Er erzählt in *Ich bleibe hier* (im Original *Resto qui*) die Geschichte einer Frau, die während des Faschismus Widerstand gegen die Italianisierungspolitik des Regimes übt, indem sie Deutschunterricht erteilt, und die auch im demokratischen Italien widerspenstig bleibt. So sensibel hat selten jemand über eine der Sprachminderheiten in Italien geschrieben.

LVI

Der lange Schatten des Faschismus

Bis heute sichtbare Spuren des Faschismus:
das Wort »Duce« als Mosaik auf dem Boden des Foro Italico in Rom,
dem Platz vor dem Olympiastadion.

La parola –
das Wort:

LVI [l'ui] – Schriftliche Verballhornung von »lui«, im gesprochenen Italienisch die Entsprechung von »er«, also des Personalpronomens der dritten Person in der Einzahl. Wenn »lui« als »LVI« geschrieben wird, das U also als V dargestellt, ist mit dem Wort der faschistische Diktator Benito Mussolini gemeint, der Italien gut zwei Jahrzehnte lang beherrscht hat. In der faschistischen Propaganda wurde das U häufig als V geschrieben, insbesondere auf Plakaten oder Inschriften. Das war Ausdruck der Idealisierung des Römischen Reichs, Mussolini wollte mit seinem Regime an Größe und Macht des alten Roms anknüpfen. »LVI« als Entsprechung für Mussolini kommt insbesondere in dem Satzanfang »Quando c'era lui…« (Als er noch da war…) vor, mit dem Faschismus-Nostalgiker oft verklärende Aussagen über die Jahre der Diktatur einleiten – der aber auch scherzhaft gebraucht wird, um Nostalgie für den Faschismus zu verspotten.[1]

La storia dietro la parola –
die Geschichte hinter dem Wort:

Es sind finstere Bilder, schon auf den ersten Blick. Dutzende Menschen stehen in Reih und Glied auf einem Platz, fast alle von ihnen Männer, fast alle bekleidet mit dunklen Jacken, viele mit kahlgeschorenem Kopf. Der Lichtkegel der Lampe an einer Hauswand beleuchtet sie spärlich. Vor ihnen steht ein Mann. Er brüllt in Richtung der Menge: »Per tutti i camerati caduti!« Für alle gefallenen Kameraden. Die in Reihe und Glied Stehenden heben ihren rechten Arm, drehen die Handfläche nach oben, schreien: »Presente!«

»Camerati«, nach dem deutschen Wort »Kameraden«, so

nennen Faschisten in Italien seit Jahrzehnten ihre Gesinnungsgenossen. »Presente«, anwesend, zu rufen und den rechten Arm zum *saluto romano* zu heben, zum römischen Gruß, das ist fester Bestandteil faschistischer Treffen.

Die Bilder, aufgenommen am 7. Januar 2024, verbreitet in den sozialen Medien, gehen um die Welt. Eine Menschenmenge, die in aller Öffentlichkeit in Rom brüllend faschistisch grüßt – kaum mehr als ein Jahr, nachdem in Italien eine postfaschistische Ministerpräsidentin ihr Amt angetreten hat. »Rom, 7. Januar 2024. Und es sieht aus wie 1924«, schreibt dazu Elly Schlein, die Chefin der sozialdemokratischen Oppositionspartei Partito Democratico. Es wirkt wie ein Tabubruch, ein Warnsignal: dass Faschisten sich so etwas trauen, mitten in einer westeuropäischen Hauptstadt.

Dabei entstehen solche Bilder in Rom seit Jahrzehnten. Seit Jahrzehnten an derselben Stelle, seit Jahrzehnten mit einem ähnlichen Ritual.[2] In der Via Acca Larenzia treffen sich immer am 7. Januar Dutzende bis Hunderte Menschen, um dreier junger Männer zu gedenken und dabei der Welt zu zeigen, dass sie alle Faschisten sind. Die drei Männer, zu deren Ehren die Treffen in der Via Acca Larenzia stattfinden, wurden am 7. Januar 1978 ermordet, in dieser schmalen Straßenschlucht zwischen Wohnhausblöcken im Viertel Tuscolano im Südosten Roms. Der brüllende Mann am 7. Januar 2024 drückt es so aus: Sie sind gefallen, wie Soldaten in einem Krieg.

Im Jahr 1978 befindet sich in der Via Acca Larenzia ein Büro der Partei Movimento Sociale Italiano, kurz MSI. Der MSI ist im Italien der Nachkriegsjahrzehnte die Heimat der Menschen, die dem Faschismus nachtrauern, der gut zwei Jahrzehnte langen Gewaltherrschaft unter Diktator Benito Mussolini: eine neofaschistische Partei, mit einer unübersetzbar italienischen Geschichte.

Am frühen Abend des 7. Januar 1978 brechen fünf MSI-Mitglieder gerade vom Parteibüro auf, um Flugblätter zu verteilen. Plötzlich wird auf sie geschossen, Salven aus mehreren Maschinenpistolen rattern durch die Luft. Zwei junge Männer werden getötet, drei können sich in Sicherheit bringen. Eine linksextreme Splittergruppe wird sich Tage später zu dem Attentat bekennen. Der tödliche Hinterhalt spricht sich schnell herum, in den Stunden danach versammeln sich weitere MSI-Anhänger vor dem Parteibüro. Es kommt zu Auseinandersetzungen mit den Carabinieri. Dabei wird ein weiterer Neofaschist getötet.[3]

Strage di Acca Larenzia, so wird der Anschlag in italienischen Medien genannt. Er ist in der Hauptstadt Rom einer von mehreren politisch motivierten Mordanschlägen während der *anni di piombo*, der bleiernen Jahre zwischen dem Ende der 1960er und dem Anfang der 1980er Jahre in Italien. Italienweit sterben in diesen Jahren Hunderte Menschen bei politischen Gewalttaten (→ Dietrologia).

In der Via Acca Larenzia finden am 7. Januar seit Jahren zwei Gedenkveranstaltungen statt: am Vormittag eine offizielle, am Abend eine inoffizielle. An dem offiziellen Termin nehmen Vertreter unterschiedlicher Parteien teil, von links bis rechts. Wenige Stunden später, auf dem inoffiziellen Termin, entstehen die Bilder mit den in Reihe und Glied stehenden Faschisten, die brüllen und den römischen Gruß zeigen.

Das Büro des neofaschistischen MSI in der Via Acca Larenzia existiert nicht mehr – so wenig wie die Partei selbst. Die Erinnerung an den MSI aber ist das ganze Jahr über hier sichtbar. An die Außenwand des Gebäudes ist ein Wandgemälde angebracht, das unter anderem einen römischen Legionär zeigen soll. Seit Jahren hängt an der Wand eine Steintafel, die Rechtsradikale an Stelle der offiziellen Gedenktafel für die Todesopfer von 1978 dort platziert haben. Die drei Getöteten heißen darauf »Gefallene«, die ermordet worden seien »vom kommunistischen Hass und von den Knechten des Staats«. Gezeichnet: die *camerati*. Auf den Steinboden des Platzes vor dem Gebäude wurde 2017 ein riesiges gleichschenkliges Keltenkreuz gemalt.[4] Das Symbol der rechtsextremen Szene ist so groß, dass es auf den Luftaufnahmen auf Google Maps zu erkennen ist.

Auf diesem keltischen Kreuz stehen Jahr für Jahr am 7. Januar Vertreter des Staats, um mit Stille und Kranzniederlegung der Getöteten zu gedenken – und wenige Stunden später beinharte Faschisten, die ihre Parolen in den Nachthimmel brüllen. In der Via Acca Larenzia wird sichtbar, welche Spuren der Faschismus in Italien hinterlassen hat. Wie sichtbar diese Spuren noch sind, selbst ein gutes Jahrhundert nachdem Benito Mussolini zu LVI wurde, zum Führer Italiens. Und wie unübersetzbar italienisch die Geschichte dieser Gewaltherrschaft und ihrer Folgen ist.

Der Faschismus steigt in Italien atemberaubend schnell auf, in atemberaubend blutigen Jahren. 1914 bricht in Europa der Erste Weltkrieg aus. Italien – seit Jahrzehnten Teil des Dreibunds, einer Verteidigungsallianz mit dem Deutschen Kaiserreich und Österreich-Ungarn – bleibt zunächst neutral. Dann aber wird es zum Gegner seiner bisherigen Verbündeten. Nach wochenlangen Verhandlungen schließt Italien mit Großbritannien, Frankreich und Russland – den Kriegsgegnern Deutschlands und Österreichs – im April 1915 den Londoner Vertrag ab. Der Vertrag sieht vor, dass Italien an der Seite seiner neuen Partner in den Krieg eintritt und im Fall eines Siegs neue Gebiete bekommt: Südtirol, den östlichen Teil der Region Friaul, die Hafenstadt Triest samt Umland, Teile der heute kroatischen Region Dalmatien, Teile Albaniens. Eventuell weitere Gebiete im Mittelmeerraum und kleine Teile französischer und britischer Kolonien in Afrika, hier ist der Vertragstext vage.

Im Mai 1915 tritt Italien in den Krieg ein. Hunderttausende Soldaten sterben in den Schützengräben in den Alpen und im Alpenvorland. Im Herbst 1917, in der mehrwöchigen Schlacht von Caporetto oder Karfreit im heutigen Slowenien, wird das italienische Heer so verheerend geschlagen, dass *caporetto* zu einem unübersetzbaren italienischen Wort wird, zum Inbegriff für totales Scheitern. Am Ende aber gewinnt Italien den Weltkrieg, an der Seite von Großbritannien und Frankreich und der 1917 eingetretenen USA.

Der Sieg hat das Land aufgezehrt: Rund 650 000 Soldaten sind gestorben, rund 450 000 kehren als Invaliden von der Front zurück, von den weiteren drei Millionen Veteranen sind zahlreiche schwer traumatisiert. Die Industrie liegt am Boden, die hohen Rüstungsausgaben haben die Staatsschulden vervielfacht. Weite Teile der Bevölkerung sind verarmt, die Inflationsrate schießt nach oben. Durch die nach dem Krieg geschlossenen Friedensverträge erhält Italien außerdem nur einen Teil der Gebiete, die die Verbündeten im Londoner Vertrag versprochen hatten. Der Schriftsteller und fanatische Nationalist Gabriele D'Annunzio prägt 1918 als Erster den Begriff »vittoria mutilata«, verstümmelter Sieg.

Ab 1919 streiken Millionen Arbeiter und Bauern in Italien, angetrieben vom radikalen Teil der italienischen Sozialisten, die wiederum begeistert sind von der kommunistischen Revolution in Russland von 1917. In mehreren Städten kommt es zu gewalttätigen Auseinandersetzungen mit der überforderten Polizei. Im Juni 1920 meutern in mehreren Städten Soldaten, im Spätsommer besetzen Arbeiter im ganzen Land Fabriken. Das *biennio rosso*, die zwei roten Jahre, leiten eine Krise ein, von der sich das bisherige politische System in Italien nicht mehr erholen wird.

Italien ist seit der Einheit von 1861 ein Königreich: eine

konstitutionelle Monarchie mit einem Parlament, das in den Jahrzehnten danach selbstbewusster wird und eine gewisse Kontrolle auf die Regierung ausübt. Bis weit nach der Jahrhundertwende ist dieses politische System aber streng elitär: Nur ein Bruchteil der männlichen Bevölkerung darf wählen, erst 1912 wird das fast allgemeine Wahlrecht für volljährige Männer eingeführt.[5] Die Wut über den »verstümmelten Sieg« und die Unruhen im *biennio rosso* überfordern dieses System.

Davon profitiert bald ein gewisser Benito Mussolini. Mussolini, 1883 in Predappio in der norditalienischen Romagna geboren, wird als junger Erwachsener zum streitlustigen Sozialisten und später zum Chefredakteur der Parteizeitung *Avanti!*.

Als der Weltkrieg ausbricht, spricht Mussolini sich schon 1914 für den Eintritt Italiens aus, was zum Bruch mit seiner Partei führt. Mussolini kämpft selbst an der Front, wird wegen seiner Leistungen zum Korporal befördert und 1917 schwer verwundet. Nach seiner Rückkehr nimmt er Kontakt zu den Futuristen auf, der Künstlerbewegung, die Krieg als »Hygiene der Welt« verherrlicht und Militarismus und die eigene Nation zu den obersten Idealen zählt, und zu den *arditi* von Schriftsteller D'Annunzio, den Freischärlern, die ab 1919 die großenteils italienischsprachige, aber dem neuen Staat Jugoslawien zugeschlagene Stadt Fiume (heute: Rijeka) besetzen.[6]

1919 gründet Mussolini in Mailand die Fasci di Combattimento: eine Vereinigung von rund 300 glühenden Nationalisten. In den folgenden drei Jahren vergrößert Mussolini nach und nach seinen Einfluss im aufgewühlten Italien. Er knüpft in den guten Stuben des Landes Kontakte zu etablierten Parteien und zum Militär – während auf den Straßen seine *squadristi*, in schwarze Hemden gekleidete faschistische Schlägertrupps, politische Gegner terrorisieren und Tausende Menschen ermorden.

Im November 1921 wird aus den Fasci di Combattimento der Partito Nazionale Fascista (PNF).[7] Der Faschismus nimmt Form an: als antidemokratische, aggressiv-nationalistische und militaristische rechtsextreme Bewegung, die von Beginn an auch rassistische Ressentiments pflegt.[8]

Im Oktober 1922 wird Mussolini zum mächtigsten Politiker Italiens. Der PNF beschließt einen »Marsch auf Rom«: Rund 16 000 schlecht ausgerüstete Faschisten machen sich auf den Weg in die Hauptstadt. Als sie ausgehungert und vom Regen durchnässt dort ankommen,[9] ist der Sieg des Faschismus schon besiegelt: König Viktor Emanuel III. hat beschlossen, Mussolini zum Regierungschef zu machen. Die bürgerlichen Parteien sind überzeugt, Mussolini einhegen zu können, ein erheblicher Teil der Menschen im Land wünscht sich nach den Jahren kaum gehemmter Gewalt nichts sehnlicher als Ruhe und Ordnung.[10]

Mussolini regiert zunächst in einer Koalition mit anderen Parteien. Im April 1924 gibt es die letzten freien Wahlen, zumindest auf dem Papier. Faschistische Schlägertrupps terrorisieren vor dem Urnengang politische Gegner, der PNF macht sich ein neues Wahlrecht zu Nutze und tritt mit einer von Mussolini geführten großen Wahlliste namens Lista Nazionale an. Die Liste holt knapp zwei Drittel der Sitze im Parlament. Im Juni 1924 entführen und ermorden faschistische Kämpfer den besonders lautstarken Sozialisten und Antifaschisten Giacomo Matteotti. Im Januar 1925 hält Mussolini eine Rede vor dem Abgeordnetenhaus, in der er alle »politische, moralische, historische« Verantwortung für den Mord an Matteotti übernimmt – aber auch sagt, der Faschismus sei Ausdruck des Willens des italienischen Volks.

Zwischen 1925 und 1926 beschließt die Regierung Mussolini die sogenannten *leggi fascistissime*: Regierungsdekrete, mit denen sie die Pressefreiheit abschafft, das Parlament entmachtet und Mussolini als Diktator installiert. Formell bleibt Italien eine Monarchie, mit König Viktor Emanuel III. an der Spitze des Staats. Faktisch aber hat Mussolini das letzte Wort über Gesetzgebung und Exekutive, die Justiz verliert ihre Unabhängigkeit. 1934, vor den Wahlen, bei denen die Menschen nur noch ja oder nein zu einer faschistischen Einheitsliste sagen können, wird an der Fassade des Palazzo Braschi, dem Sitz der regionalen Zweigstelle der PNF, ein überlebensgroßes stilisiertes Gesicht Mussolinis angebracht, umgeben vom dutzendfach aufgeschriebenen Wort »Sì«. Mussolini ist zum Duce geworden, zum Führer der Nation, zu LVI.

Mussolini festigt seine Herrschaft im Jahrzehnt danach weiter. Die Faschisten nutzen modernste Mittel der Propaganda: die Kinowochenschauen der Filmproduktionsfirma Istituto Luce, Mussolini-Ansprachen vor Menschenmassen, die per Radio ins ganze Land übertragen werden, Wandmalereien und Aufschriften, die auf öffentliche Gebäude überall in Italien gepinselt werden. Der PNF richtet *case del fascio* ein: örtliche Parteibüros, die zu Gemeindezentren werden. In der Massen-Jugendorganisation Opera Nazionale Balilla werden Kinder ab sechs Jahren zum Glauben an den Faschismus und zu militärischer Disziplin erzogen. Gleichzeitig arrangiert sich Mussolini bestens mit einem großen Teil der Industriellen und Landeigentümer sowie einem Teil der kulturellen Elite. Und er schließt 1929 mit den Lateranverträgen Frieden mit dem Vatikan und so mit der katholischen Kirche, die dem italienischen Staat gegenüber jahrzehntelang feindselig eingestellt gewesen war.

Die Faschisten nutzen aber auch weiterhin knallharte Repression gegen politische Gegner: nackte Gewalt durch Prügeltrupps, Inhaftierung und Verbannung von Regimegegnern,

systematische Unterdrückung der deutschsprachigen, französischsprachigen und slowenischsprachigen Minderheiten im Land (→ La 482).

Außenpolitisch wird Mussolini nach und nach aggressiver. 1935 beginnt er einen Angriffskrieg unter Einsatz chemischer Massenvernichtungswaffen gegen das Kaiserreich Abessinien. Nach der Unterwerfung des nordostafrikanischen Landes, auf dessen Gebiet die heutigen Staaten Äthiopien und Eritrea liegen, ruft Mussolini 1936 das *impero italiano* aus, das italienische Reich. Der Völkerbund, die Vorgängerorganisation der Vereinten Nationen, verhängt Sanktionen. Mussolini sieht darin eine himmelschreiende Ungerechtigkeit, startet eine Hasskampagne vor allem gegen Frankreich und Großbritannien – und wirft sich in die Arme des deutschen Diktators und Mussolini-Verehrers Adolf Hitler.

1938 wird Italien auch offiziell zum rassistischen und antisemitischen Staat: Das Regime verabschiedet Rassengesetze, die nach dem Vorbild der deutschen Nürnberger Gesetze vor allem jüdische Bürger zu Menschen zweiter Klasse machen. 1939 bilden Italien und Deutschland das Militärbündnis namens Stahlpakt, 1940 erklärt Mussolini den Eintritt Italiens in den Zweiten Weltkrieg, an der Seite Nazideutschlands gegen die Alliierten Frankreich und Großbritannien, denen sich 1941 die USA und die Sowjetunion anschließen.

Der Krieg gerät für Italien zum militärischen Desaster. 1943 entmachtet die Faschistische Partei Mussolini und lässt ihn verhaften, König Viktor Emanuel III. ernennt Offizier Pietro Badoglio zum Regierungschef. Anfang September unterzeichnet Italien einen Waffenstillstand mit Großbritannien und den USA, die Alliierten besetzen den Süden des Landes. Die deutsche Wehrmacht nutzt das Chaos im Rest Italiens, besetzt den Norden und die Mitte des Landes und befreit Mussolini.

Nazideutschland hilft Mussolini dabei, einen faschistischen Marionettenstaat zu errichten, die Repubblica Sociale Italiana (RSI), nach ihrem Regierungssitz in Salò am Westufer des Gardasees auch Repubblica di Salò genannt. Gegen die deutschen Besatzer und ihre faschistischen Kollaborateure kämpft die *resistenza*, die Partisanenbewegung, der sich Antifaschisten unterschiedlichster politischer Ausrichtung anschließen: von Christdemokraten über Liberale bis zu Sozialisten und Kommunisten. Die Alliierten unterstützen die Kämpfer.

Deutsche Besatzer lassen unter Mithilfe der RSI-Faschisten Tausende Juden aus Nord- und Mittelitalien in die deutschen Vernichtungslager deportieren. Deutsche massakrieren, assistiert von den Faschisten, weitere Tausende Zivilisten. Allein bei den Massenmorden in Marzabotto und Sant'Anna di Stazzema töten sie mehr als 1300 Menschen.

Bis Anfang Mai 1945 bricht die faschistische Herrschaft über Italien zusammen: Partisanen und alliierte Soldaten befreien die Städte Norditaliens. Mussolini, der einst übermächtige LVI, versucht, als deutscher Soldat verkleidet, mit einem Militärkonvoi in die Schweiz zu flüchten. Wenige Kilometer vor der Grenze erkennt ihn eine Partisanenbrigade. Am 28. April erschießen Partisanen Mussolini und seine Verlobte Claretta Petacci. Die Leichname der beiden werden nach Mailand gebracht und kopfüber am Dach einer Tankstelle aufgehängt, am zentral gelegenen Piazzale Loreto.[11] Der Faschismus ist am Ende.

Faschisten gibt es im Land weiterhin. Am 2. und 3. Juni 1946 finden in Italien gleichzeitig eine Volksabstimmung und eine landesweite Wahl statt. Erstmals dürfen auch Frauen teilnehmen. Bei der Volksabstimmung entscheiden die Italienerinnen und Italiener, ob ihr Land eine Monarchie bleiben oder eine Republik werden soll – und entscheiden sich für die Republik. Bei der Wahl bestimmen sie die Abgeordneten der *assemblea costituente,* der verfassunggebenden Versammlung. Die antifaschistischen Parteien von Christdemokraten über Liberale und Sozialisten bis Kommunisten bekommen den Löwenanteil der Stimmen und Sitze. Gut fünf Prozent und 30 von 556 Sitzen gehen aber an den Fronte dell'Uomo Qualunque, die »Jedermann-Front«.

Der Fronte dell'Uomo Qualunque ist die erste populistische Bewegung im Nachkriegsitalien: gegen Parteien, gegen das Parlament, für die »normalen Leute«, die einfach in Ruhe gelassen werden wollen, wie es ihr Gründer Guglielmo Giannini ausdrückt.[12] Die Partei ist das erste Sammelbecken für Faschismus-Nostalgiker der gerade auf die Welt kommenden italienischen Demokratie.[13] Seine Hochburgen hat der Uomo

Qualunque vor allem im Süden Italiens. Das Wort »qualunquismo« für eine zynische, gleichgültige Haltung gegenüber der Allgemeinheit hat sich bis heute im Italienischen gehalten, der Fronte dell'Uomo Qualunque verliert aber bald wieder an Bedeutung.

Auch, weil 1946 die erste offen neofaschistische Partei gegründet wird: der Movimento Sociale Italiano. Schon der Parteiname und die Abkürzung sind mutmaßlich Anspielungen an LVI, an Mussolini und die untergegangene Gewaltherrschaft. Die Bezeichnung Movimento Sociale Italiano knüpft an die Repubblica Sociale Italiana an. Der Name wird im Parteisymbol als M. S. I abgekürzt, ohne Punkt hinter dem I – laut vielen Beobachtern eine verkappte Abkürzung des Namens Mussolini.[14]

Zu den Gründern der Partei zählt Giorgio Almirante, ehemaliger Mitarbeiter des antisemitischen Hetzblatts *La difesa della razza* (Die Verteidigung der Rasse) und Ministeriumsfunktionär in der RSI, dem Staat der Nazikollaborateure. Nach den ersten Parlamentswahlen im Jahr 1948 zieht der MSI in die Abgeordnetenkammer und den Senat ein und ist danach viereinhalb Jahrzehnte lang ununterbrochen in beiden Parlamentskammern vertreten.

Die Partei nimmt im Nachkriegsitalien eine unübersetzbare Rolle ein. Eindeutig neofaschistisch, aber trotzdem Teil des demokratischen Systems. »Non rinnegare, non ricostruire«, so hat der langjährige MSI-Chef Augusto De Marsanich diese Haltung zusammengefasst: den Faschismus nicht verleugnen, das faschistische Regime aber auch nicht wiederaufbauen.[15]

Bei landesweiten Wahlen fahren die Neofaschisten in den Nachkriegsjahrzehnten Wahlergebnisse rund um die fünf Prozent ein. Bei den Wahlen im Jahr 1972 schnellen sie auf fast neun Prozent hoch, das bleibt aber ein Ausreißer. Seine Hochburgen hat der MSI in Süditalien, in Sizilien wählen ihn bei den Regionalwahlen von 1971 sogar 16,3 Prozent.

Der MSI bleibt weitgehend am Rand der politischen Landschaft, außerhalb des *arco costituzionale*, des Verfassungsbogens der Parteien von Christdemokraten bis Kommunisten, die an der demokratischen Verfassung mitgeschrieben haben. Hin und wieder aber spielen die Neofaschisten eine Rolle bei der Besetzung der wichtigsten Ämter im Land: Als die Partei 1960 erstmals eine Regierung per Vertrauensabstimmung unterstützt, sorgt das im Land für massive Unruhen. In Genua, wo der MSI einen Parteikongress geplant hat, und in weiteren Städten kommt es zu schweren Ausschreitungen, zehn Demonstranten werden dabei getötet.

Der MSI gibt sich in der *prima repubblica*, in den ersten Jahrzehnten der italienischen Demokratie, als bürgerliche, erzkonservative und antikommunistische Law-and-Order-Partei der Anzugträger – die aber kaum Berührungsängste mit Teilen rechtsextremer, gewalttätiger Organisationen wie der Gruppe Ordine Nuovo hat.[16] »Politica del doppiopetto«, Politik des Zweireihers, so nennen Beobachter diesen Balanceakt, an dem sich der MSI vor allem während des blutigsten Teils der Nachkriegszeit versucht.

Im September 1969 ruft MSI-Parteisekretär Almirante die »abtrünnigen Brüder« der rechtsextremen Organisationen außerhalb des Parlaments dazu auf, unter den Schirm der Partei zurückzukehren. Nur ein Teil folgt dem Appell. Ordine-Nuovo-Mitglieder platzieren im Dezember eine Bombe in einer Bank an der Piazza Fontana in Mailand. Durch die Detonation sterben 17 Menschen, 88 weitere werden verletzt. Ordine Nuovo wird endgültig zur Terrororganisation. »I missini si arrendono, i fascisti no!«, MSI-Politiker ergeben sich, wahre Faschisten nicht, dieser Spruch ist Anfang der 1970er Jahre auf Häuserwänden zu lesen, begleitet vom Symbol von Ordine Nuovo.[17]

Anfang der 1970er Jahre, während in Italien der zehn Jahre zuvor begonnene Wirtschaftsboom endet und das Land in schwierigere Zeiten schlittert, überziehen Ordine Nuovo und weitere neofaschistische Organisationen das Land mit einer Gewaltwelle (→ Dietrologia). Auf Großdemonstrationen nach den Attentaten fordern Protestierende immer wieder ein MSI-Verbot – erfolglos.

Fast täglich greifen in den 1970er Jahren rechtsradikale und linksradikale Aktivisten einander an, auf beiden Seiten sterben Dutzende Menschen. Die Morde in der Via Acca Larenzia in Rom im Januar 1978 sind eine der brutalsten Episoden dieser *anni di piombo*, der bleiernen Jahre Italiens. In den 1980er Jahren bekommt der italienische Staat die politische Gewalt besser in den Griff. Der MSI verliert bei einem großen Teil der anderen Parteien nach und nach sein Schmuddelimage. 1985 wird mit Enzo Trantino erstmals ein MSI-Politiker zum Vorsitzenden eines parlamentarischen Gremiums gewählt. 1988 stirbt der Partei-Mitbegründer Almirante, für den MSI beginnt die Suche nach einer neuen Identität.

Als Anfang der 1990er Jahre der gigantische *Tangentopoli*-Korruptionsskandal das bisherige Parteiensystem zum Einsturz bringt, versucht sich der MSI als Saubermänner-Partei zu präsentieren, die nichts zu tun habe mit dem Schmiergeldsystem, in das die anderen Parteien verstrickt waren – was aber nicht stimmt.[18] 1992 beginnen MSI-Vertreter unter dem neuen Parteichef Gianfranco Fini an einer neuen Rechtspartei zu arbeiten. Am 26. November 1993 wird die Bewegung Alleanza Nazionale (AN) gegründet, am 11. Dezember der MSI nach 45 Jahren aufgelöst.

1994 ist die AN Teil des Mitte-rechts-Bündnisses, mit dem

der Medienunternehmer Silvio Berlusconi die erste Parlamentswahl nach *tangentopoli* gewinnt. Die AN wird Teil der Regierung, ausländische Medien schlagen Alarm: Erstmals ist eine Nachfolgepartei der Faschisten in Rom an der Macht. Die erste Regierung Berlusconi zerbricht aber nach wenigen Monaten.

1995 wird auf einem Kongress in der mittelitalienischen Stadt Fiuggi die AN offiziell als Partei gegründet. Aus den Neofaschisten sind Postfaschisten geworden: Die Parteispitze um Fini will die AN als demokratische Rechtspartei positionieren, liberal und proeuropäisch, Teil des neuen Mitte-rechts-Blocks unter Silvio Berlusconi. Während der zweiten Regierung Berlusconi ab 2001 tritt die AN dann auch eher moderat auf. 2003 besucht Parteichef Fini in Jerusalem die Holocaust-Gedenkstätte Yad Vashem, bekennt sich zum Kampf gegen Antisemitismus und Rassismus – und distanziert sich so deutlich wie kein Postfaschist vor ihm vom faschistischen Regime Mussolinis.

2009 fusionieren AN und Berlusconis Forza Italia zur gemeinsamen Mitte-rechts-Partei Il Popolo della Libertà (PdL), das Volk der Freiheit. Die Traditionslinie des italienischen Faschismus scheint fast in der Versenkung zu verschwinden. Im Jahr 2012 aber greifen mehrere frühere AN-Politiker sie wieder auf. Giorgia Meloni, seit den 1990er Jahren in der AN aktiv, und Ignazio La Russa, in den 1970er Jahren in der MSI-Jugendorganisation Fronte della Gioventù großgewordener stolzer Besitzer einer Mussolini-Statue, verlassen den PdL.[19] Sie gründen die Rechtsaußen-Partei Fratelli d'Italia (FdI). Im Parteisymbol ist eine grün-weiß-rote Flamme, wie schon in den Logos von MSI und AN. 2014 wird die begabte Rednerin Meloni Parteichefin.

Bis Ende der 2010er Jahre bleiben die FdI eine Kleinpartei

im italienischen Mitte-rechts-Block, die Führungsrolle in der italienischen Rechten übernimmt die rechtsnationale Lega von Matteo Salvini. Als Salvini 2019 auf jämmerliche Weise an seinem Versuch scheitert, über eine von ihm ausgelöste Regierungskrise zum Ministerpräsidenten zu werden (→ Papeete), beginnt sein Abstieg – und der Aufstieg von Melonis FdI. 2022 gewinnt die italienische Rechte unter Führung der FdI die Parlamentswahl. Erstmals in der Geschichte der italienischen Demokratie wird eine Postfaschistin zur Regierungschefin.

Die FdI ist nach der neofaschistischen MSI und der postfaschistischen AN die dritte Partei in der Traditionslinie des italienischen Faschismus. Sie ist ein »verwurzelter Neuling«, wie es die Politologen Gianfranco Baldini, Filippo Tronconi und Davide Angelucci ausgedrückt haben: verankert in der Tradition der mehr oder weniger Mussolini-nostalgischen Parteien am rechten Rand der italienischen Demokratie, aber auch verwandt mit rechtspopulistischen Parteien in anderen europäischen Ländern wie der polnischen PiS und der ungarischen Fidesz von Ministerpräsident Viktor Orbán. Seit Anfang der 2020er Jahre hat sich die Partei in der Außenpolitik außerdem erheblich an die Positionen klassisch-konservativer Parteien angenähert: etwa mit ihrem klaren Bekenntnis zur Nato und zur Unterstützung der Ukraine gegen den russischen Angriffskrieg – und dem zumindest vorläufigen Verzicht auf die Forderung, aus der EU oder dem Euro auszutreten.[20]

Im April 1996 wird Giorgia Meloni, damals 19 Jahre alt und aktiv in der Jugendorganisation Azione Giovane, für einen Bericht zu den anstehenden italienischen Parlamentswahlen vom französischen Fernsehsender France 3 interviewt. Sie sagt auf Französisch, Benito Mussolini sei »ein hervorragender Politiker« gewesen, der »nur für Italien« gehandelt habe, das unterscheide ihn von den Politikern der vergangenen fünfzig Jahre.[21]

2022, in ihrer ersten Regierungserklärung als Ministerpräsidentin, behauptet Meloni vor dem italienischen Senat, sie habe »niemals Sympathie oder Nähe zu antidemokratischen Regimen verspürt«. Sie ergänzt: »Für kein Regime, auch nicht für den Faschismus.«[22]

Im Emblem der Fratelli d'Italia bleibt aber die grün-weiß-rote Flamme, die schon das Symbol der Neofaschisten der MSI zierte.[23] Außerhalb der Regierungsgebäude und der Parlamentssäle, in denen Vertreter von Melonis Partei seit dem Herbst 2022 Italien lenken, erobern offen faschistische Gruppen einen Teil des öffentlichen Raums. Organisationen wie CasaPound, Forza Nuova und Lealtà Azione haben in italienischen Städten Gebäude besetzt und geben den Ton an in den Fankurven mehrerer großer Fußballklubs. Diese Gruppen haben Demonstrationen gegen die Maßnahmen zur Eindämmung der Coronapandemie angeführt. Ihre Parolen gegen die EU und gegen Einwanderung sind von Nord- bis Süditalien zu lesen, auf Stickern an Laternenpfählen, als Graffitis auf Häuserwänden.

Insbesondere CasaPound ist zum Vorbild für Rechtsextreme in ganz Europa geworden: Der Verein, dessen Name eine Hommage an den faschistischen US-Dichter Ezra Pound ist, hat seit seiner Gründung Anfang der 2000er Jahre eine rechtsextreme Subkultur geschaffen, zu der eigene Bekleidungs- und Schuhmarken, Smartphone-Apps und eine Restaurantkette in Rom gehören.[24]

Andernorts in Italien liegt das faschistische Erbe buchstäblich an und auf der Straße, bestens sichtbar und fast nie eingeordnet oder gar aufgearbeitet. In Dutzenden Gemeinden prangen bis heute – ohne jeden ergänzenden Kommentar – an Häuserfassaden Inschriften, mit denen das Mussolini-Regime ab 1935 die Sanktionen gegen Italien wegen des Abessinienkriegs als »inique sanzioni« beklagte, als angeblich beispiellose Ungerechtigkeit der feindlichen westlichen Demokratien. Teilweise werden solche Inschriften sogar in unveränderter Originalfassung restauriert.[25]

Viele der Menschen, die in der italienischen Hauptstadt ein Heimspiel der Fußball-Erstligisten AS Rom oder Lazio im Stadion anschauen, gehen über einen Platz namens Foro Italico. Das 1938 fertiggestellte Areal ist bis heute übersät mit Mosaiken, auf denen dem Duce gehuldigt wird. Überragt wird der Platz vom *obelisco Mussolini* – einem aus Carrara-Marmor gehauenen Monolithen, der bis heute den Namen des Diktators trägt und auf der offiziellen Tourismus-Website der Stadt Rom ohne ein faschismuskritisches Wort als Sehenswürdigkeit präsentiert wird.[26]

Knapp 250 Kilometer Luftlinie weiter nördlich liegt Predappio, der Geburtsort Benito Mussolinis. In Predappio verkaufen seit Jahrzehnten Souvenirläden Büsten des Gewaltherrschers, in den Geschäften hängen Hakenkreuz- und Reichskriegsflaggen. Ein Geschäft bietet Hüte an, die angeblich »seine Exzellenz, der Duce« getragen hat.[27] Schätzungsweise Zehntausende Rechtsextreme pilgern Jahr für Jahr hierher, in die Hügel oberhalb der Stadt Forlì im Südosten der Romagna.

Giorgio Frassineti wollte diesem Kult etwas entgegensetzen. Ab 2009 war er Bürgermeister von Predappio. Eines von Frassinetis Projekten: ein Museum des Faschismus, in dem Besucherinnen und Besucher unter anderem eintauchen sollten in die Abgründe der Diktatur, die der berühmteste Sohn der Gemeinde über Italien errichtet hatte: Rassengesetze, Kolonialverbrechen, die Mithilfe italienischer Faschisten an den Gräueln der deutschen Besatzung. In einem Dokumentarfilm sagte Frassineti zur geplanten Dauerausstellung: »Das Letzte, was man nach dieser Tour tun möchte, ist, in einen Souvenirladen zu gehen und ein Feuerzeug mit dem Kopf Mussolinis zu kaufen.«[28] Doch gebaut worden ist das *museo del fascismo* nie.

2019 verliert Frassineti in Predappio die Kommunalwahl. Zu seinem Nachfolger wählten die Bürgerinnen und Bürger Roberto Canali von der rechtsnationalen Lega. Er ist im Ort der erste rechte Bürgermeister seit dem Zweiten Weltkrieg – in einem Landstrich, der wegen der Stärke erst der Kommunisten und später der Sozialdemokraten jahrzehntelang »Romagna rossa« genannt wurde, rote Romagna. In einem Interview nach der Wahl sagt Canali, die Erinnerung an Benito Mussolini sei ein »Schwungrad« für den Tourismus in Predappio, sein Name habe einen hohen Werbewert für den Ort. Nur sollten die Faschismus-Nostalgiker doch bitte nicht mehr im Schwarzhemd nach Predappio reisen, sondern »in Zivil«.[29]

Am 29. Oktober 2023 marschieren wieder rund 500 Menschen in Predappio auf, in Schwarzhemden und mit Standarten der rechtsextremen Vereinigung Arditi d'Italia. Sie begehen den 101. Jahrestag des Marschs auf Rom. Unter ihnen ist Orsola Mussolini, Urenkelin des Diktators.[30]

Passaparola – Mundpropaganda:

Der italienische Faschismus war brutal bis mörderisch – oft war er aber auch einfach nur lächerlich. Vor allem dann, wenn das Gerede vom stahlharten, mächtigen Italien auf den Alltag eines nach wie vor eher armen europäischen Landes mit einer tendenziell anarchistisch veranlagten Bevölkerung traf. Diesen Kontrast fängt Regisseur Federico Fellini in seinem 1973 erschienenen, stark autobiografisch gefärbten Film *Amarcord* ein, für den er einen der fünf Oscars seiner Karriere holt. Fellini erzählt von einem Jahr in seiner Heimatstadt Rimini, zur Zeit seiner frühen Pubertät. Fellinis Stellvertreterfigur im Film ist der junge Titta, der sich in der von bizarren Figuren bevölkerten faschistischen Kleinstadtwelt dieser Zeit ans Erwachsensein herantastet. Die Lächerlichkeit des Mussolini-Regimes ist selten so schön gezeigt worden wie bei der Szene von einem Sportspektakel, bei dem die *Balilla*-Jugend von Rimini auf Kommando ungelenke Übungen mit Gewehr und Holzreifen nachhampelt – und ein örtlicher Würdenträger der Partei mit nach oben gezogenem Kinn kommentiert: »gioventù granitica«, granitharte italienische Jugend.

Merendina

So süß kann
Industriegeschichte sein

Werbeplakat für den Mottino, einen Panettone-Kuchen im Mini-Format und Vorläufer der *merendine*, 1950.

La parola – das Wort:

Merendina [meren'di:na] – Verkleinerungsform von »merenda« (Zwischenmahlzeit, die meist vormittags oder nachmittags eingenommen wird – aber auch die Lebensmittel, die bei dieser Mahlzeit verspeist werden); kleine, ganz oder teilweise aus gebackenem Teig bestehende Süßwaren, die industriell hergestellt und einzeln verpackt verkauft werden.

La storia dietro la parola – die Geschichte hinter dem Wort:

»È bufera, fa infuriare, è polemica«: Kaum ist das Video veröffentlicht, hacken Menschen in vielen Redaktionen italienischer Zeitungen und Onlineportale die Floskeln in die Tasten, die sie fast immer schreiben, wenn sich viele Menschen in Italien angeblich oder tatsächlich sehr, sehr aufregen.[1] Sturm, Wut, Streit haben die dreißig Sekunden demnach ausgelöst, die Ende August 2017 in italienischen Fernsehsendern, auf YouTube und in sozialen Medien zu sehen sind. Die Nachrichtenagentur Agenzia Nazionale Stampa Associata (ANSA) meldet: AIART, die tiefkatholische »Vereinigung der Fernsehzuschauer«, wird Beschwerde einlegen bei der Aufsichtsbehörde für das Kommunikationswesen.[2]

Ein paar Mutige verteidigen das Machwerk. Marco Venturini zum Beispiel, Berater für politische Kommunikation. »Io sto con Buondì Motta«, schreibt er in seinem persönlichen Blog auf dem Portal der Zeitung *Il Fatto Quotidiano*:[3] Ich stehe an der Seite des Buondì Motta. Der Buondì Motta ist die älteste *merendina*. Das erste Exemplar einer italienischen Spezialität, die sich eingebrannt hat in die Geschmackserinnerung mehrerer Generationen italienischer Nachkriegskinder. »Die Kindheit geht, die *merendine* bleiben«, so hat die Journalistin und Historikerin Isabella De Silvestro diese Langzeitwirkung zusammengefasst.[4]

Und jetzt dieses Video. Zu sehen ist ein Mädchen, das aus dem Haus ihrer Familie in den Garten läuft, auf ihre Mutter zu, die gerade Blumen in eine Vase auf einen Esstisch stellt. Das Mädchen beginnt zu sprechen. »Mamma, mamma«, sagt sie mit völlig überdrehter Fröhlichkeit und spult dann einen Wortschwall in unwirklich pingeligem Schulitalienisch ab: Sie wolle ein Frühstück, das nahrhaft, leicht und schmackhaft zugleich sei. Die Mutter antwortet, dass es so ein Frühstück nicht gebe und dass sie ein Asteroid treffen solle, wenn das nicht stimme. Und dann trifft sie ein dicker Himmelskörper, an der Stelle der Mutter ist nur noch ein qualmender Krater. Schnitt, Schlussbotschaft: So ein Frühstück gibt es ja, »certo che sì«: den Buondì von Motta.

Furchtbar und grausam sei dieser Spot, sagen und schreiben die Kritiker: eine *mamma*, die vor den Augen ihres Kindes von einem Gesteinsbrocken aus dem Weltall erschlagen wird. Die Verteidiger meinen: Es ist eine absichtlich übertriebene, außergewöhnlich witzige Werbung, endlich mal etwas anderes als die Heile-Welt-Familien-Filmchen, mit denen in Italien üblicherweise Lebensmittel beworben werden.

Man findet den Buondì Motta in jedem halbwegs gut sortierten Supermarkt in Italien. In kunststoffumhüllten Pappschachteln, in Sechsergruppen gestapelt, einzeln verpackt in Klarsichtplastik. 33 Gramm, 124 Kilokalorien. Ein schwammweiches Stück Hefeteig, bedeckt mit Zuckerglasur und Hagelzucker. So groß, dass die meisten Erwachsenen es zwischen Daumen und Zeigefinger packen können.

Als er auf den Markt kommt, stecken im Buondì schon gut drei Jahrzehnte Industriegeschichte. 1919 hat ein junger Konditor namens Angelo Motta in der norditalienischen Großstadt Mailand eine Idee: Er will den Panettone, einen seit Jahrzehnten in der Stadt verbreiteten flachen Kuchen mit etwas Rosinen, buchstäblich über sich hinauswachsen lassen. Motta pimpt den Teig mit einer zusätzlichen Ladung Rosinen und Hefe, so dass er im Ofen aufquillt wie ein riesiger Pilz.[5]

Motta produziert die Kuchen in seiner Konditorei in der Via della Chiusa im Süden der Mailänder Altstadt – und schreibt in großen Lettern das Wort »Panettoni« auf das Schild über den Schaufenstern, die Mehrzahl von *panettone*.[6] Der generalüberholte Kuchen kommt gut an. 1930 wird aus dem Zuckerbäcker Motta der Industrielle Motta: Er kauft eine Halle in einem Außenbezirk der Stadt und lässt die Kuchen fortan wie am Fließband herstellen. Der Panettone verkauft sich weit über Mailand hinaus. Nach den Verheerungen des Zweiten Weltkriegs und den harten ersten Nachkriegsjahren geht der Siegeszug des Hefekuchens in den 1950er Jahren weiter, der Panettone wird zum Weihnachtsgebäck schlechthin.[7]

Aus Angelo Mottas Konditorei ist unterdessen ein gigantischer Lebensmittelkonzern geworden (⟶ Autogrill). 1950 bringt Motta den Mottino auf den Markt, einen Panettone-Kuchen im Mini-Format. »Jeden Tag – zu jeder Uhrzeit« soll der süße Hefeteig jetzt in kleinerer Portion verfügbar sein, so lautet das Versprechen auf den Werbeschildern.[8] 1953 verkleinert Motta das Format weiter. Aus dem Mottino wird der Buondì, benannt nach der etwas älteren Variante des Morgengrußes »buongiorno«: ein kleines Brioche-Gebäck aus süßem Hefeteig.

Kurz nachdem der Buondì auf den Markt gekommen ist, bricht in Italien der Wohlstand aus. Der *boom economico*, der rasanteste Wirtschaftsaufschwung, den das Land je erlebt hat, lässt das verfügbare Einkommen von Millionen Italienern in die Höhe schnellen. Dieser Umbruch demokratisiert Gewohnheiten, die bislang den Reichsten der Gesellschaft vorbehalten waren. Zum Beispiel die *merenda*. Eine süße Zwischenmahlzeit einzunehmen – ein Brot mit Marmelade oder ein Stück Kuchen –, das ist in wohlhabenden Familien schon länger üblich.[9] Als die fast überall verfügbaren, günstigen, hygienisch abgepackten und lange haltbaren *merendine* auf den Markt kommen, wird die *merenda* zum Massenritual.[10]

Die süßen Snacks kommen bestens an. Ab den 1960er Jahren bringen Lebensmittelkonzerne nach dem Buondì weitere *merendine* auf den Markt, die in den folgenden Jahrzehnten in Dutzenden Millionen Küchenkredenzen und Schulrucksäcken landen: etwa der mit Marmelade gefüllte Mürbeteig-Riegel Kinder Brioss, die mit Orangenlikör aromatisierte und mit Schokolade umhüllte Ferrero Fiesta, die kakaolastige Teigschnecke namens *Girella*.

In den 1980er Jahren drängt Barilla in den *Merendine*-Markt vor. 1975 lanciert das bis dahin vor allem für seine Nudelsorten bekannte Lebensmittelunternehmen eine neue Marke, begleitet von einer ausgefeilten Werbekampagne: ein kreisrundes Logo, auf dem eine Wassermühle samt Wohnhaus zu sehen ist, umgeben von Getreideähren und Kornblumen. Ein Werbespot, der in diesem Satz gipfelt: »Ritorna alla natura«, kehr zurück zur Natur. Ein Name, Mulino Bianco, zu Deutsch weiße Mühle, der in den Köpfen gestresster Großstadtmenschen in modernen Fabrikhallen maschinell hergestellte Industrielebensmittel verknüpfen soll mit romantischen Bildern vom angeblich idyllischen Landleben.

Die ersten Mulino-Bianco-Produkte sind Kekse. Sie sollen die Frühstücksgewohnheiten der Familien umkrempeln: Produkte, die nur aus der Tüte geschüttelt werden müssen, um eine Mahlzeit auf den Tisch zu bringen.[11] 1980 stößt Barilla auch mit Mulino-Bianco-*Merendine* auf den Markt: Die ersten sind Croissants, Törtchen, Teigschnecken. Es geht rasant bergauf. Allein im Jahr 1981 steigt die Menge der verkauften Mulino-Bianco-*Merendine* um 75 Prozent – die Marke erobert sich quasi aus dem Stand einen Marktanteil von sechzig Prozent in diesem Segment. Zu diesem Blitzaufstieg trägt bei, dass den Mulino-Bianco-*Merendine* die sogenannten *sorpresine* beigelegt werden: kleine Überraschungen, Sammlerstücke wie Kartenspiele, Zeichenschablonen, Radiergummis.[12]

Die *merendine* verändern sich in den folgenden Jahren stark, unter anderem beeinflusst von den Ernährungstrends in der reifen Wohlstandsgesellschaft, die Italien inzwischen geworden ist. Die Hersteller bringen neue Produkte auf den Markt, die als besonders gesund beworben werden: etwa die Camille, ein Törtchen von Mulino Bianco mit Karotten, Mandeln und Orangensaft, das als besonders ballaststoffreich vermarktet wird.

Ab der Jahrtausendwende verringern mehrere Hersteller die Menge an Zucker und gesättigten Fettsäuren in ihren *merendine* – und verkleinern die Portionen.[13] Als ungesund gelten die unübersetzbaren süßen Teigsnacks trotzdem bei vielen Menschen. Die Unione Italiana Food, der Verband der italienischen Lebensmittelindustrie, sichert sich 2008 die Domain merendineitaliane.it. Anfang der 2010er Jahre starten die Hersteller Barilla, Ferrero und Bauli unter dieser Adresse eine Kampagne zur Imagepflege. Es sollen »Fakten über die *merendine* verbreitet« werden, heißt es auf der Website. Ein Produkt, das »allzu oft zu Unrecht schlechtgeredet« werde.[14]

Mehr als 205 000 Tonnen *merendine* sind laut Unione Italiana Food im Jahr 2022 verkauft worden, fünf Prozent mehr als im Vorjahr, trotz der in dem Jahr enorm hohen Teuerungsrate.[15] Im Jahr 1970 waren es nur 40 000 Tonnen gewesen. Rund achtzig Prozent der Menschen in Italien essen regelmäßig *merendine*, schreibt die Interessengemeinschaft unter Berufung auf eine Umfrage.[16]

Der Markt verändert sich weiter stark: Acht bis zehn neue Sorten von *merendine* kommen Jahr für Jahr neu in die italienischen Supermärkte.[17] Mehrere Generationen von Italienerinnen und Italienern sind großgeworden mit den *merendine*, sie sind für erwachsene Menschen im ganzen Land ein Teil der Lebenserinnerungen: die Flauti, die es in der Pause von den Hausaufgaben am Küchentisch gab, die Crostatina in der großen Pause in der Schule, die Kinder Délice beim Comic-Schauen auf dem Sofa. Viele dieser Menschen greifen auch als Erwachsene noch zur *Merendina* – auch wenn sie inzwischen vor jedem Riegel die Nährwerttabelle studieren.

Der Autor Riccardo Ventrella hat über die Bindung zu diesem Industrieprodukt sogar ein Buch geschrieben. *Fenomenologia della merendina*, Phänomenologie der Merendina, ist 2017 erschienen. Ventrella schreibt darin: »*Merendine* – nicht so sehr Süßigkeiten im Allgemeinen, sondern eben genau die *merendine* – sind inzwischen ein Bestandteil des emotionalen Gedächtnisses der Italiener geworden. Jeder oder fast jeder, von der Generation der Babyboomer an, kann sagen, dass er diese Geschmackserfahrung gemacht hat.«[18]

Eine große Rolle für den jahrzehntelangen Erfolg der *merendine* spielen die Werbespots, die sich in den Köpfen der Menschen festsetzen, vor allem bis in die 2000er Jahre, als Streamingplattformen noch nicht existieren und das Fernsehprogramm einen großen Teil der Freizeit italienischer Familien taktet. Die Historikerin Emanuela Scarpellini, die zur Geschichte der Ernährungsgewohnheiten der Menschen in

Italien geforscht hat, schreibt, in Italien sei irgendwann die Vorstellung entwickelt worden, dass einem Kind etwas fehlen würde, wenn es seine *Merendina* nicht bekäme.[19]

Im fortschreitenden 21. Jahrhundert reichen diese Wurzeln freilich nicht mehr. Das Unternehmen Bauli, das heute die *merendine* der Pioniermarke Motta herstellt, hat 2022 in Giaveno nahe der norditalienischen Großstadt Turin den »Girella Day« veranstaltet: ein gesponsertes eintägiges Volksfest, samt Karaoke-Wettbewerb und einem Konzert mit italienweit bekannten Musikern, bei dem Girella-*Merendine* kostenlos verteilt werden und Besucher Erinnerungsfotos vor einer gigantischen Girella-Skulptur schießen können.

Ob der Marke Motta der Werbespot mit dem tödlichen Weltraumgeschoss geholfen hat, mehr Buondì-Packungen zu verkaufen, ist bis heute nicht bekannt. Bei seinem Stammsupermarkt seien die Buondì ein paar Tage nach Veröffentlichung ausverkauft gewesen, schreibt der Journalist Michele Boroni, der den heißesten *Merendina*-Skandal seit Jahren für das Onlineportal *Wired* kommentiert hat.[20] An dem Werbespot sei ohnehin nur eine Sache wirklich fürchterlich: Der Himmelskörper, der die *Merendina*-skeptische Mutter trifft, sei ein Meteorit. Kein Asteroid.

Passaparola – Mundpropaganda:

Die *merendine,* diese industriell hergestellten und einzeln in Plastik abgepackten süßen Teigstückchen, sind mindestens so typisch italienisch wie Pasta und Pizza. Das hat der Wirtschaftshistoriker Alberto Grandi mir im Podcast in der Episode mit dem Titel »Merendina« gesagt – und damit seinen Ruf als Mann gefestigt, der an den kulinarischen Gewissheiten der Italiener rüttelt. Mit seinem 2018 veröffentlichten Buch *Denominazione di origine Inventata* ist Grandi einem breiten Publikum in Italien bekannt geworden. Richtig berühmt geworden ist er 2023, nachdem in der britischen Zeitung *Financial Times* ein Interview mit ihm erschienen war, in dem Grandi die Erkenntnisse aus seinem Buch wiederholt: etwa, dass die in Rom heilige *Pasta alla carbonara* höchstwahrscheinlich erst nach dem Ende des Zweiten Weltkriegs US-Soldaten herbeiimprovisiert haben. Oder, dass die aus Neapel stammende Pizza zunächst in den USA zum Essen für die Massen wurde – und erst danach in Mittel- und Norditalien. Der italienische Bauernverband Coldiretti und der rechtspopulistische Vize-Regierungschef Matteo Salvini liefen Sturm gegen den angeblichen Vaterlandsverräter. 2024 ist Grandis ketzerisches, flott geschriebenes und wissenschaftlich fundiertes Buch auch auf Deutsch erschienen, unter dem Titel *Mythos Nationalgericht. Die erfundenen Traditionen der italienischen Küche.*

Mezzogiorno

Warum der Norden über den Süden die Nase rümpft – und umgekehrt

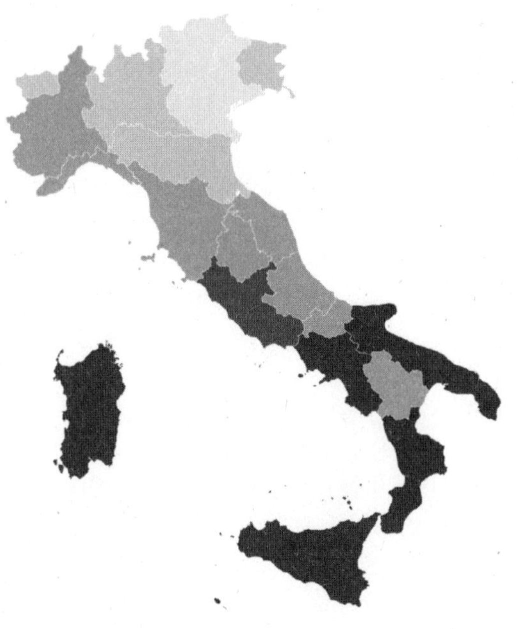

Arbeitslosigkeit bei 15- bis 24-Jährigen in Italien nach Region:
je dunkler, desto höher.

La parola – das Wort:

Mezzogiorno [mɛddzoˈdʒorno] – der Mittag, die Hälfte eines astronomischen Tages, aber auch die Uhrzeit 12 Uhr; davon abgeleitet auch: Süden; im italienischen Sprachgebrauch fast immer: Süditalien.[1]

La storia dietro la parola – die Geschichte hinter dem Wort:

Messina und Padua könnten sich so ähnlich sein. Zwei Großstädte, beide mit etwas mehr als 200 000 Einwohnern, beide in der Antike gegründet, beide mit einer traditionsreichen Universität, beide strategisch günstig gelegen: Messina im Nordosten der größten Mittelmeerinsel Sizilien, an der gleichnamigen Meerenge, an der seit Jahrhunderten Menschen übersetzen, um auf das italienische Festland zu kommen. Padua im Osten der Poebene, vierzig Kilometer westlich von Venedig, in Reichweite der Adriaküste wie der Pässe über die Alpen nach Mitteleuropa.

Padua liegt in Norditalien, Messina in Süditalien. Padua liegt auf Platz sechs, Messina auf Platz 105. Seit 25 Jahren veröffentlicht die Wirtschaftszeitung *Italia Oggi* ihre Rangliste zur Lebensqualität in den heute 107 Provinzen Italiens. Dafür werten Forscher der Universität La Sapienza in Rom im Auftrag der Zeitung statistische Daten aus unterschiedlichen Bereichen aus, von der Beschäftigungsquote über die Bildungseinrichtungen, vom Freizeitangebot bis zur Gesundheitsversorgung.

Wer in der Rangliste aus dem November 2023 die Provinzen

Messina und Padua vergleicht, sieht Daten aus zwei Welten: 3,32 Prozent Arbeitslosigkeit in Padua – 18,15 Prozent in Messina. Pro 100 Quadratkilometer Stadtfläche 197,8 Kilometer Radwege in Padua – 3,4 Kilometer in Messina. Verfügbares Jahreseinkommen pro Kopf: gut 21 000 Euro in Padua – weniger als 15 000 Euro in Messina.[2]

»Beten Sie zu Gott, dass Sie in Messina nicht zur falschen Zeit landen, ohne ein Auto, ein Motorrad, einen Einspänner oder einen Esel bei sich zu haben«, so beginnen die Journalisten Gian Antonio Stella und Sergio Rizzo ihren Vergleich zwischen den beiden Städten. An manchen Tagen seien in Messina nämlich nur 14 Busse und fünf Straßenbahnen unterwegs. Auf 400 Straßenkilometern, in einem Stadtgebiet, das sich auf 55 Kilometer an der Küste erstreckt. In Padua seien es täglich 198 Busse und 13 Straßenbahnen. In Messina seien 170 Busfahrer im Einsatz, in Padua 400.[3]

Se muore il Sud, wenn der Süden stirbt, so heißt das 2013 erschienene Buch, aus dem diese Zahlen zum öffentlichen Nahverkehr in Messina und Padua stammen. Es ist eine 275-seitige Anklageschrift von Rizzo und Stella, zwei der bekanntesten Journalisten und Sachbuchautoren des Landes. »Der *mezzogiorno*«, schreiben sie im allerersten Absatz, »steuert auf ein Desaster zu.«

Der *mezzogiorno*, das sind acht der insgesamt zwanzig italienischen Regionen. Die sechs Festlandregionen Abruzzen, Molise, Kampanien, Basilikata, Apulien und Kalabrien – und die zwei Inselregionen, Sardinien und Sizilien.

Mit dem *mezzogiorno* verbinden viele Italienerinnen und Italiener Bilder von schönen Stränden und schroffen Bergen, von Meer und Vulkanen, von sonnigem Wetter, das viel angenehmer ist als der winterliche Nebel und die sommerliche Schwüle in der Poebene. Mit dem *mezzogiorno* verbinden die Menschen in Italien seit Generationen aber auch Armut, Arbeitslosigkeit, Abwanderung – abgehängt sein. Mit einem Ausdruck: die *questione meridionale,* die Süditalien-Frage oder, genauer: das Süditalien-Problem.

Es ist das hartnäckigste Problem der italienischen Geschichte. Im Dezember 1901 beschäftigt sich die Abgeordnetenkammer in Rom damit. Es stehen Anträge auf der Tagesordnung, mit denen die Regierung dazu gedrängt werden soll, endlich etwas dafür zu unternehmen, dass sich die Lebensbedingungen in der größten süditalienischen Stadt, Neapel, verbessern, dass mehr Trinkwasser nach Apulien gelangt, dass sich mehr Industriebetriebe ansiedeln in Süditalien. Dem *Corriere della Sera* aus Mailand ist das Thema einen großen Teil der Titelseite wert. In einem Meinungsartikel fasst ein Journalist zusammen, welche Probleme auf vielen Gegenden des *mezzogiorno* lasten:

> Flüsse ohne Ufer und Brücken, Gemeinden, die noch immer nur mit Maultierpfaden verbunden sind, die bei jedem Regen unpassierbar werden, abgeholzte Berge, weite Flächen brach liegenden oder gar unbewirtschafteten Landes, mit Hypothekenschulden, Steuern und Abgaben überlastetes Ackerland, extremer Mangel an allen Produktionsmitteln, ständig zunehmende Abwanderung.[4]

Auch in den 2020er Jahren ist der Rückstand des Südens schnell erkennbar. Auf den farbigen Karten etwa, auf denen Werte markiert sind, mit denen Wohlstand und Chancen gemessen werden: Arbeitslosigkeit, durchschnittliches Einkommen und Vermögen, Beschäftigungsquote von Frauen im Erwerbsalter, Dichte des Netzes an Hochgeschwindigkeitszügen.[5] Der Norden in Pastelltönen, der Süden in Alarmfarben. Man merkt es natürlich auch vor Ort. Wer schon einmal eine öffentliche Schulturnhalle in Norditalien betreten hat und eine in Süditalien, hat die *questione meridionale* vermutlich gerochen.

Die vielleicht dramatischste Statistik ist die zur Abwanderung: Das private Forschungsinstitut Associazione per lo sviluppo dell'industria nel Mezzogiorno (SVIMEZ), das seit 1946 Studien zur Entwicklung Süditaliens veröffentlicht, schreibt in seinem Jahresbericht 2023, dass zwischen 2001 und 2021 insgesamt rund 300 000 Menschen mit Hochschulabschluss aus dem *mezzogiorno* nach Mittel- und Norditalien abgewandert sind.[6] Noch gar nicht mit eingerechnet sind hier die Süditalienerinnen und Süditaliener, die in diesen zwei Jahrzehnten ins Ausland gegangen sind.

Wie groß das Problem ist, ahnt schon Luigi Carlo Farini. Im Jahr 1860 schreibt Farini, damals Innenminister des Königreichs Sardinien, aus der Gegend um Neapel einen Brief an Camillo Benso Graf von Cavour. »Von wegen Italien. Das hier ist Afrika. Im Gegensatz zu diesem Gesindel sind die Beduinen Staatsbürger vom Feinsten.«[7] Wenige Monate später wird Italien zum vereinigten Königreich und Cavour zu dessen erstem Regierungschef. Farini folgt ihm drei Jahre später auf dem Posten.

Als Italien zu Italien wird, fristen die meisten Menschen im *mezzogiorno* ihr Dasein unter Umständen, die auch im späten 19. Jahrhundert als menschenunwürdig gelten. Die mittlere Lebenserwartung liegt bei rund 32 Jahren, die Kindersterblichkeit ist katastrophal hoch, über 85 Prozent der Menschen können weder lesen noch schreiben. Die süditalienischen Bauern, die damals die große Masse der Bevölkerung ausmachen, leben in einem Verhältnis völliger Unterwürfigkeit zu den Großgrundbesitzern. Sie leiden regelmäßig Hunger. Da in viele Orte Süditaliens nicht einmal befestigte Straßen führen, sind die Menschen teils kaum verbunden mit der Außenwelt.[8]

Wirtschaftlich ist der Abstand zwischen Süd- und Norditalien in den 1860er Jahren allerdings recht klein. Der Historiker Guido Pescosolido, Autor mehrerer Standardwerke zur Süditalien-Frage, beziffert den damaligen Unterschied bei der Wirtschaftsleistung pro Kopf nur auf etwa zehn Prozent.[9] Dass Süd- und Norditalien sich in den 1860er Jahren wirtschaftlich näher sind als heute, sagt mehr über den Norden aus als über den Süden. Ganz Italien liegt zu jener Zeit meilenweit zurück im Vergleich zu anderen Staaten West-, Mittel- und Nordeuropas. Die italienische Stahlindustrie produziert 1861 nur 1,5 Prozent der Menge, die in Großbritannien hergestellt wird. Die Menge an Baumwollgarn, damals der Rohstoff schlechthin für die Textilindustrie, erreicht nur ein Prozent der britischen Produktion. In Süd- und Norditalien herrschen »zwei unterschiedliche Niveaus der Rückständigkeit«, wie Pescosolido es ausdrückt.[10]

Millionen Menschen wandern ab den 1870er Jahren aus: nach Frankreich, Deutschland und in die Schweiz, nach Nord- und Südamerika. Süditalienische Orte wie Padula in der kampanischen Provinz Salerno verlieren in diesen Jahrzehnten die Hälfte ihrer Einwohner. Die Emigration ist in diesen Jahrzehnten aber ein gesamtitalienisches Phänomen: Bis 1915 verlassen die norditalienischen Regionen sogar mehr Menschen als die süditalienischen.[11]

Nach der Einheit geht die Schere zwischen Norden und Süden aber weiter auseinander, vor allem ab den 1880er Jahren. Besonders im Nordwesten nimmt die Industrialisierung an Fahrt auf, zwischen Turin, Mailand und Genua entsteht das erste *triangolo industriale*, das erste große Industriedreieck. Norditalien schließt in der Entwicklung zu anderen europäischen Regionen auf.

Auch im Süden geht es voran. Die Landwirtschaft wird vielfältiger, an mehreren Orten entstehen großflächige Haine aus Oliven- und Zitrusbäumen, die teils bis heute bestehen. Die Streckenlänge der Eisenbahngleise wächst in einem Vierteljahrhundert von 184 auf 4000 Kilometer. Andererseits treffen die süditalienischen Regionen die Schattenseiten der Einheit hart. Viele Betriebe halten der Konkurrenz mit Industrieprodukten und Lebensmitteln aus Norditalien und dem Ausland nicht stand, auf dem Land verschärfen sich die Konflikte zwischen besitzlosen Bauern und Großgrundeigentümern.[12]

In der politischen und kulturellen Elite Italiens sehen nach und nach mehr Menschen, dass die *questione meridionale* ein ernstes Problem ist. *Meridionalisti* wie Francesco Saverio Nitti und Giustino Fortunato drängen ab den 1880er Jahren auf mehr politischen Einsatz dafür, die Lücke zwischen Norden und Süden zu schließen.

Anfang des 20. Jahrhunderts landet das Thema im Parlament. 1904 wird die erste *legge speciale* verabschiedet, ein Sondergesetz zur Entwicklung von Neapel, der größten süditalienischen Stadt. Es ist das erste Regelwerk, das ausdrücklich auf die Entwicklung Süditaliens abzielt, auf die Schaffung von Industriearbeitsplätzen im *mezzogiorno*. Unter anderem führt es zur Errichtung eines großen Stahlwerks in Bagnoli bei Neapel, zum Bau von Verkehrswegen, zur Trockenlegung von Sümpfen und zur Verbesserung der Ingenieurausbildung.[13] Es folgen weitere Sondergesetze: 1903 für die Region Basilikata, 1906 für sämtliche südlichen Provinzen, 1911 für die Infrastruktur in den südlichen Gebirgsregionen. Die Gesetze zeigen Wirkung. Ein Erbe dieser Zeit ist etwa die erste Eisenbahn-Schnellstrecke zwischen Neapel und Rom.

Der Abstand zu Norditalien verringert sich trotzdem nicht – im Gegenteil. In den nördlichen Regionen schreitet die Industrialisierung weiter voran, im Süden bleiben nur wenige Leuchtturmprojekte. Die landwirtschaftlichen Betriebe in Norditalien steigern ihre Erträge immer weiter und hängen die vielerorts mit vormodernem Werkzeug arbeitenden Bauern im Süden ab. Auch bei der Erzeugung von elektrischem Strom baut der Norden schnell einen gewaltigen Vorsprung auf.[14]

Als Italien 1915 in den Ersten Weltkrieg eintritt, beginnen für ganz Italien vier enorm schwere Jahre. Eine der Nebenwirkungen des Kriegs: Der Abstand zwischen Norden und Süden wächst weiter. Die Rüstungsbetriebe, die am Krieg verdienen, sind fast ausschließlich im Norden angesiedelt. Die zusätzlichen Steuern, die der Staat zur Finanzierung der Militärausgaben erhebt, treffen die ärmere Bevölkerung im Süden im Verhältnis besonders hart.

Auch in den Nachkriegsjahren kommt es für den Süden besonders dick: Die Wiederaufbauhilfe, die der Staat auch mit Steuermitteln aus dem Süden zahlt, geht vor allem an Betriebe im Norden. Die massive Teuerung nach 1918 lässt außerdem die Ersparnisse vieler Menschen im Süden schmelzen – viel davon ist Geld, das ausgewanderte Verwandte in die Heimat geschickt haben. Zu allem Überfluss schränken die USA ab 1920 die Einwanderung massiv ein und versperren damit vielen Menschen im Süden den Weg aus der Armut.[15]

Ab 1922 übernimmt Benito Mussolini die Macht im Land und wird binnen drei Jahren zum Diktator. Sein Regime lässt Sumpfgebiete trockenlegen und ruft die Bauern auch im Süden mit allen Mitteln der Propaganda zur *battaglia del grano* auf, zur Weizenschlacht, um Italien von Getreideeinfuhren aus dem Ausland unabhängig zu machen. Das Regime siedelt vor allem um Neapel große Industriebetriebe an, darunter die Fabrik des damaligen Flugzeugmotorenbauers Alfa Romeo. Schließlich erklären die Getreuen Mussolinis, das Süditalien-Problem gelöst zu haben.

Aber das ist eine Lüge. Die Nord-Süd-Schere bei der Wirtschaftskraft und dem Wohlstand geht während der Diktatur weiter auseinander.[16] In den ersten Jahren nach dem Zweiten Weltkrieg und dem Ende des Faschismus wird es zunächst noch schlimmer. 1951 beträgt die Wirtschaftsleistung pro Kopf im *mezzogiorno* nur noch 53 Prozent des Niveaus im Norden. Dann aber setzen im *mezzogiorno* drei Entwicklungen ein, die sein Gesicht binnen weniger Jahre drastisch verändern. Für zwei davon ist der italienische Staat verantwortlich, die dritte ist verknüpft mit den deutschsprachigen Ländern.

Erstens setzt die italienische Regierung eine große Agrarreform durch. Durch sie verschwinden die Großgrundbesitzer fast vollständig und im *mezzogiorno* entsteht eine neue, erheblich selbstbewusstere und wirtschaftlich freiere bäuerliche Schicht.[17]

Zweitens richtet der Staat die Cassa per il Mezzogiorno ein: einen kapitalkräftigen Staatsfonds zum Aufbau Süditaliens, der unter anderem von den USA unterstützt wird. Endlich ist genug Geld da für die notwendigen Investitionen im Süden: Die Landwirtschaft wird modernisiert, die Infrastruktur – Straßen, Autobahnen, Stromleitungen, Wasserversorgung, Telefonleitungen, Schulen und Universitäten – deutlich ausgebaut.[18]

Drittens wandern erneut Hunderttausende Menschen aus Süditalien aus. Diesmal vor allem aus dem Süden und vor allem nach Norditalien und in weiter nördlich gelegene europäische Staaten, gerade auch Deutschland, Österreich, die Schweiz. Einerseits sorgt die Abwanderung dieser Menschen dafür, dass vor allem in den süditalienischen Regionen abseits der Küsten Dörfer und Städtchen teils drastisch schrumpfen. Andererseits ist diese Generation der *emigranti* die erste, die auswandert, aber nicht ganz weg ist. Weil im Nachkriegsitalien Züge und Autobahnen massiv ausgebaut werden, können die

Auswanderer teils mehrfach pro Jahr in die alte Heimat zurückreisen und so den Kontakt halten. Es entstehen Nord-Süd-Familien, die sich teils in der Basilikata heimisch fühlen und teils im Münsterland, teils in Apulien und teils in Zürich.

Italien erlebt ab 1958 den *boom economico*, den wirtschaftlichen Aufschwung, der das Land so schnell und dramatisch verändert hat wie keine andere Periode der neueren Geschichte. Italien steigt in diesen Jahren in die erste Liga der Industrienationen auf. Zwischen 1958 und 1963 wächst die italienische Wirtschaft schneller als die westdeutsche, die französische oder die britische. Alfa-Romeo-Autos, Vespa-Motorroller, Olivetti-Schreibmaschinen werden zu Exportschlagern.

Auch im Süden geht es steil bergauf. Der Dienstleistungssektor wächst enorm: Das betrifft den Tourismus – aber auch die öffentliche Verwaltung, die vielerorts auf Kosten der Steuerzahler absurd aufgeblasen wird. Die Städte im Süden wachsen dramatisch schnell, was die Bauwirtschaft massiv ankurbelt.

Ab 1962 greift der italienische Staat noch entschiedener ein, um die Kluft zwischen Süden und Norden zu schließen. Mit dem Geld aus der Cassa per il Mezzogiorno werden riesige Industriebetriebe angesiedelt: das Stahlwerk in der apulischen Großstadt Tarent, das bis heute größte Europas; die Erdölraffinerien in Brindisi in Apulien und in Gela auf Sizilien; die Industrieparks um die Städte Salerno, Avellino und Caserta in Kampanien.

Die Jahre zwischen 1962 und 1973 sind, wie Guido Pescosolido schreibt, die erste Periode seit der italienischen Einigung, in der sich die Kluft zu schließen beginnt. Der *mezzogiorno* wächst damals schneller als der Norden: 1973 erreicht die Wirtschaftsleistung pro Kopf im Süden siebzig Prozent der des Nordens, der Süden hat um zwanzig Prozentpunkte aufgeholt.[19]

1973 ist es damit vorbei. Italien wird – wie der Rest der westlichen Welt – von der Erdölkrise erfasst. Das Land gerät in eine Abwärtsspirale: Die Löhne steigen weiter, schneller als die Produktivität der Wirtschaft. Die privaten Unternehmen haben dadurch immer weniger Geld für Investitionen. Ende der 1970er Jahre steigt die Inflation in Italien auf über zwanzig Prozent, auch die Zinsen schießen in die Höhe. Der Staat verschuldet sich massiv, um seine laufenden Ausgaben zu bezahlen. Beiden, der öffentlichen Hand wie den Unternehmen, bleibt drastisch weniger Geld übrig, das in die Entwicklung Süditaliens fließen könnte.

1970 werden in Italien außerdem die Regionen gegründet: Viele Aufgaben, die zuvor der Zentralstaat übernommen hatte, liegen nun in den regionalen Hauptstädten, im Süden zum Beispiel in Neapel, Pescara oder Palermo. Die Regionalregierungen sind seit 1970 auch für die Förderprogramme für den Süden zuständig. Und in den Verwaltungen der Regionen versickert unglaublich viel Geld. Das liegt nicht nur, aber auch an der organisierten Kriminalität. Mafiaorganisationen wie Camorra, ’Ndrangheta und Cosa Nostra, denen der Staat gerade in Krisenzeiten wie ab den 1970er Jahren zu wenig entgegenzusetzen hat, breiten sich in Süditalien in vielen Wirtschaftsbereichen aus. Nach und nach fassen sie auch im Norden und in anderen Ländern Fuß.

Auch in den 1980er Jahren, als es mit der italienischen Wirtschaft insgesamt wieder aufwärtsgeht, holt der Süden nicht auf. 1984 wird die Cassa per il Mezzogiorno abgewickelt. Seit 1973, seit dem Ende des großen staatlichen Investitionsprogramms für den *mezzogiorno*, hat sich der Abstand zwischen Nord und Süd wieder vergrößert. In den 1990er Jahren ist die Wirtschaftsleistung pro Kopf im Süden nur noch halb so hoch wie im Norden. Der Abstand bleibt bis in die 2020er Jahre ähnlich groß.[20]

An der Frage, warum der Süden zurückbleibt, arbeiten sich kluge Köpfe seit Jahrzehnten ab. Der US-amerikanische Politologe und Soziologe Robert D. Putnam hat seine Suche nach den Gründen zum Fundament für einen Klassiker der Sozialwissenschaften gemacht. Putnam reist mit einer Gruppe von Forschern zwischen den 1970er und dem Anfang der 1990er Jahre regelmäßig durch Nord- und Süditalien. Auf Grundlage der Erhebungen schreibt er das Buch *Making Democracy Work.* In ihm belegt er systematisch, dass in den norditalienischen Regionen, in denen öffentliche Einrichtungen von Schule bis Müllabfuhr besser funktionieren, erheblich stärkere *civic traditions* als im *mezzogiorno* verwurzelt sind: Bürgertraditionen, die jahrhundertealte Geschichte eines Gemeinwesens, in dem besonders viele einzelne Bürger bereit sind, etwas für andere Menschen zu tun – ohne diese direkt zu kennen. Aus diesen Traditionen entsteht das, was Putnam »soziales Kapital« nennt: Beziehungen, die ein Gemeinwesen stärken und die Grundlage bilden für Vertrauen zwischen den Bürgern, politisches Engagement und einen leistungsfähigen Staat. Norditalien, schreibt Putnam, sei reich an *civic traditions* und sozialem Kapital. In Süditalien mangle es an beidem.[21]

Putnam erklärt diese unterschiedlich starken Bürgergemeinschaften mit der unterschiedlichen Geschichte des südlichen und des nördlichen Italiens und geht bis ins Mittelalter zurück: Während in den Städten des Nordens damals die *comuni* entstanden und blühten, weitgehend selbstverwaltete Städte, in denen zumindest eine kleine Gruppe freier Bürger vor Ort relativ frei über das Gemeinwesen entscheiden konnte, war der Süden eine streng von oben regierte Gesellschaft. Im Norden wuchsen Handel und Bankwesen, der Süden war fast ausschließlich agrarisch geprägt: »Im Norden waren die Menschen Bürger. Im Süden waren sie Untertanen.«[22]

Die Journalisten Rizzo und Stella sehen in ihrem Buch *Se muore il Sud* die Schuld für den Rückstand vor allem bei der *classe dirigente*, bei den führenden Köpfen der Gegenwart: bei den Bürgermeistern in den Gemeinden, bei den Provinz- und Regionalpräsidenten und bei den Abgeordneten und Regierenden in Rom. Sie schauen oft weg, wenn öffentliche Angestellte systematisch ihren Dienst verweigern, aber trotzdem vollen Lohn erhalten. Sie sind es aber oft auch selbst, die EU-Fördermittel als Wahlgeschenk an den örtlichen Trattoria-Wirt und den Fliesenleger verteilen – während von dem Geld in Estland oder Portugal wertvolle Infrastruktur finanziert wird.[23]

Der *mezzogiorno*, das sind aber auch Menschen wie die 15 Bierbrauer in Messina. 2011 steht die Brauerei in der nordostsizilianischen Stadt, für die sie arbeiten, nach knapp neunzig Jahren vor dem Aus. Die bisherigen Eigentümer entlassen die Belegschaft, den 41 Angestellten zahlen sie ihr *trattamento di fine rapporto* aus, die Abfindung, die in Italien jedem Angestellten am Ende seines Arbeitsverhältnisses zusteht. 15 der Angestellten legen das Geld zusammen und investieren die Summe in die zugesperrte Fabrik. Sie gründen eine Genossenschaft, kaufen Braukessel und Abfüllanlagen, 2016 nehmen sie die Produktion auf.

Der Erfolg ist durchschlagend: 2019 unterzeichnet der internationale Brauerei-Riese Heineken ein Abkommen mit dem *birrificio Messina*. Das von den Genossen gebraute, mit sizilianischen Salzkristallen verfeinerte Bier wird seither italienweit vertrieben.[24] Das Bier, das die 15 Brauer in Messina vor dem Verschwinden gerettet haben, wird nun auch in einer zweiten Brauerei hergestellt. Sie liegt im apulischen Massafra, auf dem süditalienischen Festland. Gebaut worden ist sie Anfang der 1960er Jahre. Unter anderem mit Fördergeld aus der Cassa per il Mezzogiorno.[25]

Passaparola – Mundpropaganda:

Im Dialekt mehrerer süditalienischer Regionen ist es bis heute so: *cristiano*, Christ, wird gleichbedeutend mit Mensch verwendet. Wer das weiß, versteht schnell den Titel des wohl bekanntesten Buchs über den skandalösen Rückstand Süditaliens. *Christus kam nur bis Eboli* (im Original: *Cristo si è fermato a Eboli*) hat der in den 1930ern vom faschistischen Regime nach Aliano in der süditalienischen Region Basilikata verbannte Arzt und Autor Carlo Levi sein bekanntestes Buch genannt, das 1945, kurz nach dem Ende des Zweiten Weltkriegs, auf den Markt kam. Aus Sicht der damals in Aliano Lebenden sind die Zivilisation und der Staat nur bis ins weiter nördlich gelegene Städtchen Eboli gekommen, zu ihnen sind sie nie vorgedrungen. Sie, so glauben die Menschen dort, würden nicht als *cristiani*, als Menschen betrachtet. Levi schildert eindrücklich die Schufterei, die die besitzlosen Bauern aus Aliano (im Buch nennt Levi den Ort »Gagliano«) auf den Feldern der Großgrundeigentümer leisten müssen. Er schildert die schäbigen Häuser mit ihren speckigen Wänden und dem riesigen Bett in der Mitte des einzigen Zimmers, unter dem die Nutztiere schlafen. Und er versucht zu verstehen, warum die Menschen all das ertragen. An diesem Roman kommt bis heute nicht vorbei, wer begreifen will, woher die tiefe Nord-Süd-Kluft in Italien kommt – und warum sie so schwer zu überwinden ist.

Moka

Mythos und Wirklichkeit
der *Caffè*-Kultur

Ikonisches Werbeplakat für die Victoria Arduino,
eine der ersten Espressomaschinen, 1924.

La parola –
das Wort:

Moka ['mɔːka] – Handelsname für einen insbesondere in Italien sehr beliebten Typ von Kaffeekocher für den Hausgebrauch, gewöhnlich aus der besonders widerstandsfähigen Aluminiumlegierung Duraluminium. Die Moka hat die Form zweier Pyramidenstümpfe, die meist achteckig sind und durch Verschraubung der beiden schmaleren Flächen verbunden werden.[1]

La storia dietro la parola –
die Geschichte hinter dem Wort:

»Prendiamoci un caffè.« Es gibt wenige Sätze, die berufstätige Menschen in Italien einander so häufig sagen wie diesen. Lass uns einen Kaffee trinken, das ist in Italien selten eine bloße Einladung zur gemeinsamen Einnahme eines koffeinhaltigen Heißgetränks. Nach dem Mittagessen, in einer kurzen Pause, als Vorwand für ein mehr oder weniger wichtiges Gespräch: Der gemeinsame *caffè* ist ein gesellschaftliches Ritual, ein zentraler Bestandteil des italienischen Alltags.

Selbstverständlich erscheint es heute, dass dieses Getränk in einem Land, das Tausende Kilometer von den großen Anbaugebieten für Kaffeebohnen liegt, jederzeit und für fast jeden erschwinglich verfügbar ist. Selbstverständlich, dass mit *caffè* in Italien der *caffè espresso* gemeint ist: ein bitteres, stark konzentriertes Schlückchen heißes Wasser, das mit hohem Druck durch gemahlenen Kaffee geschossen worden ist. Selbstverständlich, dass der italienische *caffè* Teil des modernen Italienbilds in der Welt ist.

Nichts davon ist selbstverständlich. Die günstige Verfügbarkeit von Kaffee wäre undenkbar ohne den großflächigen Anbau in Ländern mit tropischem und subtropischem Klima, undenkbar ohne internationale Lieferketten, undenkbar ohne die gigantische globale Kaffeeindustrie samt ihren großen Schatten.

Die heutige Kaffeekultur Italiens wiederum, die italienische Lobbyverbände und deutschsprachige Dolce-Vita-Romantiker oft als angeblich uraltes Erbe des Landes vermarkten, ist ein Produkt des 20. Jahrhunderts. Ihre Pioniere waren umtriebige und zukunftsoptimistische Technikfreaks, verliebt in Geschwindigkeit und Metall, in Dampfkessel und Eisenbahnen. Das Getränk, um das sich diese Kultur heute dreht, der *caffè espresso,* wird zu Beginn beworben als Symbol für die Industrialisierung, die ein Teil Italiens um die Wende zum 20. Jahrhundert durchlebt. Dieser schwarze Schluck schmeckt damals nach Freiheit, Lebenskraft und Fortschritt, nach alten Gewohnheiten, die über Bord geworfen werden.

Die Erfolgsgeschichte des unübersetzbar italienischen Gegenstands *moka* wiederum spielt sich ein halbes Jahrhundert später ab, als ein großer Teil der Menschen in Italien sich wieder an der Gegenwart freut und auf die Zukunft hofft: Der Kaffeekocher erobert das Land während des *boom economico,* des Wirtschaftswunders nach dem Zweiten Weltkrieg, durch das Italien erstmals zu einem wirklich wohlhabenden Land wird.

Die Vorgeschichte von Espresso und *moka* beginnt natürlich in dem Land, von dem aus der Kaffee die gesamte Welt erobert: in Äthiopien. Nach recht gut gesicherten historischen Erkenntnissen bereiten hier Angehörige des muslimischen Stamms der Oromo als erste Menschen ein Getränk aus den getrockneten Bohnen der wilden Pflanze *Coffea arabica* zu. Der Kaffee verbreitet sich von Äthiopien aus über das Rote Meer hinüber auf der Arabischen Halbinsel. Im 15. Jahrhundert bekommt das Getränk eine religiöse Rolle für muslimische Gläubige, die sich damit dabei helfen, wach zu bleiben. *Kahwa* nennen sie dieses Getränk, das sich im 16. Jahrhundert weiterverbreitet, bis in die Türkei.[2]

Dort bekommt das Getränk den türkischen Namen *kahve*, die Bohnen werden hier wohl auch zum ersten Mal geröstet, nicht nur getrocknet. In Istanbul, damals im Rest Europas Konstantinopel genannt, eröffnet 1554 das erste Kaffeehaus, der Handel mit Kaffee nimmt an Fahrt auf. Ein bedeutender Hafen für die Ausfuhr von Kaffee wird die Stadt Mokka im Jemen, ganz im Südwesten der Arabischen Halbinsel.[3]

Als Beginn der italienischen Kaffeegeschichte gilt das Jahr 1575. Für dieses Jahr ist erstmals der Handel mit Kaffee in Venedig bezeugt. Die norditalienische Lagunenstadt ist damals Zentrum einer Republik und eine der größten Handelsmächte im Mittelmeer. Spätestens ab 1638 wird Kaffee auch in Venedig selbst verkauft – zunächst aber noch als Medikament. Im 17. Jahrhundert beginnt in vielen europäischen Ländern der Siegeszug des Kaffees als Genussmittel, das Getränk geht in viele europäische Sprachen ein.[4]

Mit dem italienischen Wort »caffè« wird neben dem Getränk lange auch das Lokal bezeichnet, in dem es serviert und getrunken wird. Der Kaffeegenuss wird auch in Italien zu einem gesellschaftlichen Ritual. 1683 eröffnet, natürlich in Venedig, das erste italienische Kaffeehaus – und 1720 das Caffè Florian am Markusplatz, das älteste bis heute existierende Kaffeehaus der Stadt. Im 18. Jahrhundert wird der Kaffee dann in Italien nach und nach zu einem Produkt für eine breitere Masse, zugänglich auch für die Zubereitung und den Gebrauch zuhause. Reichere Kaffeetrinker beginnen daher, dem Kaffee damals sündhaft teure Zutaten beizufügen: etwa Zimt, Nelken oder sogar Bernsteinessenz.[5]

Was die Menschen damals zuhause oder im Kaffeehaus

trinken, ist aber weit entfernt von dem heutigen *caffè espresso*: Stoffbeutel, gefüllt mit gemahlenen gerösteten Kaffeebohnen, werden in Tassen gegeben und mit kochendem Wasser übergossen – ähnlich, wie bis heute Tee zubereitet wird.[6]

Im 19. Jahrhundert werden auch *caffettiere*, Kaffeekocher für den Hausgebrauch, verkauft. In Neapel etwa die *cuccumella*: ein metallener Kaffeekocher aus zwei Teilen, mit einem Wasserbehälter und, darüber aufgeschraubt, einem Kaffeefilter und einem zweiten Behälter. In dem unteren Behälter wird das Wasser über Feuer erhitzt und die *caffettiera* dann gekippt, so dass das heiße Wasser durch das Kaffeepulver fließt und als fertiger Kaffee im zweiten Behälter landet.

Unterdessen wächst die gesellschaftliche Bedeutung der Kaffeehäuser. Sie werden in Italien – wie in anderen europäischen Ländern – zu Orten, an denen sich Künstler und politisch aktive Menschen treffen: An den Tischen von Kaffeehäusern wie dem Florio in Turin, dem Pedrocchi in Padua oder dem Gambrinus in Neapel diskutieren im 19. Jahrhundert Anhänger des Risorgimento, der italienischen Nationalbewegung, bei stundenlangem Kaffeetrinken über die Wege zur Einheit des Landes.

Im vereinten Italien gehen dann, um die Wende zum 20. Jahrhundert, in die Kaffeekultur zwei bis heute bestimmende Elemente ein: Die *bar* und der *caffè espresso*. Als italienisches Wort wird das aus dem Englischen kommende »bar« im Jahr 1897 erstmals in einem Wörterbuch vermerkt, in einem Nachschlagewerk zum Dialekt in der norditalienischen Wirtschaftsmetropole Mailand. In dem Eintrag wird die *bar* als »Lokal zum schnellen Verzehr von Süßigkeiten, belegten Brötchen, Getränken und Ähnlichem« bezeichnet. In den Jahrzehnten danach werden in italienischen Städten und Ortschaften nach und nach mehr *bars* eröffnet, die Zahl der *caffès* geht zurück.

Auch die Funktion der Lokale ändert sich: Der Schriftsteller und Journalist Giovanni Comisso stellt 1952 in einer Reisereportage mit Blick auf das norditalienische Bologna fest, in der Stadt gebe es statt der alten Lokale inzwischen »viele *bars*, in denen man sich im Stehen aufhalten muss«.[7]

In den allermeisten *bars* wird auch das Kaffeetrinken im 20. Jahrhundert zu einer Angelegenheit, die schnell erledigt wird, oft am *bancone*, der Theke, hinter der der Barista steht. Die Gäste trinken keinen langsam gebrühten Kaffee mehr, sondern *caffè espresso*. Wie der auf Kultur- und Designgeschichte spezialisierte Historiker Jeffrey T. Schnapp schreibt, geht das Wort »espresso« mit der Bedeutung »schnell« erst im 19. Jahrhundert in die italienische Sprache ein: in den Jahrzehnten, in denen die Eisenbahn Europa erobert. In Europa verbreiten sich, von England ausgehend, die sogenannten Expresszüge, die »expressly«, also »ausdrücklich« ohne Zwischenstopps zu einzelnen Orten fahren. In Anlehnung an diese schnellen Züge werden zwischen 1840 und 1870 sogenannte Kaffeelokomotiven hergestellt, die auf die Ähnlichkeit zwischen den Kesseln in den damaligen Kaffeemaschinen und Dampfkesseln in den Eisenbahnloks anspielen.[8]

Der *caffè espresso* ist dagegen eine Innovation aus dem Piemont – der Region, die nach der italienischen Einheit Teil des ersten »industriellen Dreiecks« im Nordwesten des Landes wird. Als Urvater des Espresso gilt ein gewisser Angelo Moriondo aus der Regionalhauptstadt Turin. Moriondo, Eigentümer des Turiner Caffè Ligure und Tüftler, entwickelt Anfang der 1880er Jahre die erste Maschine, die mithilfe von Wasserdampf stark konzentrierten Kaffee herstellt, und meldet darauf ein Patent an. 1884 stellt er den Apparat auf der italienischen Industrieschau Esposizione Generale Italiana vor. Die Turiner Zeitung *Gazzetta Piemontese* schreibt im Vorfeld von einer einen Meter hohen Maschine aus Kupfer und Bronze, die wie eine Glocke aussehe. In ihr werde Wasser mit einer mit Kohle oder Gas erzeugten Flamme so lange erhitzt, bis daraus Dampf werde, der dann durch das Kaffeepulver gepresst werde und flüssigen, stark konzentrierten Kaffee entstehen lasse.[9]

Moriondo stellt nur wenige seiner Maschinen her. Zum Durchbruch verhelfen dieser Art der Kaffeezubereitung Anfang des neuen Jahrhunderts der Mechaniker Luigi Bezzera und der Unternehmer Desiderio Pavoni. Bezzera fügt der Dampf-Kaffeemaschine Angelo Moriondos die sogenannte Brühgruppe hinzu, die bis heute in ähnlicher Form zu jeder Espressomaschine gehört: den Bestandteil also, in dem das Kaffeepulver in einem Filter steckt und mit dem Wasserdampf in Kontakt kommt – und an dem sich Röhrchen befinden, aus denen der heiße Kaffee in die Tasse läuft.[10] Pavoni kauft Bezzera 1902 das Patent für diese Maschine ab und entwickelt eine Maschine aus verchromtem Messing mit dem Namen Ideale. Auf der Weltausstellung 1906 in Mailand werden diese großen, zylinderförmigen Maschinen erstmals vorgestellt. Auf einem Foto der Ausstellung ist erstmals der Name *caffè espresso* belegt. In den Jahren danach verbreiten sich die Espressomaschinen im Land, sie gelten als Inbegriff von Fortschritt und industrieller Entwicklung.

Schon am 6. Dezember 1913 meldet die Zeitung *Corriere della Sera*, im Bistro des italienischen Abgeordnetenhauses im Palazzo Montecitorio in Rom sei unter »allgemeiner Zustimmung« eine Victoria Arduino in Betrieb genommen worden – eine »gut funktionierende« und künstlerisch wertvoll gestaltete Maschine für *caffè espresso*, die bereits international gefragt sei.[11]

Die Victoria Arduino, 1905 von Pier Teresio Arduino entwickelt, gilt bis heute als bahnbrechend, da sie erstmals die

Herstellung von Hunderten *caffè* pro Stunde ermöglicht.[12] 1922 wird die Victoria Arduino auf einem bis heute berühmten Werbeplakat des Grafikers Leonetto Cappiello als Inbegriff von rasender, moderner Schnelligkeit präsentiert. Im selben Jahr übernimmt der Faschist Benito Mussolini die Macht im Land.

In der Propaganda des Regimes ist der *caffè* ein »Symbol der faschistischen Moderne«, das für »Energie und Schnelligkeit, Aggression und Technologie« stehen soll, wie die Historikerin Diana Garvin schreibt. Die Aneignung ostafrikanischer Kaffeewälder wird als eines der Ziele des kolonialen Angriffskriegs dargestellt, den Italien ab 1935 gegen Äthiopien führt.[13]

Der *caffè*, den die Italiener damals trinken, wäre für die meisten heutigen Espressoliebhaber aber vermutlich kaum genießbar. Aus den Espressomaschinen – die damals von zugelassenen Mechanikern bedient werden müssen, damit die Geräte unter dem Druck des Wasserdampfs nicht explodieren[14] – fließt eine Brühe ohne den Kaffeeschaum namens *crema*. Dieser Espresso schmeckt laut einem zeitgenössischen *Bar*-Inhaber namens Giovanni Achille Gaggia so bitter wie ein Spaziergang im nebelverhangenen Mailand.[15]

Ändern wird das der bastelfreudige Gaggia selbst, in Zusammenarbeit mit dem befreundeten Ingenieur Antonio Cremonese. 1939 präsentiert Gaggia auf einer Mustermesse in Mailand einen Apparat namens Lampo, zu Deutsch Blitz. Er stellt *caffè espresso* ohne Dampf her, lediglich mit heißem Wasser, das unter hohem Druck durch das Kaffeepulver gepresst wird. Ende 1948 produziert Gaggia dann seine erste komplette Espressomaschine. Die *baristi* können selbst die Hebel betätigen und so erstmals dampffreien, cremigen *caffè espresso* herstellen.[16]

Nach dem Zweiten Weltkrieg werden Maschinen, in denen Espresso ohne Dampf erzeugt wird, zum Standard in ganz Italien – und der Espresso nach und nach weltweit beliebt. Schon 1953 erwähnt das deutsche Nachrichtenmagazin *Der Spiegel* eine »Espresso-Bar« für die Besucher der Internationalen Gartenbauausstellung in Hamburg.[17]

Der Espresso ist heute Grundlage einer beeindruckenden Zahl an Varianten. Kinder werden in Italien an die gesellschaftlich akzeptierte Koffeinabhängigkeit gerne mit Caffellatte herangeführt, Milch mit einem Schuss Kaffee. Oder mit Latte Macchiato. Das Kaffee-Mischgetränk, das ab dem Ende der 1990er Jahre vor allem in Deutschland dank Wortschöpfungen wie »Latte-Macchiato-Mütter« zu einem Kulturkampfbegriff gegen mutmaßlich linksliberale Großstadtbewohner aufgestiegen ist, interessiert in seinem Herkunftsland bemerkenswert wenige Menschen.[18] Der Ausdruck »Latte Macchiato« wird in Italien, je nach Region, entweder gleichbedeutend für Milchkaffee oder eben für das in Deutschland politisierte Drei-Schicht-Getränk aus Milch, Espresso und Milchschaum verwendet.

Konfliktarm in den italienverherrlichenden Alltag der deutschsprachigen Länder ist dagegen der Cappuccino eingezogen. Der historisch wahrscheinlichsten Variante zufolge stammt er vom »Kapuziner« ab, einer österreichischen Kaffeevariante mit Schlagrahm. Den Namen hat er von seiner braunen Farbe – braun wie die Ordenstracht der Kapuzinermönche, die auf Italienisch *cappuccini* genannt werden. In Italien taucht der Name Cappuccino für ein Kaffeegetränk wohl erstmals im 18. Jahrhundert auf, weil in damals zu Österreich gehörenden italienischsprachigen Gegenden wie dem Friaul die königlich-kaiserlichen Soldaten den aus der Heimat bekannten Kapuziner verlangen.[19]

Der Cappuccino genannte Kaffee ist aber über lange Zeit kein Massenprodukt. Frische Milch können sich bis ins 20. Jahrhundert in vielen Regionen Italiens – außer Bäuerinnen und

Bauern – nur wenige Menschen regelmäßig leisten. Cappuccino in seiner heutigen Form, mit Espresso und Milchschaum, gibt es ohnehin erst seit dem 20. Jahrhundert und der Erfindung der Espressomaschine: Erst dank des Wasserdampfs aus der Maschine ist es überhaupt möglich, Milch aufzuschäumen und gleichzeitig zu wärmen.

Spannend ist indes die erste Erwähnung des Cappuccino im *Spiegel*. Es ist eine beiläufige Premiere in einem geschichtsträchtigen Interview. In der Ausgabe vom 21. November 1971 wird ein Gespräch mit Peter Homann abgedruckt, gesuchtes Mitglied der damals ein Jahr alten linksextremen Terrororganisation Rote Armee Fraktion (RAF). Darin bezeichnet Homann – der sich noch vor Erscheinen des Hefts der Polizei stellt – unter anderem den RAF-Mitgründer Andreas Baader als »Feigling«. Außerdem spricht er über den Gründungsmoment der RAF, die gewaltsame Befreiung des inhaftierten Baaders im Westberliner Ortsteil Dahlem im Mai 1970.

> SPIEGEL: Saßen Sie mit Astrid Proll, die an der Befreiungsaktion beteiligt war, im ersten Fluchtauto, dem Alfa Romeo?
> Homann: Nein.
> SPIEGEL: Waren Sie der Fahrer des VW, in den die Flüchtenden dann im Stadtteil Schmargendorf überwechselten?
> Homann: Nein. Ich saß zu diesem Zeitpunkt in der Uhlandstraße und habe in einem italienischen Eis-Café einen Cappuccino getrunken.[20]

In Italien wird der morgendliche *caffè* in den Nachkriegsjahrzehnten zu einem Teil der kulturellen Identität des Landes. »Buongiorno Italia col caffè ristretto«, singt Toto Cutugno in seinem bis heute enorm populären Gassenhauer »L'italiano« von 1983, ein bewusst klischeelastiger Morgengruß an das Land mit dem extrastarken *caffè*.

Zum endgültigen Triumph des *caffè espresso* trägt zudem bei, dass die Menschen im Land ihn mittlerweile auch innerhalb der eigenen vier Wände zubereiten können. 1920 kommt mit der Victoria Arduino eine nur dreißig Zentimeter große, elektrisch betriebene Espressomaschine für Privathaushalte auf den Markt.[21] Zum Massenphänomen wird der zuhause zubereitete *caffè espresso* aber erst nach dem Zweiten Weltkrieg. Verantwortlich dafür sind zwei Männer, die wie der Espresso-Urvater Angelo Moriondo aus dem nordwestitalienischen Piemont stammen: Alfonso Bialetti und sein Sohn Renato.

Alfonso Bialetti gründet 1919, nach einem Jahrzehnt als Arbeiter in einem Aluminiumbetrieb in Frankreich, in seiner Heimatgemeinde Omegna eine Werkstatt zur Herstellung von Aluminiumprodukten. Zwischen Ende der 1920er und Anfang der 1930er Jahre inspirieren die Hausfrauen in seinem Heimatort den neugierigen Bialetti zu einer Idee: Die Frauen waschen Kleider mit einer Lisciveuse, also einem großen Topf mit einem gelöcherten doppelten Boden und einem hohlen Rohr in der Mitte, das oben ein Loch hat. In den Topf kommen Wasser, die Wäsche und Waschlauge, das Ganze wird über Feuer erhitzt. Sobald das Wasser kocht, steigt es in der Röhre nach oben und fließt dann durch das Loch auf die Wäsche zurück, wodurch die Lauge effektiv genutzt und die Wäsche gleichmäßig eingeweicht wird.[22] Alfonso Bialetti hat einen Einfall: Was, wenn ich dieses Prinzip anwende, um *caffè espresso* in einer *caffettiera* aus Aluminium auf dem heimischen Herd herzustellen?

1933 bringt Bialetti einen ersten kompakten Heim-Kaffeekocher auf den Markt, der nach dem Lisciveuse-Prinzip funktioniert: Er besteht aus zwei Behältnissen aus Metall, die ineinander geschraubt werden und zwischen denen sich ein Filter für Kaffeepulver befindet. In das untere Behältnis wird Wasser gefüllt. Auf ihn wird der mit Kaffeepulver gefüllte Filter gesteckt. Der Filter hat ein ins Wasser reichendes, unten offenes Rohr. Darüber wird das zweite Behältnis geschraubt, in ihm befindet sich ein zweites Rohr mit einem Loch am oberen Ende – nach dem Vorbild der Lisciveuse zum Wäschewaschen.

Der zusammengeschraubte Kaffeekocher wird auf den Herd gestellt, das Wasser wird erhitzt, bis es durch das untere Rohr steigt, das Kaffeepulver durchfließt und über das obere Rohr schließlich als fertiger Kaffee in der oberen Hälfte der Kanne landet.

Bialetti nennt seine Erfindung *moka* – nach der erwähnten Hafenstadt im Jemen, die seit Langem als Symbolort des Kaffeehandels gilt. 1933 kommt die *moka* auf den Markt. Da ihr Erfinder Alfonso Bialetti aber viel von Aluminium und vom Tüfteln versteht und wenig von Massenproduktion und Marketing, bleibt sie ein Nischenprodukt. Seine Werkstatt stellt weiterhin alle möglichen Erzeugnisse her, die *moka* ist nur eines davon, somit kann er nur eine geringe Stückzahl produzieren.

Einen Durchbruch der *moka* verhindert auch der steigende Aluminiumpreis. Weil Bauxit, der Grundstoff für das Leichtmetall, einer der wenigen Rohstoffe ist, von denen es in Italien relativ große Vorkommen gibt, stellt das faschistische Regime Aluminium als das »nationale Metall« Italiens dar. Mussolini will das Land damit unabhängig von Exporten anderer Metalle aus dem Ausland machen und lässt die Aluminiumproduktion hochfahren. Die wirtschaftliche Abschottung und das Quasimonopol des Herstellers Montecatini lassen aber die Preise hochschießen. Für den Hersteller Bialetti lohnt sich die Produktion seiner *moka* immer weniger.[23] Bis zum Zweiten Weltkrieg verkauft er nur rund 70 000 Stück, meist auf Ständen in der näheren Umgebung seiner Werkstatt.

Der kommerzielle Erfolg der *moka* beginnt erst im demokratischen Italien. Alfonso Bialettis Sohn Renato kehrt aus deutscher Kriegsgefangenschaft zurück und richtet den Familienbetrieb in Omegna bis Ende der 1940er Jahre komplett auf den kleinen Kaffeekocher für zuhause aus. Bialetti stellt die *moka* nun in verschiedenen Größen her, er verändert das Design leicht und verpasst dem Kaffeekocher das Aussehen, für das er bis heute weltberühmt ist: zwei aneinandergeschraubte Pyramidenstümpfe, die sich zur Mitte hin verjüngen.[24]

Die Wirtschaft im Nachkriegsitalien nimmt an Fahrt auf, der Kaffeekonsum steigt nach den Malzkaffee-Mangeljahren wieder deutlich an, und Bialetti ergreift die Chance, indem er die Italiener mit aufsehenerregenden Werbekampagnen auf die *moka* stößt. Auf der Messe in Mailand lässt er Skulpturen in Form riesiger *mokas* installieren, auf Plakaten in italienischen Städten prangt der Slogan »in casa un espresso come al bar« – zuhause ein Espresso wie in der *bar*.[25] Zum populärsten Bialetti-Werbeträger aber wird der *omino coi baffi*: ein von dem Zeichner Paul Campari entwickelter eleganter Mann mit Schnurrbart und erhobenem Zeigefinger. Ab der zweiten Hälfte der 1950er Jahre ist er der Protagonist von Werbecomics in Zeitungsanzeigen und vor allem von Cartoon-Spots im *carosello* im öffentlich-rechtlichen Fernsehen Rai, dem bis in die 1970er Jahre einzigen Werbefenster, das in Italien über die TV-Bildschirme flimmert. »Semmmmbra facile«, sieht ja ganz leicht aus, ruft der *omino coi baffi* immer wieder in den Filmchen. In ihnen kommentiert er Szenen von Menschen, die an alltäglichen Aufgaben scheitern und irgendwann einsehen, dass es dafür einen Experten braucht. Am Schluss stellt der *omino* stets das eine Werkzeug vor, das jede und jeder für die häusliche Kaffeeherstellung braucht: die *moka* von Bialetti.

Wie der Historiker Schnapp schreibt, ist der *omino coi baffi* die Verkörperung des Versprechens hinter dem unübersetzbaren italienischen Wort *moka*: dem Volk den schnellen Genuss eines Espresso auch in den eigenen vier Wänden zu ermöglichen. Der *omino* sei so entworfen worden, dass »jeder Italiener ihm gegenüber eine Mischung aus Zuneigung und Nostalgie empfinden konnte: eine Symbolfigur für eine Art Patriarchen, einen Vater, Onkel oder Großvater«. Solche Männer, schreibt Schnapp, hätten früher ihr Leben in Kaffeehäusern verbracht. Der Bialetti-Slogan »in casa un espresso come al bar« sei das Versprechen gewesen, »den Patriarchen zurück an den heimischen Herd zu holen und das Zuhause zum Café werden zu lassen – und nicht mehr das Café zum Zuhause«.[26]

In einem *Carosello*-Spot mit dem *omino* aus dem Jahr 1959 verspricht Bialetti sogar, der *caffè espresso* aus der *moka* sei »meglio che al bar«, besser als in der *bar*.[27] Dabei erreicht das Wasser in der *moka* nur einen Druck von 1,5 bar, bevor es durch das Kaffeepulver quillt. Das ist weit entfernt von den 9 bar, die ein Barista mit einer professionellen Espressomaschine erzeugen kann. Trotzdem: Der *caffè* aus der *moka* kommt dem Espresso aus der *bar* erheblich näher als der aus den bisher üblichen Kaffeekochern.

Die *moka* findet in den folgenden Jahrzehnten Eingang in buchstäblich fast jede italienische Wohnung. 2010 schreibt die Zeitung *La Repubblica*, laut einer Studie hätten neunzig Prozent der Haushalte im Land mindestens eine *caffettiera* von Bialetti im Haus.[28] Der Espresso im heimischen Haus wird zur häuslichen Variante des sozialen Rituals *caffè al bar*, zum Symbol mal für Intimität, mal für Spießigkeit. »La mattina c'è chi mi prepara il caffè«, morgens macht mir jemand einen Espresso, so besingt Liedermacher Lucio Battisti in seinem 1970 erschienenen Song »Anna« die fade Routine des Ehelebens.

Fünf Jahrzehnte später hat *Moka*-Hersteller Bialetti krisenhafte Jahre hinter sich. Sein Kerngeschäft ist vom technischen Fortschritt bedroht. Espressomaschinen mit viel höherem Wasserdruck und Kapselsysteme sind für die breite Masse erschwinglich und somit auch ein heimischer *caffè*, der tatsächlich »come al bar« schmeckt.

Bialetti vermarktet die *moka* heutzutage vor allem als Kultobjekt und Ikone des italienischen Lebensstils. »The Moka Sound« heißt ein 2021 auf YouTube veröffentlichter Werbeclip, in dem eine Frauenstimme auf Englisch die Espressozubereitung aus dem kleinen Kocher für den Herd zärtlich hauchend als »bit of dolce vita« anpreist.[29] Inzwischen stellt Bialetti aber auch selbst Maschinen für Kapselespresso her. Eingraviert an der Front und auf der Seite der Apparate: der *omino coi baffi*.

Passaparola – Mundpropaganda:

Wer sich einem Buch von Stefano Benni hingibt, versinkt schnell darin. In der Welt aus Figuren, die im realen Italien verankert sind, deren Geschichten aber so fantasievoll überdreht sind, dass man ihnen folgen will. Wer Daniel Pennac und seine Geschichten von Benjamin Malaussène mag, verliebt sich vermutlich auch in die Leute aus Stefano Bennis Fantasie. Eine der Welten, über die Benni am liebsten schreibt, ist die der *bar*, dieses unübersetzbar italienischen Treffpunkts. Einer der Romane Bennis, die ins Deutsche übertragen wurden, ist der *Bar*-Roman *Brot und Unwetter*. Wer die Geschichte um Nonno Stregone und seine Kompagnons liest, die einen Wald hinter ihrer Stamm-*Bar* vor dem Abholzen retten wollen, taucht tief ein in einen dieser Orte, an denen die öffentliche Kaffeekultur des Landes seit Jahrzehnten zuhause ist, zwischen dem Zischen der Espressomaschinen-Schaumdüsen und dem Klimpern der Untertassen auf dem Tresen.

Papeete

Warum in Italien so oft die Regierung stürzt

Der stellvertretende italienische Ministerpräsident Matteo Salvini küsst einen Rosenkranz, während Ministerpräsident Giuseppe Conte vor dem Senat in Rom spricht, 2019.

La parola –
das Wort:

Papeete [pape'ɛte] – Hauptstadt von Französisch-Polynesien; seit der Jahrtausendwende existierender[1] Strandclub in der norditalienischen Küstenstadt Milano Marittima, von dem aus im August 2019 der damalige italienische Vizeregierungschef Matteo Salvini eine Regierungskrise auslöst, um selbst Regierungschef zu werden – und an deren Ende selbst aus der Regierung fliegt; seither in den italienischen Politikjargon eingegangen, als Wort für eine grob leichtfertig ausgelöste Regierungskrise, in Ausdrücken wie »fare un papeete« (ein Papeete anrichten).[2]

La storia dietro la parola –
die Geschichte hinter dem Wort:

Als es ernst wird, kommt Enrico Letta mit der Pistole. Er wolle nicht, sagt Letta am 13. Juli 2022, dass es wie damals ende, in Sarajevo: dass einer einen Schuss abgibt und daraus ein Weltkrieg wird.[3] Enrico Letta, in jenen Tagen Chef der sozialdemokratischen italienischen Partei Partito Democratico (PD), spielt auf das Attentat von Sarajevo an. Auf den Schuss, den der serbische Nationalist Gavrilo Princip mit einer FN Browning 910 Ende Juni 1914 auf den österreich-ungarischen Thronfolger Franz Ferdinand abfeuert – und der binnen weniger Wochen in den Ersten Weltkrieg mündet. In der Angelegenheit, die Letta an diesem gewohnt brüllend heißen römischen Sommertag meint, geht es nicht um Krieg und Frieden, zumindest nicht direkt.[4] Es geht um eine Regierungskrise in Italien. Es ist die vierte italienische Regierungskrise in weniger als drei Jahren.

Palazzo Chigi, den Sitz des Ministerpräsidenten an der Piazza Colonna im Zentrum Roms, leitet Mario Draghi, früherer Chef der Europäischen Zentralbank, in den mit Italien verbündeten Ländern geschätzt und laut Umfragen bei einer Mehrheit der Menschen im Land beliebt.[5] Draghi führt eine »Regierung der nationalen Einheit«, gebildet im Februar 2021, mitten in der Coronapandemie. Getragen wird sie von fast allen im Parlament vertretenen Parteien, von Enrico Lettas mittig-linkem PD bis zur rechtsnationalen Lega, von den Populisten der Fünf-Sterne-Bewegung (M5S) bis zu der liberalen Partei +Europa. Die größte Oppositionspartei sind die Fratelli d'Italia der von einem Umfragehoch getragenen ultrarechten Politikerin Giorgia Meloni.

In Enrico Lettas Sarajevo-Bild hat den Schuss die M5S abgefeuert: Bei einer Vertrauensabstimmung im Senat verweigert die Partei am 14. Juli der Draghi-Regierung die Zustimmung. Der Weltkrieg wäre demnach der Sturz der Regierung. Um in Lettas drastischem Bild zu bleiben: Der Weltkrieg bricht am Ende aus. Die Regierung Draghi stürzt am 21. Juli 2022. Es ist der dritte Sturz einer italienischen Regierung binnen drei Jahren.

Innerhalb Italiens nennen Politikerinnen und Journalisten das, was die Fünf-Sterne-Bewegung mit der Regierung Draghi getan hat, in diesen Tagen ein *papeete*, teils auch ein *papeete due*, ein zweites Papeete.

Außerhalb Italiens stellen sich in diesen Tagen politisch interessierte Menschen zwei Fragen, die sie sich so oder so ähnlich regelmäßig stellen, wenn sie auf dieses wundervolle, schrecklich komplizierte Land blicken: Was zur Hölle ist denn jetzt schon wieder los in Italien? Und: Warum stürzt in Italien eigentlich so oft die Regierung?

Wer sagt, italienische Politik sei kompliziert, untertreibt kolossal. Wie aus den Wählerstimmen Parlamentssitze werden, ist viel schwerer durchschaubar als etwa im auch schon komplizierten deutschen Bundestagswahlrecht. Dreimal ist das italienische Wahlgesetz seit der Jahrtausendwende grundlegend verändert worden – einmal auf so offensichtlich stümperhafte Weise, dass der für die Reform verantwortliche Minister Roberto Calderoli das neue Gesetz schon wenige Wochen nach der Verabschiedung in einer Fernsehtalkshow als »Sauerei« bezeichnete.[6]

Auch nach den Wahlen wird es in Italien kaum einfacher: Selbst professionelle Beobachterinnen und Beobachter tun sich bisweilen schwer damit, die Parteien korrekt auseinanderzuhalten, die sich in kurzer Zeit bilden, aufspalten, verschwinden – und die Fraktionen in der Abgeordnetenkammer und dem Senat, die im Lauf einer Wahlperiode gegründet werden und zersplittern, ganz zu schweigen von den Parlamentariern, die in den *gruppo misto* wandern, die Gruppe der Fraktionslosen.

Einem großen Teil der knapp 54 Millionen Italiener, die dieses Parlament vertreten soll, ist das Geschehen in Rom oft schleierhaft. Das liegt auch an der Sprache. Wer italienische Politik entziffern will, muss die Formeln des *politichese* lernen, des Polit-Italienischen. »Convergenze parallele«, »malpancista«, »ritirarsi sull'Aventino«: In italienischen Medien sind täglich Ausdrücke und geflügelte Worte zu lesen und zu hören, die fast nie jemand erklärt. Italienische Zeitungen, so hat es der Journalist Francesco Costa vom Nachrichtenportal *Il Post* in seinem Podcast »Morning« einmal gesagt, setzen fast immer voraus, dass ihre Leserinnen und Leser »alle vorherigen Folgen der Serie schon kennen«.[7] Dass ihnen also die geschriebenen und ungeschriebenen Regeln von Parlament, Regierung und Staatspräsident ebenso bekannt sind wie die verworrenen

Freundschaften und Rivalitäten in den *palazzi del potere*, den Gebäuden der Mächtigen. Auch die meisten Radio- und Fernsehnachrichten, Onlineportale und viele Podcasts setzen dieses Wissen voraus und schütten das Publikum mit *politichese* zu.

Im Sommer 2019 hat den italienischen Politiksprech das unübersetzbare Wort *papeete* bereichert. Der Ort, an dem die vielleicht absurdeste der vielen absurden politischen Krisen der italienischen Geschichte ihren Lauf genommen hat, ist zum Schlagwort geworden für Regierungskrisen, die jemand aus Unbedarftheit auslöst, ohne sich der Folgen bewusst zu sein.

Das Papeete, benannt nach der auf der Südseeinsel Tahiti gelegenen Hauptstadt des französischen Überseegebiets Französisch-Polynesien, ist ein Strandclub in Milano Marittima in der norditalienischen Region Emilia-Romagna. Der Ortsteil der Stadt Cervia liegt an der Riviera Romagnola, jenem ununterbrochen sandig-ebenen Küstenabschnitt des Adriatischen Meers, an dem auch Cesenatico, Rimini und Cattolica liegen. Milano Marittima ist eines der Ziele schlechthin für Menschen, die ihren Urlaub tagsüber vor allem mit Sonnenbaden und Schwimmen verbringen wollen und abends und nachts mit Feiern.

Das Papeete ist seit den 2000er Jahren eines der angesagtesten Lokale Italiens. Ein Ort, an dem »die Welt immer noch aufgeteilt ist in unverrückbar heterosexuelle Männer und Frauen, in Reiche und wenig Reiche«, wie die Journalistin Marianna Tognini in einem fabelhaften Essay für die Onlineausgabe des Magazins *Rolling Stone* schreibt.[8] Im Papeete sei wohl genau das »wahre Italien« zu finden, zu dem die politische Linke den Kontakt verloren habe.

Matteo Salvini ist Stammgast im Papeete. Der Politiker und mehrfache stellvertretende Ministerpräsident, der 2017 aus der separatistischen Pro-Norditalien-Partei Lega Nord die rechtsnationale, auf ganz Italien getrimmte Lega gemacht hat, lässt sich dort seit Jahren regelmäßig blicken, zeigt sich auf Onlinenetzwerken partyvolksnah. Mit einem der Eigentümer des Lokals, Massimo Casanova, ist Salvini befreundet. Bei der Europawahl 2019 tritt Casanova auf einer Wahlliste der Lega an.

Die Wahl ist ein Triumph für die Nationalisten: Die Partei, die seit gut einem Jahr als Juniorpartner in einer nie dagewesenen Koalition mit der Fünf-Sterne-Bewegung das Land regiert, holt 34,3 Prozent der Stimmen. Sein Koalitionspartner, die M5S, nur 17 Prozent. Papeete-Chef Casanova zieht ins Parlament ein. Salvini wittert die Chance, vom stellvertretenden Regierungschef zum Ministerpräsidenten zu werden.

Als Innenminister macht er damals weltweit Schlagzeilen mit seiner harten Attitüde gegenüber Migranten, die auf Rettungsschiffen von Nichtregierungsorganisationen die italienischen Küsten erreichen. Die deutsche Seenotretterin Carola Rackete beschimpft er so wüst, dass Rackete ihn anzeigt.[9]

Gleichzeitig verschärft Salvini den Tonfall gegenüber seinem Koalitionspartner M5S und vor allem gegenüber dem von ihm gestellten Regierungschef Giuseppe Conte. Im August, den Millionen italienischer Familien seit Jahrzehnten *sotto l'ombrellone* verbringen, unter dem Sonnenschirm am Meer, geht Salvini auf Strandtour: 21 Orte an elf Tagen will er auf seiner Rundreise besuchen, von Ligurien bis nach Sizilien.[10] Der offizielle Dienstherr der italienischen Polizei zeigt sich in Badehose und mit nacktem Oberkörper, lässt Selfies mit sich schießen, fährt Tretboot und trinkt Drinks aus einem Hartplastikbecher. Und natürlich besucht er das Papeete: Salvini stellt sich in Badehose an das DJ-Pult, lässt neben Dance-Musik die italienische Nationalhymne spielen,[11] die Fotos gehen als einer der bizarrsten Momente in die italienische Politikgeschichte ein.

Wenige Tage später fordert Salvini Neuwahlen. Vor Journalisten bittet er in der mittelitalienischen Küstenstadt Pescara die Italiener, ihm die »ganze Macht« zu geben, um das Programm der Lega umzusetzen. Er kündigt die Koalition mit der M5S auf. Am nächsten Tag reicht die Fraktion der Lega im Senat in Rom einen Misstrauensantrag gegen Regierungschef Conte ein.

Salvini geht aufs Ganze – und scheitert krachend. Conte übernimmt seinerseits die Initiative. Bei einer Rede im Senat führt Conte den neben ihm sitzenden Salvini vor, wirft ihm vor, unverantwortlich zu handeln. Salvini, mit Strandbräune im Gesicht, zieht während Contes Rede so viele Grimassen, dass Onlinemedien daraus Bildergalerien machen, am Ende küsst er sogar einen Rosenkranz.[12]

Die Krise, die Salvini angestoßen hat, endet für ihn und seine Lega im Desaster: Conte tritt zurück und einigt sich mit der bis dahin oppositionellen sozialdemokratischen PD und mehreren Kleinparteien auf eine neue Regierungskoalition. Am 5. September 2019 vereidigt Staatspräsident Sergio Mattarella die neue Regierung. Die Lega fliegt aus dem Kabinett, in den Monaten darauf stürzt die Partei in den Umfragen ab. Die Führungsrolle im italienischen Rechtslager übernimmt die spätere ultrarechte Regierungschefin Giorgia Meloni.

Als im Juli 2022 die Regierung Draghi erst kriselt und dann stürzt, verwenden Politiker und Journalisten das Wort »papeete« fast so oft wie Sommer 2019. 26 Mal taucht es alleine im Juli auf den Politikseiten des *Corriere della Sera* auf. Riccardo Fraccaro, ehemaliger Staatssekretär des M5S-Chefs und früheren Ministerpräsidenten Conte, verbreitet im Messengerdienst WhatsApp eine Fotomontage, in der auf einem von Matteo Salvini am DJ-Pult des Lokals Papeete der Kopf Contes auf dem Körper Salvinis steckt.[13]

Im Sommer 2022 ist das Ergebnis dieser *Papeete-2*-Regierungskrise für die M5S ähnlich verheerend wie für die Lega drei Jahre zuvor. Nachdem Regierungschef Draghi seinen Rücktritt erklärt hat, ruft Staatspräsident Mattarella Neuwahlen aus. Bei dem Urnengang Ende September gehen an die Fünf-Sterne-Bewegung rund 15,5 Prozent der Stimmen, es ist das mit Abstand schlechteste Ergebnis seit Gründung der Partei im Jahr 2009. Eine klare Regierungsmehrheit bekommt das von Giorgia Melonis Fratelli d'Italia angeführte Rechtsbündnis. Die Lega von Papeete-Stammgast Salvini wird darin Juniorpartner, Salvini selbst Verkehrsminister und stellvertretender Regierungschef.

Italien ist seit 1946 eine Republik, die Bundesrepublik Deutschland existiert seit 1949.

In Deutschland haben seither neun Bundeskanzler und 24 Regierungskabinette das Land regiert. In Italien waren es 31 Ministerpräsidenten und 68 Regierungskabinette.

Allein in der Wahlperiode von 2018 bis 2022 haben in Italien zwei unterschiedliche Regierungschefs drei verschiedene Regierungskabinette geleitet, drei Regierungskrisen haben den politisch interessierten Teil des Lands bewegt: Neben dem grotesken *papeete* von 2019 und dem *papeete II* von 2022 war darunter der Sturz der M5S-PD-Regierung Giuseppe Contes Anfang 2021.

Es gibt nicht den einen, ausschlaggebenden Grund dafür, dass in Italien so oft die Regierung stürzt. Aber eine Reihe von Eigenschaften der italienischen Demokratie begünstigen solche Krisen. Teilweise liegt es an den Spielregeln der Politik, teilweise an ihren Spielern. Die wichtigsten Spielregeln der Politik stehen in Italien in der 1948 in Kraft getretenen Verfassung. Bei der Frage, wie eine Regierung gestürzt werden kann, unterscheidet sich die italienische Verfassung in einem zentralen Punkt von der deutschen. Artikel 94 der italienischen Verfassung sieht vor, dass die Regierung das Vertrauen beider

Parlamentskammern haben muss, also von Abgeordnetenhaus und Senat – und dass Vertrauensfragen und Misstrauensvoten möglich sind: Die Regierung kann also prüfen, ob sie noch das Vertrauen des Parlaments hat – und das Parlament kann der Regierung das Vertrauen entziehen. Beide Möglichkeiten sind aber kaum eingeschränkt.

Nach dem deutschen Grundgesetz kann dagegen der Bundestag nach Artikel 67 Absatz 1 dem Bundeskanzler nur durch ein sogenanntes konstruktives Misstrauensvotum das Vertrauen entziehen. Die Abgeordneten müssen also im selben Moment, in dem sie dem bisherigen Kanzler ihr Vertrauen entziehen, einen neuen wählen. Bisher ist das einmal geschehen: 1982, beim Regierungswechsel vom Sozialdemokraten Helmut Schmidt zum Christdemokraten Helmut Kohl. Auch die Vertrauensfrage ist in Deutschland genauer geregelt als in Italien: Der Bundespräsident bekommt nach Artikel 68 Absatz 1 das Recht, den Bundestag binnen 21 Tagen aufzulösen, falls die Abgeordneten nicht vorher einen anderen Kanzler wählen.

In Italien sind auch wegen der laxeren Regeln die Hürden für Abgeordnete oder Senatoren grundsätzlich niedriger, der Regierung das Vertrauen zu entziehen. Schon 1946, während der verfassunggebenden Versammlung nach dem Ende des Zweiten Weltkriegs, erkennen mehrere der Väter und Mütter der italienischen Verfassung das Problem und fordern in der Beschlussvorlage des Abgeordneten Tomaso Perassi, die Stellung der Regierung in den Spielregeln der italienischen Demokratie zu festigen. Ein weiterer Verfassungsvater, der Christdemokrat Egidio Tosato, schlägt sogar eine Art konstruktives Misstrauensvotum vor, noch bevor in Deutschland darüber überhaupt diskutiert wird. Aber: Diese Schutzmaßnahmen für die Stabilität der Regierung landen am Ende nicht in der Verfassung.[14]

Noch glitschiger macht den Untergrund für italienische Regierungen das Wahlrecht. Das 2017 verabschiedete, *Rosatellum* genannte Gesetz zur Wahl von Senat und Abgeordnetenhaus begünstigt mit seiner Mischung aus Verhältnis- und Mehrheitswahlrecht eine italienische Spezialität: Schon vor der Wahl bilden mehrere Parteien Koalitionen. Während etwa in Deutschland und Österreich jede Partei für sich zur Wahl antritt und sich die Parteien erst danach auf Koalitionen verständigen, sind in Italien schon auf dem Wahlzettel *coalizioni elettorali* zu finden, Wahlkoalitionen.

Das Problem daran: Diese Bündnisse schließen die Parteien vor allem, um bei der Wahl eine größere Chance auf mehr Sitze zu bekommen. Teilweise fallen die Bündnisse aber schon kurz nach der Wahl wieder auseinander. 2018 ist das passiert: Die rechtsnationale Lega, in einer Koalition mit Silvio Berlusconis Forza Italia und Giorgia Melonis Fratelli d'Italia angetreten, beschließt nach der Wahl, das Bündnis zu verlassen und allein mit den populistischen Fünf Sternen zu regieren.

Häufige Regierungskrisen sind schon seit Jahrzehnten eine italienische Eigenheit. Seit den 1950er Jahren haben in Italien Regierungen teils nur enorm kurze Lebensdauer: Die erste Regierung von Amintore Fanfani ist 1954 nur 22 Tage im Amt, die achte von Alcide De Gasperi im Jahr 1952 nur 32. Mehrere Kabinette der 1950er und 1960er Jahre werden in den Zeitungen »governi balneari« genannt, Badestrandregierungen, weil sie zu Beginn des Sommers gebildet werden und binnen weniger Monate wieder zurücktreten.

Für die Funktionsfähigkeit des italienischen Staats sind so kurzlebige Regierungen aber damals ein deutlich kleineres Problem als heute. Bis 1981 stellt immer dieselbe Partei den Regierungschef: die christdemokratische Democrazia Cristiana (DC), die wechselnde Koalitionen mit einer oder mehreren der anderen Parteien von Liberalen bis Sozialisten eingeht. In den 1980er Jahren führen mit dem Republikaner Giovanni Spadolini und dem Sozialisten Bettino Craxi erstmals Nicht-Christdemokraten die Regierung an, meist in einer *pentapartito* genannten Fünferkoalition. Die einzelnen Regierungskabinette sind wacklig, das gesamte Parteiensystem aber ist stabil.

Der linke italienische Regisseur Nanni Moretti, aufgewachsen und politisch großgeworden in diesem System namens *prima repubblica*, Erste Republik, wird darüber im Rückblick sagen, in diesen Jahrzehnten hätten die Parteien stets offene Gesprächskanäle zueinander gehabt. Auch die größte Oppositionspartei, die stets von Regierungskoalitionen ausgeschlossenen Eurokommunisten des Partito Comunista Italiano und die DC seien zum Dialog fähig gewesen. Italiens Parteien habe die gemeinsame Vergangenheit verbunden: erst die *resistenza*, also der Widerstandskampf gegen die Besatzung durch Nazideutschland und die italienischen Verbündeten, die Anhänger des faschistischen Diktators Benito Mussolini, und dann die gemeinsame Arbeit an der Verfassung.

Ab 1992 aber bricht dieses Parteiensystem zusammen, unter der Last von Filz und Korruption. Staatsanwälte decken in den *tangentopoli* genannten Ermittlungen ein gut geöltes geschlossenes System auf, in dem Unternehmer hohe Summen an Bestechungsgeld zahlen müssen, um an staatliche Aufträge zu kommen, und von dem in unterschiedlich großem Ausmaß alle großen Parteien der *prima repubblica* verdienen, von Christdemokraten über Sozialisten bis Kommunisten. Die Parteien, die das politische Leben im Nachkriegsitalien bestimmt haben, werden bei der Parlamentswahl 1992 abgestraft, die meisten von ihnen werden aufgelöst. Das politische System des Landes liegt in Scherben.

Der Mann, der diese Scherben aufkehrt, heißt Silvio Berlusconi (→ Berlusconismo). 1994 gründet er, dem die drei reichweitenstärksten privaten Fernsehsender im Land gehören, eine eigene Partei namens Forza Italia und triumphiert bei den Wahlen im Frühjahr. Es ist die Geburt der *seconda repubblica*, der zweiten Republik. In der neuen politischen Landschaft sortieren sich fast alle Parteien auf zwei Seiten einer Trennlinie: *berlusconiani* und *antiberlusconiani*, für oder gegen Berlusconi. Der Ton zwischen den beiden politischen Fronten ist schärfer als in der ersten Republik. Wenn Regierungen wackeln oder stürzen, wird es jetzt wirklich kompliziert. Das zeigt sich schon nach wenigen Monaten.

Die erste Regierung Berlusconi, vereidigt im Mai 1994, stürzt schon kurz vor Weihnachten. Staatspräsident Oscar Luigi Scalfaro ernennt 1995 als Notlösung ein *governo tecnico*, eine Expertenregierung unter Führung des Bankiers Lamberto Dini. Italien wird bis Mitte 1996 von Menschen regiert, die zwar vom Parlament das Vertrauen bekommen, die aber vorher nicht bei der Parlamentswahl angetreten sind.

Nach der Jahrtausendwende stabilisiert sich die politische Lage in Italien, zumindest auf den ersten Blick. Berlusconi gewinnt 2001 erneut die Wahl und regiert danach fünf Jahre lang in zwei unterschiedlichen Regierungskoalitionen. Als erster Regierungschef seit den 1950er Jahren hält er eine gesamte Wahlperiode durch.

Danach zeigt sich schnell wieder, wie zerbrechlich das System ist: Nachdem 2006 ein Mitte-links-Bündnis Berlusconi mit hauchdünnem Vorsprung besiegt und der ehemalige EU-Kommissionschef Romano Prodi eine bunte Koalition aus insgesamt zwölf Parteien zusammenzimmert, hält die Regierung nicht einmal zwei Jahre, im Februar 2008 wird sie schon wieder gestürzt. Es gibt Neuwahlen.

Berlusconi gewinnt noch einmal. Drei Jahre später stürzt

er aber über seine Unfähigkeit, mit der Euro-Finanzkrise umzugehen, und über die Enthüllungen zu für ihn organisierten Sexpartys, die seinem Ansehen massiv schaden. 2011, als Berlusconi zum zweiten und letzten Mal während der Wahlperiode stürzt, muss wieder eine Notlösung her: das nächste *governo tecnico*, diesmal unter der Führung des Wirtschaftsprofessors Mario Monti.

Die Regierungsjahre Berlusconis, zwischen 2001 und 2006 und dann nochmals von 2008 bis 2011, sind von einer Vielzahl von Gerichtsverfahren gegen den Ministerpräsidenten selbst und mehrere seiner engen Vertrauten überschattet: unter anderem wegen Steuerbetrugs, Korruptionsdelikten, illegaler Parteienfinanzierung. In mehreren Fällen entgeht er einer Verurteilung, weil die Verbrechen verjährt sind – teils, nachdem seine Regierungsmehrheit die entsprechenden Fristen verkürzt hat. Wegen Bilanzfälschung in zwei Verfahren kann Berlusconi nicht mehr verurteilt werden, weil seine Regierungsmehrheit den Straftatbestand getilgt hat.

Als Reaktion auf die Affären um Berlusconi, den teils schamlos eigennützigen Umgang seiner Regierungsmitglieder mit ihren staatlichen Privilegien und die Straffreiheit vieler Politiker startet 2007 der Komiker Beppe Grillo eine politische Bewegung, aus der 2009 eine neue Partei wird: die Fünf-Sterne-Bewegung (M5S). Der Frust und die Wut über die Sparpolitik der Techniker-Regierung Mario Montis ab 2011 und die erfolgreiche Kommunikation Grillos und seiner Mitarbeiter in Onlinenetzwerken lassen die M5S in Umfragen spektakulär wachsen.

2013 gelingt der M5S, was zwei Jahrzehnte zuvor schon Berlusconi geschafft hat: Sie wirft das Parteiensystem durcheinander. Bei den Parlamentswahlen holt die Partei aus dem Stand gut 25,5 Prozent der Stimmen für das Abgeordnetenhaus und

23,8 Prozent für den Senat. Die neue Kraft zieht ins Parlament mit dem Versprechen ein, es zu öffnen »wie eine Thunfischdose«, sich mit keiner anderen Partei zu verbünden und radikale Transparenz herzustellen.[15] Fünf Jahre später, 2018, landen die Fünf Sterne mit über 32 Prozent sogar auf dem ersten Platz. Von der Protestpartei werden sie zur Regierungskraft: Erst regieren sie mit der rechten Lega, dann mit dem mittig-linken PD, schließlich tragen sie die Einheitsregierung Draghis mit. In einem knappen Jahrzehnt sind die M5S anpassungsfähig geworden. Die Unzufriedenheit eines Teils der M5S-Abgeordneten mit dieser Verwandlung ist einer der Gründe dafür, dass die Partei am Ende den Sturz der Regierung Draghi einleitet.

Die Parteienlandschaft Italiens ist weiter in Bewegung, eine echte Stabilisierung ist auch gut drei Jahrzehnte nach dem Schock von 1992 nicht in Sicht. Die Zustimmung zu Parteien wächst oder schrumpft teilweise binnen weniger Monate drastisch. Im rechten Lager ist die Lega von Matteo Salvini zwischen 2018 und 2019 erst von einem Wahlergebnis um die 17 Prozent auf weit über 34 gewachsen – und bis 2023 wieder auf unter neun Prozent geschrumpft. Die Fratelli d'Italia von Giorgia Meloni sind im selben Zeitraum von einer Vier-Prozent-Kraft zur stärksten Partei Italiens geworden (26 Prozent). Die Fünf Sterne sind zwischen 2018 und 2023 von 32 auf rund 15 Prozent geschrumpft.

Diese Unruhe trägt dazu bei, dass Regierungen leichter stürzen. Parteichefs wie Salvini lassen sich von Höhenflügen wie im Jahr 2019 zu *Papeete*-Manövern verleiten. Parlamentarier von drastisch schrumpfenden Regierungsparteien wie der M5S werden nervös, mucken in der Koalition auf und sprengen im Zweifelsfall die Regierung.

Solche Entscheidungen haben aber auch mit einem weiteren Problem zu tun, das Regierungen in Italien häufig stürzen lässt: die erbärmliche Qualität eines großen Teils der politischen Klasse. Vor allem die rechten Parteien, die nach dem *Tangentopoli*-Erdbeben von 1992 entstanden sind, sind heute sehr stark auf die jeweilige Führungsfigur ausgerichtet: Meloni bei den Fratelli d'Italia, Salvini bei der Lega, Berlusconi bei Forza Italia. In diesen Parteien selbst wachsen aber – anders als etwa in konservativen deutschen Parteien – kaum Führungskräfte nach. Menschen, die in Jugendorganisationen anfangen, dann Erfahrung in der Kommunalpolitik sammeln und dabei vielleicht noch mit Schulungen und Seminaren unterstützt werden.

Stattdessen scharen die Parteichefs vor allem loyale Menschen um sich herum, die sie seit Jahrzehnten kennen. Bei Fratelli d'Italia hat Ministerpräsidentin und Parteichefin Giorgia Meloni ihre Schwester Arianna Meloni zur politischen Sekretärin der Partei ernannt, bei Forza Italia ist nach dem Tod Silvio Berlusconis auf ihn Antonio Tajani gefolgt, 1994 Mitbegründer der Partei und seither treuer und farbloser Gefährte des Chefs.

Beim mittig-linken Partito Democratico ist die innerparteiliche Demokratie stärker ausgeprägt: Die 2023 angetretene Parteichefin Elly Schlein ist per Urabstimmung gewählt worden, an der Stichwahl gegen ihren Konkurrenten Stefano Bonaccini konnten sogar bloße Sympathisanten der Partei teilnehmen. Das Problem beim PD sei aber, sagt der Politikjournalist Luca Misculin von *Il Post*, dass in dieser stark in verschiedene Strömungen gespaltenen Partei bei der Auswahl von Posten die Loyalität zur richtigen Strömung oft mehr belohnt werde als die persönliche Karriere oder die eigenen Fähigkeiten.[16]

Das Qualitätsproblem beim politischen Personal wird in Italien dadurch verschärft, dass die Kandidaten für Parlamentswahlen direkt von der Parteiführung bestimmt und nicht etwa, wie in Deutschland, auf Listenparteitagen von der Parteibasis gewählt werden.

Filippo Ceccarelli, Politikjournalist mit jahrzehntelanger Erfahrung als Parlamentskorrespondent, hat mit Blick auf Politiker wie Lega-Chef Salvini, aber auch den früheren PD-Ministerpräsidenten Matteo Renzi und den Fünf-Sterne-Außenminister Luigi Di Maio geschrieben, für diese drei und für weitere Politiker der *seconda repubblica* sei politisches Handeln vermutlich gleichbedeutend mit Kommunikation. »Vielleicht glauben sie inzwischen, dass politische Macht bedeutet, zu unterhalten, zuzusichern, dass sie dies oder jenes tun werden, eine Grimasse schneiden, eine schöne Geschichte erzählen.«[17]

Fehlende Leitplanken in der Verfassung, falsche Anreize im Wahlrecht, ein Parteiensystem in Bewegung und ein Qualitätsproblem beim politischen Personal: Das sind vier Gründe dafür, warum in Italien die Regierung so oft stürzt. Wer auf die Geschichte der gestürzten Regierungen blickt, auf all die Krisensitzungen, Rücktritte, Neuwahlen, Verhandlungen und Neustarts, sieht aber auch eine Figur, die stabil bleibt. Jemanden, der in aller Regel daran arbeitet, dass dieses schrecklich komplizierte Land politisch weder abdriftet noch auseinanderfällt. Einen Menschen, der die Fäden wieder zusammenführt, wenn überambitionierte Parteichefs ein *papeete* angerichtet haben.

Es ist der italienische Staatspräsident, laut Verfassung Oberhaupt des Staats und oberster Befehlshaber der Armee, gewählt alle sieben Jahre von beiden Parlamentskammern in einer gemeinsamen Sitzung. Seit *tangentopoli* hat Italien 14 Regierungschefs gehabt – aber nur vier Präsidenten: Oscar Luigi Scalfaro, Carlo Azeglio Ciampi, Giorgio Napolitano und Sergio Mattarella.

Die Macht des italienischen Staatsoberhaupts, so schreiben

Staatsrechtler und Journalisten es oft, sei wie eine Ziehharmonika. Zusammengeschrumpft auf Staatsempfänge und onkelig-nette Reden, wenn die Regierung stabil im Amt ist – weit ausgedehnt auf die Rolle des Retters der Nation, wenn die Regierung stürzt und dem Land eine tiefe Krise droht.[18] Seit 1992 ist die Harmonika oft aufgegangen.

Passaparola – Mundpropaganda:

Es ist schwer zu überschätzen, wie heftig der *Tangentopoli*-Skandal die italienische Politik auf Jahrzehnte geprägt hat. Der Zusammenbruch des alten Parteiensystems, der Aufstieg des ersten modernen Populisten Silvio Berlusconi, der Verdacht, dass die Korruption in jeder Ecke des politischen Systems zu finden sei, die wirtschaftliche Stagnation, aus der sich Italien seither nicht mehr befreit hat: Die Spuren der Monate zwischen 1992 und 1994, die Italien durcheinanderwirbelten, sind bis heute zu sehen. Fiktional nacherzählt wird der Beginn dieser Zeit in der 2015 erstmals ausgestrahlten Serie *1992 – Die Zukunft ist noch nicht geschrieben*, bei der Giuseppe Gagliardi Regie führte. Die Idee zu der Serie stammt vom erfahrenen Schauspieler Stefano Accorsi, der auch eine der Hauptrollen spielt. Accorsi verkörpert Leonardo Notte, einen führenden Angestellten von Publitalia, der Werbevermarktungsfirma von Berlusconis Fernsehsendern. Die Serie ist dicht und spannend erzählt – aber es ist hilfreich, die geschichtlichen Hintergründe zu kennen: Wer dieses Kapitel gelesen hat, ist gut gerüstet.

Patron

Warum an Italiens Fußball-Einzelherrschern niemand vorbeikommt

Von links nach rechts: Der Kapitän des AC Parma Lorenzo Minotti, Eigentümer Calisto Tanzi, Trainer Nevio Scala und Präsident Giorgio Pedraneschi. Die vier feiern den Gewinn der Coppa Italia 1991/92, die erste wichtige Trophäe in der Geschichte des Vereins.

La parola – das Wort:

Patron [pa'trɔn] – abgeleitet aus dem Französischen; Organisator von Radrundfahrten und anderen Sportveranstaltungen, aber auch von Festivals, Gesangs- und Schönheitswettbewerben; im Gegenwartsitalienisch aber vor allem: Alleinherrscher eines Fußballklubs, oft in der Doppelfunktion als Eigentümer und Präsident.[1]

La storia dietro la parola – die Geschichte hinter dem Wort:

Ein Wort der Ermunterung an alle Fußballmuffel: Zugegeben, es geht in diesem Kapitel um Fußball. Aber dieses Kapitel ist gerade für Menschen interessant, denen der *calcio* – so wird diese Sportart auf Italienisch genannt – herzlich egal ist. Es geht um Menschen im italienischen Fußballgeschäft, die über den *calcio* hinaus so wichtig sind, dass niemand in Italien an ihnen vorbeikommt. Auch diejenigen nicht, denen Männergruppen egal sind, die auf grünen Rasenrechtecken einem Ball hinterherjagen. Die Geschichte dieser Menschen reicht weit über Viererketten und Flankenläufe hinaus. Sie handelt von Milliardenvermögen, von der Sucht reicher Männer nach Anerkennung, von einem Unternehmer aus der norditalienischen Provinz, der ein paar Jahre lang auf dem Dach Europas steht und dann brutal abstürzt.

Diese Geschichte muss mit Silvio Berlusconi beginnen. Der im Juni 2023 verstorbene, am stärksten umstrittene Italiener der vergangenen drei Jahrzehnte hat wie kein Zweiter die Macht der *patron* verkörpert – der unübersetzbaren Einzelherrscher über italienische Fußballklubs. Bevor er zum mächtigsten Politiker des Landes wurde, zum Menschen, der niemandem mehr egal sein kann, war der 1936 in Mailand geborene Berlusconi ein *patron*. Und was für einer.

Mitte der 1980er Jahre ist Silvio Berlusconi schon einer der bedeutendsten Immobilienunternehmer Norditaliens – und der Mann, der das landesweite Privatfernsehen nach Italien gebracht hat. Millionen Zuschauer schalten täglich auf die drei Sender in seinem Eigentum. *Der Spiegel* nennt ihn im März 1986 »Mailänder Fernseh-Napoleon«.[2] Wenige Wochen später kauft Berlusconi seinen Lieblingsfußballklub, den AC Milan, die in schwarz-roten Heimtrikots spielenden *rossoneri*.

Es ist ein nie dagewesenes Spektakel, vom ersten Tag an: Der neue Klubeigentümer und die Spieler des Milan-Kaders fliegen am 18. Juli 1986 in mehreren Hubschraubern in die im Zentrum Mailands, am Rande des Parco Sempione gelegene Arena Civica ein. Tausende Fans des Klubs warten auf der Tribüne, aus Lautsprechern erklingt Richard Wagners Walkürenritt,[3] *patron* Berlusconi betritt die Bühne wie die Soldaten der US-Armee im Vietnam-Anti-Kriegsfilm *Apocalypse Now*.

Als Berlusconi den AC Milan kauft, ist der Klub weit entfernt von der Spitze im italienischen Fußball. Acht Jahre sind seit der letzten Meisterschaft vergangen, 13 Jahre seit dem letzten europäischen Pokal. Die Mannschaft steht im Schatten des Lokalrivalen Inter Mailand, ist meilenweit entfernt von Juventus Turin, überholt auch vom süditalienischen SSC Neapel mit seinem argentinischen Superstar Diego Armando Maradona. Berlusconi verspricht 1986, aus dem AC Milan »die stärkste Mannschaft der Welt« zu machen.[4] Er hält Wort.

In den sieben Saisons bis zum Sommer 1993 gewinnt *il Milan di Berlusconi* dreimal den italienischen Meistertitel, zweimal den Europapokal der Landesmeister, den prestigeträchtigsten Wettbewerb Europas, und zweimal den Weltpokal, den Titel der besten Mannschaft der Welt. 1993 ist Milan wieder Meister, in der Champions League – dem frisch gegründeten Nachfolgewettbewerb des Europapokals der Landesmeister – scheitert das Team erst im Finale.

Berlusconi festigt sein Image als Italiens Macher schlechthin. Milan spielt den mutmaßlich schönsten und erfolgreichsten Fußball der Welt, dirigiert vom unverschämt modernen Trainer Arrigo Sacchi, getragen von Spielern, die bis heute zu den besten der Geschichte gezählt werden: darunter die Verteidiger Franco Baresi und Paolo Maldini – und die *tre olandesi*, die Niederländer Frank Rijkaard und Ruud Gullit im Mittelfeld und vorne ihr Landsmann, Jahrhundertstürmer Marco van Basten.

Die Saison 1993/94 beginnt für Berlusconis AC Milan etwas holprig, im Dezember aber kämpft sich die Mannschaft zurück an die Tabellenspitze. »Eine starke Mannschaft«, sagt *patron* Berlusconi am 20. Dezember, nach dem letzten Spiel des Jahres, vor Journalisten und: »Ich hoffe, dass sie das im nächsten Jahr wiederholen.« Zwei zu eins hat sein Team gerade gegen Cagliari gewonnen, den Klub aus der Hauptstadt der Insel Sardinien. Die beiden Milan-Tore hat ungewöhnlicherweise Daniele Massaro geschossen, ein Abwehrspieler. Der beginnt sein Interview nach dem Spiel mit zwei Wörtern: »Forza Italia«. Böse Zungen, schreibt der Journalist Nino Sormani für die Zeitung *La Stampa*, glauben, dass er damit Werbung gemacht habe für seinen Chef Berlusconi. Der habe ja »genau diesen Namen für seine neue politische Bewegung gewählt«.[5]

Einen guten Monat später, am 26. Januar 1994, macht Berlusconi öffentlich, was er mit dieser Bewegung vorhat: Er will das Land regieren. Er macht aus Forza Italia eine Partei, mit ihr will er die Parlamentswahl gewinnen. »Ho deciso di scendere in campo«, sagt er in einer rund neunminütigen Videoansprache, die an diesem Winterabend auf allen landesweiten Fernsehsendern zu sehen ist, teils in Auszügen, teils vollständig. »Scendere in campo«, das ist ein Ausdruck aus dem italienischen Sportjournalismus. So wird der Gang der Fußballer aufs Spielfeld genannt, um für den Sieg zu kämpfen. Dazu habe er sich entschlossen, sagt Berlusconi. »Scendere in campo« heißt aber wörtlich auch Hinuntergehen aufs Feld: Berlusconi stellt sich als Mann dar, der aus der Rolle des vielleicht erfolgreichsten Unternehmers Italiens hinuntersteigt in die Niederungen der Politik, sich aufopfert für das Wohl des ganzen Landes – damit alle etwas haben von seinem Erfolg.

Nie zuvor hat ein italienischer Politiker sich so modern im Fernsehen inszeniert. Nie zuvor hat ein *patron* eines Fußballvereins so große politische Pläne verfolgt. Nie zuvor hat ein Kandidat auf das Amt des Regierungschefs Politik und Fußball so stark verknüpft wie Berlusconi. »Forza Italia« ist bis dahin ein Schlachtruf für die italienische Nationalmannschaft, den Linke wie Rechte im Stadion oder vor dem Fernseher brüllen. Nun wird er zum Inbegriff des *berlusconismo* (→ berlusconismo).

Berlusconi verspricht an diesem 28. Januar 1994, das Land aus der tiefen Krise zu führen, in das es Anfang der 1990er Jahre gestürzt ist. Er verspricht ein »neues italienisches Wunder«, wie das Wirtschaftswunder der späten 1950er und frühen 1960er Jahre, an das ein großer Teil der Wähler noch lebendige Erinnerungen hat.

Die nächsten Monate werden für Berlusconi zum Triumph. Der AC Mailand durchläuft die italienische Meisterschaft mit einer rekordverdächtig beeindruckenden Leistung, er bleibt stabil auf dem ersten Platz der Liga und marschiert in der Champions League wieder in Richtung Finale. Am 28. März gewinnt das Mitte-rechts-Bündnis um Berlusconis Forza Italia die Parlamentswahl deutlich und bekommt eine Regierungsmehrheit.

Am 18. April wird der AC Milan italienischer Meister.[6] Am 19. April feiert Berlusconi den Titel mit der Mannschaft im Giannino, einem der bekanntesten, traditionsreichsten und stilvollsten Restaurants von Mailand. Als er die gigantische Torte anschneidet, die für den Sieg zubereitet wurde, ruft er in den Saal: »Wollen wir ganz Italien so werden lassen wie den AC Milan?« Die Feiergäste rufen im Chor zurück: »Jaaaaaa!«[7]

Am 10. Mai wird Silvio Berlusconi erstmals als italienischer Regierungschef vereidigt. Am 18. Mai schlägt der AC Milan den FC Barcelona im Finale der Champions League vernichtend mit 4:0.

Die Erfolgsgeschichte Silvio Berlusconis, der vom Sänger auf Kreuzfahrtschiffen zu einem der einflussreichsten Menschen Europas aufstieg, hat viele unübersetzbar italienische Bestandteile. Eine davon ist die Rolle, die die Fußball-*Patrons* in diesem Land spielen können – eine Rolle mit einer Machtfülle, die etwa in Deutschland unmöglich wäre. In Deutschland sind Fußballklubs traditionell Vereine, gemeinnützige Organisationen, in denen theoretisch jede und jeder Mitglied werden darf und in denen über wichtige Entscheidungen und über die Besetzung wichtiger Posten die Mitglieder demokratisch entscheiden.

Seit 1999 ist in den Statuten der Deutschen Fußball Liga – quasi dem Grundgesetz des deutschen Profifußballs – die sogenannte 50+1-Regel verankert. Sie besagt: Auch dann, wenn Profi-Fußballklubs als GmbH, als Kommanditgesellschaft oder Aktiengesellschaft organisiert sind und Investoren Millionen Euro in diese Firmen stecken, müssen hinter den Klubs weiterhin Vereine stecken. Und: Diese Vereine müssen die Mehrheit der Stimmrechte in den Profiklubs behalten. Die

50+1-Regel soll verhindern, dass Investoren alleine entscheiden können, was mit den Clubs passiert – an den Vereinsmitgliedern vorbei.

In Deutschland wehren sich Fußballfans vehement gegen jeden Versuch, die 50+1-Regel aufzuweichen oder abzuschaffen. In Italien gibt es eine solche Regel nicht – und kaum ein Fußballfan stellt in Frage, dass reiche *patron* wie Könige über ihre Klubs herrschen. *Patron* haben in Italien dank ihres Reichtums das letzte Wort darüber, welche Spieler ein Fußballklub kauft, ob er in ein neues Stadion umzieht – und wie sauber oder schmutzig seine Finanzen sind.

Die Macht der *patron* hat viel mit der Geschichte des italienischen Fußballs zu tun. In den 1920er Jahren beginnt das Ende des 19. Jahrhunderts aus England importierte Ballspiel zum Massenspektakel zu werden. 1926 beschließt das damals herrschende faschistische Regime von Diktator Benito Mussolini ein Regelwerk namens *Carta di Viareggio*: Mit ihm wird erstmals eine einheitliche, landesweite erste Fußballliga eingeführt, die Divisione Nazionale, die zwei Jahre später in Serie A umbenannt wird.[8]

Die Vereine dürfen außerdem erstmals Profiklubs werden, mit hauptberuflichen Fußballspielern. Italien folgt damit auf Österreich – damals eine der stärksten Fußballnationen der Welt –, das den Profifußball als erstes Land auf dem europäischen Kontinent schon 1924 eingeführt hat.[9] Auch in der Schweiz wird der Profifußball 1931 eingeführt.[10] In Deutschland bleibt das Kicken dagegen bis zum Start der Bundesliga im Jahr 1963 zumindest auf dem Papier ein reiner Amateursport.

In Italien beginnt schon in den 1920er Jahren das Kapital reicher Unternehmer in den Fußball zu fließen. 1923 steigt im norditalienischen Turin Edoardo Agnelli, dessen Familie unter anderem der Autobauer Fiat gehört, in den örtlichen Fußballklub Juventus ein – und beginnt, ihn wie eine moderne Firma zu verwalten.[11]

In den Jahrzehnten danach – und vor allem nach dem Wirtschaftsboom Ende der 1950er Jahre – ist Italien dank des Kapitals, das die *patron* in die Klubs investieren, das attraktivste Fußballland Europas. Hier wird der Sport auf dem höchsten Niveau gespielt, hier werden die dicksten Gehälter bezahlt, hier sind die Stadien am vollsten. Hierher wechseln die Superstars aus den großen Fußballnationen – aus Brasilien, aus Argentinien, aus Frankreich und Deutschland.

Silvio Berlusconi ist in all diesen Jahren mutmaßlich der mächtigste aller Fußball-Alleinherrscher. Den italienischen Fußball prägen aber viele weitere *patron*, schillernde Figuren, deren Gesichter im Land bekannter sind als die der meisten Politiker, Schauspieler und Künstler ihrer Zeit. Massimo Moratti, Sprössling einer Dynastie von Erdölraffinerieeigentümern, der den zweiten großen Mailänder Klub, Inter, von 1995 bis 2016 in seinem Eigentum hält und ihn als Präsident leitet. Corrado Ferlaino, Eigentümer und Präsident des einzigen wirklich großen Fußballklubs Süditaliens, des SSC Neapel, dank dessen Investitionen *il Napoli* 1987 und 1990 die Dominanz der Klubs aus dem Norden bricht und die Meisterschaft holt. Franco Sensi, der im Erdölgeschäft reich wird und 1993 den AS Rom kauft und leitet – und der für den Meistertitel von 2001 bis heute in der Hauptstadt verehrt wird. Als er 2008 stirbt, übernimmt seine Tochter Rossella Sensi drei Jahre lang die Führung des Klubs. Frauen in der *Patron*-Rolle sind aber bis heute extrem selten.

Schillernde *patrons* gibt es aber auch in der Provinz, bis weit in die unteren Ligen des italienischen Fußballs: Örtliche Baulöwen, Agrarunternehmer oder Supermarktketteneigner, die ihren kleinen Heimatklub im ländlichen Italien groß herausbringen wollen – und nur selten erfolgreich sind. Manchmal aber gelingen solche Aufstiege.[12] Und auch die wohl dramatischste Geschichte eines *patron*, mit dem grandiosesten Aufstieg und dem brutalsten Absturz, ist außerhalb der größten Städte geschrieben worden.

Diese Geschichte spielt im Westen der Emilia-Romagna, einer der reichsten Ecken Italiens, wo die industrielle Landwirtschaft und insbesondere die Viehhaltung so wichtig sind, dass Kuhmilch hier auch *oro bianco* genannt wird, das »weiße Gold«.[13] Hier, im Herzen der Poebene, liegt Parma. Die Stadt liegt auf der alten Römerstraße Via Aemilia, an der die Großstädte wie Perlen an einer geraden Schnur aufgereiht sind: Piacenza, Parma, Reggio Emilia, Modena, Bologna, Forlì, Cesena und schließlich Rimini an der Adriaküste.

Parma aber sticht heraus, davon sind zumindest viele *parmensi* überzeugt: *Piccola capitale*, kleine Hauptstadt, so wird die Stadt nur halb im Scherz genannt:[14] Aus der Gegend kommt schließlich der große Nationalkomponist Giuseppe Verdi, bis zur italienischen Einheit war das Großherzogtum Parma ein unabhängiger Staat, mit einem Herrscherhaus in der Stadt. Seit Jahrzehnten tragen der Parmesan-Käse und der Parmaschinken ihren Namen in die Welt.

In Turin, Mailand, Rom oder Neapel gilt Parma aber nur als Teil der italienischen *provincia*, abseits der großen Zentren gelegen, eher bieder und spießig. Ganz zu schweigen von Collecchio, der Kleinstadt zehn Kilometer südwestlich von Parma, in der 1938 Calisto Tanzi auf die Welt kommt. Seinem Vater gehört eine kleine Firma für Lebensmittelhandel. Als Calisto gerade 21 Jahre alt ist, erkrankt der Vater schwer, er muss einspringen. Wenig später erweitert Calisto Tanzi die Firma, indem er in Collecchio eine kleine Molkerei eröffnet. 1961 entsteht aus diesem

Betrieb eine neue Firma, die erst Dietalat heißt und dann, ab 1968, Parmalat.

Tanzi setzt früh auf zwei Innovationen, die den Milchmarkt bis heute prägen: Tetrapak-Verpackungen und ultrahocherhitzte Milch, im deutschsprachigen Raum als H-Milch oder UHT-Milch bekannt. Parmalat wächst und wächst, erst zu einem italienischen Großunternehmen, später zu einem Global Player der Milchindustrie. 1990 hat die Firma weltweit 139 Betriebe auf vier Kontinenten mit rund 36 000 Angestellten.

Um die Marke noch bekannter zu machen, steigt Firmenchef Tanzi ins Sport-Sponsoring ein: erst Skirennen, dann Motorsport, schließlich der Fußball. 1987 steigt Parmalat als Sponsor beim Fußballklub der *piccola capitale* ein, dem AC Parma – und ermöglicht dem Team den Aufstieg in die Serie A. 1990 übernimmt Tanzi 92 Prozent der Anteile und wird Präsident. Wie es in einer Dokumentation über den AC Parma des italienischen Sportjournalisten Matteo Marani heißt, ist Tanzi angetrieben von seiner Leidenschaft für den Fußball und dem Willen, aus dem Provinznest Collecchio aufzusteigen in die Crème de la Crème des italienischen Kapitalismus.[15] Der praktizierende Katholik gibt sich einer sündhaft teuren Versuchung hin: dem *calciomercato*, dem Fußball-Transfermarkt.

Er wird zum wohl ehrgeizigsten *patron* Italiens. Tanzi pumpt ab den 1990er Jahren weit über hundert Milliarden Lire – umgerechnet Dutzende Millionen Euro – in den Kader des AC Parma und stellt so eine der stärksten Mannschaften Europas zusammen. Im Tor der Brasilianer Taffarel und später das junge Supertalent Gianluigi Buffon, davor Abwehr-Asse wie Fabio Cannavaro und der Franzose Lilian Thuram, im Mittelfeld Juan Sebastián Verón und im Sturm der Italiener Gianfranco Zola, der Kolumbianer Faustino Asprilla oder der Argentinier Hernán Crespo: In Parma spielen Weltstars, in Mailand, Turin und Rom reiben sie sich die Augen über diese frechen Provinzler.

Dabei legt *patron* Tanzi weiterhin Wert auf Bodenständigkeit: Regelmäßig trainieren die fürstlich bezahlten Kicker im Stadtpark Parco della Cittadella, zwischen Familien mit Kinderwagen und Rentnern, die am Spielfeldrand ihr Panino kauen.

Der AC Parma ist sagenhaft erfolgreich: 1993 gewinnt der Klub seine erste europäische Trophäe, den Pokal der Pokalsieger. Die Sportzeitschrift *Guerin Sportivo* titelt: »Benvenuti in ParMadiso«, willkommen im ParMadies.[16] 1997 schrammt das Team haarscharf an der italienischen Meisterschaft vorbei. 1999 holt der Verein zwei Pokale in einem Jahr: den italienischen Pokal und den Uefa-Cup.

Der AC Parma ist Teil der europäischen Fußballelite, getragen von *patron* Calisto Tanzis Milch-Imperium Parmalat. In italienischen Lebensmittelläden ist an Parmalat-Produkten in dieser Zeit kein Vorbeikommen, von der Milch in der neuartigen blauen Plastikflasche über die Mr.-Day-*Merendine* (→ Merendine) bis zu den passierten Tomaten der Marke Pomì. Parmalat kontrolliert um die Jahrtausendwende insgesamt 300 Firmen und setzt jährlich rund sieben Milliarden Euro um.

Im Dezember 2003 bricht es dann wie ein Blitz aus heiterem Himmel herein über Italien: Parmalat hat kein Geld mehr. Milliarden von Euro fehlen offenbar in den Kassen der Firma, am 6. Dezember erzählt ein Manager in einer Vorstandssitzung, dass die Firma Anleihen im Wert von 150 Millionen Euro nicht bedienen kann. Am 27. Dezember wird Calisto Tanzi verhaftet, der Vorwurf: Insolvenzbetrug.

Der *crac Parmalat* gilt bis heute als eines der schwersten Finanzverbrechen der europäischen Geschichte. Das Loch in der Bilanz der Firma beläuft sich auf unfassbare 14,3 Milliarden Euro. Die Strafverfahren gegen Tanzi und weitere Angeklagte decken ein Kartenhaus aus Luftbuchungen auf, mit denen er und seine Buchhalter ein kerngesundes Unternehmen vorgaukeln – das in Wahrheit von Schulden längst erdrückt wird. Tanzi und die Vertrauten erfinden schlichtweg Vermögenswerte, um die gigantischen Verbindlichkeiten in der Bilanz aufzuwiegen. Sie tun das über Briefkastenfirmen in Steueroasen, mit Tricks wie aus einer Schmierenkomödie. Da ist etwa ein Girokonto mit angeblich 3,9 Milliarden Euro Guthaben, dessen falsche Unterlagen Parmalat-Buchhalter einfach am Bürocomputer erstellt haben, mithilfe eines Scanners und eines Bildbearbeitungsprogramms. Weder das Konto noch die Milliarden haben je existiert.[17] Wie manche Beobachter später schreiben, ist Parmalat schon seit dem Ende der 1980er Jahre »eigentlich bankrott«.[18] Die Frage, wie Aufsichtsbehörden, Politik und Medien die desaströse Lage in einem so riesigen Unternehmen entgehen kann, beschäftigt Italien bis heute.

Calisto Tanzi wird zu insgesamt mehr als dreißig Jahren Haft verurteilt, den Großteil seiner Strafe verbringt er aus gesundheitlichen Gründen unter Hausarrest. Im Januar 2022 stirbt er.

Parmalat wird 2004 durch das *decreto Marzano* gerettet, ein Gesetzesdekret der Regierung unter Ministerpräsident und AC-Milan-*Patron* Berlusconi, durch das die Firma Zugang zu einem gesonderten, für Großunternehmen mit mindestens 500 Arbeitnehmern entwickelten Insolvenzverfahren bekommt und weiter operativ bleibt. Heute gehört Parmalat zum französischen Molkerei-Konzern Lactalis.

Der AC Parma wird in den Monaten nach dem Parmalat-Absturz im Dezember 2003 gerettet. Finanziell durch ein drastisches Sparprogramm, an dem sich auch die meisten Spieler beteiligen. Sportlich durch eine Meisterleistung unter schwierigsten Bedingungen, unterstützt durch die Fans in der *piccola capitale*. Politisch, weil auch der Profiklub unter die Insolvenzmasse fällt, für die das *decreto Marzano* gilt.

Neben Calisto Tanzi stürzen in den Jahren um die Jahrtausendwende weitere *patron* ab. Filmproduzent Vittorio Cecchi Gori, seit 1993 Eigentümer und Präsident des AC Florenz, rutscht mit dem Klub 2002 in die Insolvenz – und wird unter anderem wegen Insolvenzbetrugs rechtskräftig verurteilt. Im selben Jahr fällt der *patron* von Lazio Rom, der Lebensmittelunternehmer Sergio Cragnotti, auch er wird wegen Insolvenzbetrugs verurteilt.

Und dann ist da Luciano Gaucci. 1938 in Rom als Sohn von Kleingrundbesitzern geboren, mit Mitte dreißig Gründer einer Gebäudereinigungsfirma, die binnen zehn Jahren zu einer der größten des Landes aufsteigt. Gaucci versucht erst, seinen Herzensklub AS Rom zu übernehmen, begnügt sich dann aber mit dem AC Perugia, aus der Hauptstadt der Region Umbrien. Er führt den Verein in den 1990er Jahren in die Serie A, Anfang des neuen Jahrhunderts sogar in den Europapokal.

Gaucci einen bunten Vogel zu nennen wäre maßlos untertrieben. Im Juni 2002 verfolgt Gaucci mit Familie und Bekannten vor dem Fernseher das Achtelfinale der Weltmeisterschaft, bei dem Südkorea völlig überraschend Italien aus dem Turnier kegelt. Der Schütze des Siegtors: ausgerechnet Ahn Jung-Hwan, der seit zwei Jahren für Gauccis Perugia in Italien spielt. Nach Abpfiff gibt Gaucci der *Gazzetta dello Sport*, der größten Sporttageszeitung des Landes, wutschnaubend ein Interview. »Ich will ihn nicht mehr sehen«, sagt er, sein »Stolz als Italiener« sei verletzt. Er wolle einen Typen, der »dem italienischen Fußball den Ruin gebracht hat«, nicht länger bezahlen. Ahn wird nie wieder in Perugia auflaufen.[19]

In der Saison 2002/03 schmeißt Gaucci den Spieler Roberto Baronio aus dem Kader – weil der mit seiner Rückennummer

13 der Mannschaft Pech gebracht habe.[20] 2003 verpflichtet er as-Saadi al-Gaddafi, Sohn des libyschen Diktators Muammar al-Gaddafi. Der Sprössling des Gewaltherrschers fängt sich wenige Wochen nach seiner Verpflichtung eine Dopingsperre ein, obwohl er bis dahin keine einzige Sekunde auf dem Platz gestanden hat. Insgesamt wird er nur wenige Minuten in der Serie A spielen – laut Journalist Giacomo Giubilini gibt Gaucci sogar zu, dass es bei dem Kauf nie um sportliche Belange ging. Er habe die »Beziehungen im Mittelmeerraum verbessern« und al-Gaddafi junior – dem damals das staatliche Erdölunternehmen Tamoil und unter anderem sieben Prozent der Anteile an Juventus Turin gehören – »ein bisschen Geld abknöpfen« wollen.[21]

2005 ist auch Gauccis AC Perugia zahlungsunfähig. Der *patron* zieht sich zurück, gegen ihn und zwei seiner Söhne wird wegen Insolvenzbetrugs und Steuervergehen ermittelt. Er flieht in die Dominikanische Republik. 2008 einigt er sich mit der Staatsanwaltschaft und dem Richter auf drei Jahre Haft. Die Strafe wird aber sofort getilgt, weil sie unter den allgemeinen Straferlass fällt, der im Jahr 2006 unter der damaligen Mitte-links-Regierung verabschiedet worden ist.[22] Nach Italien kehrt Gaucci trotzdem nicht zurück. 2020 stirbt er in Santo Domingo.

Die 1990er und 2000er Jahre sind die letzte Hochphase der italienischen *patron* – und es sind die bisher letzten goldenen Jahre des italienischen Fußballs. Die Finanzkrise ab 2008 trifft die italienische Wirtschaft hart, auch einige der reichsten Unternehmer des Landes trennen sich von ihrem Tafelsilber, und für viele *patron* gehört dazu der geliebte Fußballklub. Massimo Moratti verkauft Inter Mailand an einen indonesischen Unternehmer, die Familie Sensi trennt sich vom AS Rom, der inzwischen dem US-Investor Dan Friedkin gehört.

Als kühl und abwesend beschreiben Sportjournalisten im Land immer wieder diese neuen ausländischen Eigentümer. Die *patron* der alten, italienischen Schule sind rar geworden. Umso mehr Achtung wird den noch verbliebenen Alleinherrschern zuteil: dem Norditaliener Antonio Percassi zum Beispiel, früherer Fußballspieler, inzwischen Großunternehmer, dem unter anderem Kosmetik- und Schuhmarken sowie diverse Einkaufszentren gehören. Percassi ist in der Provinz der lombardischen Großstadt Bergamo geboren, als junger Mann hat er für die örtliche Profimannschaft Atalanta gespielt. Mit 25 Jahren beendete er seine Karriere, um Unternehmer zu werden. Seit 2010 ist er Präsident von Atalanta. Unter ihm ist der einstige Mittelfeldklub zu einem Stammgast im Europapokal geworden.

Und natürlich Aurelio De Laurentiis. Aurelio De Laurentiis kommt 1949 als Sohn einer legendären, aus der Region Neapel stammenden Filmproduzenten-Dynastie auf die Welt. Reich wird er durch sein Familienvermögen, aber auch durch den wirtschaftlichen Erfolg der von ihm mitbegründeten Produktionsgesellschaft Filmauro (die unter anderem viele der → Cinepanettone-Filme finanziert).

Im Jahr 2004 kauft er den einst glorreichen SSC Neapel. Der Club ist in eine finanzielle Schieflage geraten, wird aber anders als der AC Parma und Lazio Rom nicht gerettet. Immerhin darf der SSC in der dritten Liga neu starten. De Laurentiis verspricht damals, die Süditaliener binnen fünf Jahren zurück nach Europa zu führen. Die meisten Beobachter halten ihn für verrückt, doch schon 2008 ist Napoli wieder im Uefa-Pokal. 2023 wird der Klub erstmals seit 33 Jahren wieder italienischer Meister, die Stadt verfällt in einen buchstäblich wochenlangen Feiertaumel.

Es gibt sie noch, die *Patron*-Geschichten, auch wenn Italien nicht mehr das Fußball-Schlaraffenland Europas ist, längst überholt von den Ligen in England und Spanien. Beim italienischen Rekordmeister Juventus kontrolliert die Agnelli-Familie bis heute über die Finanzholding Exor sechzig Prozent der Anteile.[23] Die Agnellis üben ihre Macht im Klub aber vergleichsweise diskret aus.

Kein Vergleich natürlich zu Milan-*Patron* Silvio Berlusconi. 2017 ist seine Ära an der Spitze des AC Milan offiziell vorbei, sechs Jahre nach dem desaströsen Ende seiner letzten Regierungszeit als italienischer Ministerpräsident. Berlusconi verkauft den Klub an den chinesischen Unternehmer Li Yonghong – der ihn später an einen US-Investmentfonds veräußert.

Silvio Berlusconi stirbt am 12. Juni 2023. Am Tag darauf marschieren rund zweihundert Menschen, ganz überwiegend Männer und ein paar Frauen, zur Villa San Martino im Mailänder Vorort Arcore, dem Wohnsitz Berlusconis. Die meisten der Männer haben kahlgeschorene Köpfe und baumstarke Oberarme, sie tragen schwarze, kurze Hosen und schwarze T-Shirts, oft mit dem Wappen des AC Milan darauf. Es sind Ultras des Klubs, die engagiertesten der Fans, die umstrittensten Fans. Sie heben die Hände, klatschen, singen. »Un presidente, c'è solo un presidente.« Es gibt nur einen Präsidenten.

Fast alle strecken sie eine Rose in Richtung Himmel.[24]

Passaparola – Mundpropaganda:

In Italien haben viele es versucht: stinkreiche Männer aus der Provinz des Landes, die irgendwann beschließen, viel Geld in den Fußballklub ihrer Heimatgemeinde zu pumpen – um das Team, den Ort und sich selbst ganz groß rauszubringen. Den in vielerlei Hinsicht spektakulärsten Versuch dieser Art, den mit dem am stärksten überraschenden Erfolg, hat der *patron* namens Pietro Rezza mit dem Klub Castel di Sangro unternommen, aus dem gleichnamigen abgelegenen Bergort mit nur gut 5000 Einwohnern in der süditalienischen Region Abruzzen. In der zweiten Hälfte der 1990er Jahre steigt Castel di Sangro in die zweite italienische Fußballliga auf, tritt dort gegen angesehene Klubs wie AC Turin und Sampdoria Genua an. Der US-amerikanische Schriftsteller Joe McGinniss erfährt von dieser Sensation – und beschließt, von Spätsommer 1996 bis Saisonende 1997 in Castel di Sangro zu leben, um die erste Zweitligasaison der Außenseiter mitzuverfolgen. Dieses Jahr hat er in seinem Buch *Das Wunder von Castel di Sangro* zusammengefasst. McGinniss beschreibt seine Faszination und die Abgründe des italienischen Fußballs: Er erzählt von einem kleinen Ort, der hinter elf Fußballern zusammenwächst, aber auch von Feigheit und Machtmissbrauch.

Sanremo

Glanz und Elend der italienischen Popmusik

Der Sänger Domenico Modugno beim Sanremo Musikfestival 1959.
Mit seinem Lied »Piove« gewann er den Wettbewerb.

La parola – das Wort:

Sanremo [san'rɛːmo] – Kurstadt am Mittelmeer mit knapp 53 000 Einwohnern in der nordwestitalienischen Küstenregion Ligurien, rund dreißig Kilometer von der Grenze zu Frankreich entfernt. Berühmt für seine Blumenzuchtbetriebe, als Zielort des Straßenradrennens Mailand – Sanremo und als Standort eines von vier Casinos Italiens, vor allem aber für den alljährlichen Musikwettbewerb in der Stadt, das Festival di Sanremo. Wer in Italien »Sanremo« sagt, meint meistens das Festival.

La storia dietro la parola – die Geschichte hinter dem Wort:

Am Mittwoch, den 8. Februar 2023, drehen sich in Italien die Gespräche an den Tresen vieler *bars*, an Schul- und Werkbänken, an Küchen- und Zugabteiltischen um einen Mann, der Rosen zerfetzt hat. Der Mann heißt Blanco, mit bürgerlichem Namen Riccardo Fabbriconi. Er ist 19 Jahre jung, und auf die langstieligen roten Blumen hat er am Vorabend eingedroschen, während er in einem weißen Anzug auf einer Bühne gestanden hat, am Ende eines Auftritts, der schiefgelaufen ist.

Die Zeitungsausgaben, die Fernsehnachrichten, die Nachrichtenportale und die Social-Media-Feeds sind voll von den Bildern dieser unerhörten Zerstörung. Der Sänger aus Brescia, so viel geben die Aufnahmen des Vorfalls und seine späteren Erklärungen her, hatte Probleme mit seinem In-Ear-Monitoring-Gerät – dem Knopf im Ohr, über den man seine eigene Stimme hört. Weil die Tontechniker das Problem nicht lösen konnten, ging er auf die Blumendekoration los. Vor rund 14 Millionen Zuschauern.[1]

Auf fanpage.it rechnet eine Floristin vor, dass die zerhackte Roseninstallation bis zu 3000 Euro gekostet haben dürfte.[2] Wenige Tage später leitet die Staatsanwaltschaft Ermittlungen wegen des Verdachts auf Sachbeschädigung ein.[3] In der Zeitung *Il Foglio* schreibt Enrico Veronese ironisch überzogen von »Frevel an der Nation«.[4] Die italienische Onlineausgabe der Musikzeitschrift *Rolling Stone* nennt den Vorfall »strage dei fiori«: ein Blumenmassaker[5] – und das in der Blumenzüchter-Hochburg Sanremo.

Der Roseneklat überschattet im Februar 2023 den ersten Abend der 73. Ausgabe des mehrtägigen Festival della canzone italiana, das fast alle nur »Festival di Sanremo« nennen oder einfacher: *Sanremo*. Und wer im Spätwinter 2023 verstehen will, was das unübersetzbare Wort *Sanremo* für Italien bedeutet, dem bietet das Bohei um den Angriff Blancos auf die Rosen auf der Bühne reichlich Belege.

Vor allem zwischen Januar und Februar sind in Italien oft Sätze wie diese zu hören: »Hast du gestern *Sanremo* gesehen?« »Was war dein Lieblings-*Sanremo*?«. *Sanremo* ist ein mehrtägiger Gesangswettbewerb, in dem Künstler ihre Lieder vortragen und dann von einer Jury und den Zuschauern vor dem Fernseher bewertet werden, in fast Jahr für Jahr wechselnden Abstimmungsmodalitäten und Regelwerken. *Sanremo* gipfelt in einem Finalabend, der seit Jahrzehnten an einem Samstagabend stattfindet. Bei manchen Ausgaben gibt es vor dem letzten Abend Vorausscheidungen, in manchen bleiben bis zum Finale alle Künstlerinnen und Künstler im Rennen.

Den Finalabend im Jahr 2023 haben allein im TV-Sender Rai Uno durchschnittlich gut 12,2 Millionen Menschen verfolgt. Das entspricht einer Einschaltquote von 66 Prozent. Hunderttausende weitere waren im Streamingdienst Raiplay dabei. Rund dreißig Millionen Aufrufe hat die Rai schon kurz nach

Ende des Festivals für die einzelnen Videos der Auftritte gezählt.[6] Kein anderes Event, große Fußballturniere ausgenommen, hat in Italien solche Zuschauerzahlen.

Klar, es gibt im Land viele, die *Sanremo* laut Eigenauskunft verschmähen und die das in den Tagen zwischen Mitte Januar und Mitte Februar ihre Mitmenschen besonders gerne wissen lassen. Ihre Haltung belegt aber letztlich vor allem eines: *Sanremo* ist in Italien so groß, dass sich dem Festival bewusst verweigern muss, wer möglichst wenig davon mitbekommen will.

Sanremo wirkt weit über die italienischen Grenzen hinaus: Selbst wer nicht weiß, dass Sanremo existiert, ist oft schon berührt worden von diesem Ereignis. Man muss ja nur hin und wieder eine Pizzeria betreten haben oder eine Eisdiele: Ein großer Teil jener Klassiker des Italo-Pops, die auch Italiensehnsüchtige in Niederbayern oder Nagano mitsummen können, ist in Sanremo erstmals aufgeführt worden.

Sanremo hat eine Wirkmacht wie nur wenige kulturelle Ereignisse in Europa. Dabei sinkt das Festival mindestens zwei Mal in seiner Geschichte so tief, dass es manchen Beobachtern als todgeweiht gilt. Die Geschichte dieses Festivals – für das sich in Italien ausgerechnet der aus dem Niederländischen stammende Ausdruck »kermesse« eingebürgert hat[7] – ist in gut sieben Jahrzehnten ähnlich verlaufen wie die Straßen, die von den Strandpromenaden dieser Kleinstadt aus nach Norden führen, in die Örtchen an den Hängen der Ligurischen Alpen: bergauf, bergab, bergauf, bergab. Und dann noch einmal bergauf, auf die spektakuläre Höhe, in der sich *Sanremo* am Anfang der 2020er Jahre befindet.

Die Geschichte beginnt bald nach dem Zweiten Weltkrieg, in den Jahren der Beschwerlichkeit und Aufbruchslust zwischen 1945 und dem Beginn der 1950er Jahre. Am Anfang steht ein Plan für das Casino in der Stadt. Die fetten Jahre des

1905 gegründeten Glücksspielpalasts sind damals vorbei. Die Stadt Sanremo bildet Ende der 1940er Jahre eine Expertenkommission, die den Fremdenverkehr in der Stadt nach den Kriegsjahren wiederbeleben soll. Zu ihr gehört ein gewisser Amilcare Rambaldi. Er hat die Idee, im Casino von Sanremo ein internationales Musikfestival stattfinden zu lassen, damit Menschen dort möglichst viel Zeit verbringen. Glenn Miller, Cole Porter, Duke Ellington, George Gershwin, diese Namen seien ihm damals durch den Kopf geschossen, wird Rambaldi später erzählen.[8] Aber als Pier Bussetti, dem Leiter des Casinos, Rambaldis Idee zu Ohren kommt, will er daraus einen Wettbewerb machen – ausschließlich für italienische Musik. Rambaldi holt Radioautor und Jazzmusik-Fan Angelo Nizza dazu, der Musikwettbewerb nimmt Form an.

Am Montag, den 29. Januar 1951, beginnt die erste Ausgabe des Festivals. Nur drei Acts stehen auf der Bühne: Sängerin Nilla Pizzi, das Duo Fasano, bestehend aus den Zwillingsschwestern Dina und Delfina Fasano aus Turin, und Achille Togliani, dem in diesen Jahren eine Affäre mit einer jungen, aufstrebenden Schauspielerin namens Sophia Loren nachgesagt wird. Insgesamt zwanzig Lieder sollen die Teilnehmer vortragen. Das Publikumsinteresse ist bescheiden: Als Moderator Nunzio Filogamo gegen 22 Uhr den Abend eröffnet, sitzen die Menschen im Festsaal des Casinos an ihren Cafétischen, einige von ihnen verzehren ihr Abendessen, zwischen den Tischen huschen Kellner vorbei. Die Organisatoren haben Mühe damit, alle Plätze zu besetzen.[9]

Schon ab dieser allerersten Ausgabe hat das Festival von Sanremo aber drei Eigenheiten, die schnell seinen Erfolg befeuern: Erstens sehen die Wettbewerbsregeln vor, dass alle Songs vor dem Festival unveröffentlicht bleiben. Zweitens müssen sie auf Italienisch gesungen werden. Drittens wird *Sanremo* live übertragen, schon 1951. Damals freilich nur im Radio, das nationale Fernsehprogramm der öffentlich-rechtlichen Sendeanstalt Rai beginnt erst drei Jahre später. Die Stimme von Moderator Filogamo und die Lieder der Festivalteilnehmer sind landesweit auf der Rete Rossa zu hören, einem der beiden nationalen Rai-Sender. Die erste *Sanremo*-Siegerin ist Nilla Pizzi. Ihr Lied heißt »Grazie dei fiori«, Danke für die Blumen, eine bittersüße *canzone d'amore* über den letzten Blumenstrauß des verflossenen Geliebten.

Die Dominanz der Liebeslieder, das ist die vierte Eigenschaft von *Sanremo*, die dem Festival von der ersten Ausgabe 1951 an bis heute geblieben ist. In den siebzig *Sanremo*-Ausgaben bis 2021 komme das Wort »amore« in 1031 vorgetragenen Songs vor, sagt der Musikjournalist Gino Castaldo in seinem Podcast »Babilonia Sanremo«.[10] Über die gesamten 1950er Jahre besingen die Teilnehmer die Liebe aber nur so, dass selbst der frömmste Dorfpfarrer beim Zuhören möglichst nicht vom Stuhl aufschreckt. »Tutte le mamme« heißt das Lied, mit dem bei *Sanremo* 1954 Giorgio Consolini und Gino Latilla gewinnen. Sie besingen »alle Mütter der Welt«, die »Schönheiten von tiefer Güte« seien, die aus »Träumen, Verzicht und Liebe« bestehe. Und das Gesicht solcher Frauen, das aussehe wie »das Bild einer Madonna«.

Das *Sanremo* dieser Anfangsjahre ist eingebettet in das Italien der Zeit. In ihm können Ehen nicht legal geschieden werden. Ein Mann, der seine untreue Ehefrau oder die Schwester in einer unehelichen Beziehung ermordet, wird von der Justiz in aller Regel nur mild bestraft: Für einen »Ehrenmord«, das *delitto d'onore*, gelten in Italien noch bis 1981 mildernde Umstände.[11]

In den 1950er Jahren wollen die katholische Kirche und die staatstragende christdemokratische Dauerregierungspartei Democrazia Cristiana (DC) Italien zum Bollwerk dessen machen, was sie für die westlich-christliche Moral halten – gegen die Gefahr der gottlosen, aber stärksten kommunistischen Partei Westeuropas: Der Partito Comunista Italiano holt beständig Wahlergebnisse über zwanzig Prozent, in Regionen wie der Emilia-Romagna und der Toskana ist er die stärkste Kraft.[12] Kirche und DC schaffen aus Furcht um die eigene Macht ein »Klima der sprachlichen Keuschheit«, wie es der Historiker Silvio Lanaro beschreibt.[13] In *Sanremo* werden die kitschig-süßen Früchte dieser kulturpolitischen Aussaat sichtbar.

Während in Frankreich verruchte Künstler wie Georges Brassens und Juliette Gréco ihren Aufstieg beginnen, dominieren – eine knappe Autostunde von der Côte d'Azur entfernt – beim Sanremo-Festival der ersten Jahre »Lieder, die vor patriotischen Anspielungen auf die Tagespolitik triefen (›Vola colomba‹, 1952), lasche und ängstliche Satire (›Papaveri e papere‹, 1952), zweideutige Lobeshymnen auf das Bergsteigen (›Vecchio scarpone‹, 1953), [...] schäbige Aufrufe zur Obrigkeitshörigkeit (›Arriva il direttor!‹, 1954), dahingestammelter und unfreiwilliger Nonsense (›Casetta in Canadà‹, 1957)«.[14] Küsse, schreibt Lanaro, seien in dieser *Sanremo*-Anfangszeit »im Allgemeinen verboten«. Das Siegerlied des ersten Festivals, »Grazie dei fiori« von Nilla Pizzi, sieht er als Ausdruck dafür, dass »die Liebe nur zugelassen wird, um daran zu erinnern, dass sie oft schlecht endet«.

Die konservativen Liedtexte stehen nicht im Widerspruch zum technischen Fortschritt. 1955 wird *Sanremo* erstmals im Fernsehen übertragen und damit endgültig zu einer nationalen Institution.[15] Kirche und Christdemokraten versuchen in dieser Zeit, die Modernität der Nachkriegsjahrzehnte »zu betäuben, indem sie deren technische Mittel nutzen«, wie Lanaro schreibt. Ab 1958 aber bricht diese eingeschläferte Modernität durch. In den fünf Jahren danach, die bis heute als Kernzeit des *boom economico* im gesellschaftlichen Gedächtnis Italiens verankert sind, verwandelt sich das Land in vielen Bereichen auf drastische Weise. Auch in *Sanremo* wird das sichtbar.

1958 gelingt Domenico Modugno, einem gerade dreißig Jahre alt gewordenen Sänger, Schauspieler und Theaterautor aus dem apulischen Polignano a Mare, ein revolutionärer Erfolg: Als erster Künstler führt er, im weißen Jackett und mit einem dünnen Schnauzbart im Gesicht, auf der Bühne im Casino von Sanremo ein von ihm selbst geschriebenes Lied auf. »Nel blu dipinto di blu« ist eine Revolution, weil Modugno der erste *cantautore* ist, der erste Singer-Songwriter italienischer Art, der in *Sanremo* auftritt. Aber auch, weil das Lied mit seiner spielerisch-beschwingten Melodie und seinem surrealen Text vom Sänger und Ich-Erzähler, der sich sein Gesicht blau anmalt und dann in den Himmel entschwebt, »wahnsinnig modern« ist, wie der Musikjournalist Eric Pfeil schreibt.[16]

Als Domenico Modugno in *Sanremo* zum ersten Mal den Refrain mit den Worten »Volare o-oooo, cantare o-o-o-ooo« anstimmt, läutet er die Ära des modernen italienischen Liedes ein. Sein Song ist »die Ursuppe, die Grundsoße des modernen italienischen Pop«.[17] Sein *Sanremo*-Auftritt ist revolutionär erfolgreich. Er ist der erste Festivalgewinner, der an der ligurischen Küste eine Weltkarriere startet. Modugno gewinnt nicht nur den Wettbewerb, »Nel blu dipinto di blu« wird anschließend zum ersten Welthit Nachkriegsitaliens. Modugno tingelt mit ihm durch die USA, verkauft weltweit 22 Millionen Schallplatten und gewinnt unter anderem drei Grammys. »Modugno hat Amerika erobert«, schreibt im August 1958 die Zeitschrift *L'Espresso*.[18]

Für das Festival markiert dieser spektakuläre Hit den Abschied von der Alleinherrschaft der schnulzig-harmlosen Lieder der Anfangsjahre. In den Jahren nach 1958 beginnen hier die Karrieren von Stars der *musica leggera*: des Italo-Pop, mit dem bis heute italienische oder sich italienisch gebende Lokale von Auckland bis Aschaffenburg beschallt werden. Allein beim Festival von 1961 treten erstmals Adriano Celentano (»24 mila baci«), Milva (»Il mare nel cassetto«), Mina (»Le mille bolle blu«), Gino Paoli (»Un uomo vivo«) und Giorgio Gaber (»Benzina e cerini«) auf.

1964 stoßen die Festivalmacher das Fenster zur Welt dann – zumindest für die Verhältnisse des damaligen Italiens – sperrangelweit auf: Bei der vom enorm populären Showmaster Mike Bongiorno moderierten Ausgabe dürfen erstmals auch nichtitalienische Künstlerinnen und Künstler an der Seite italienischer Künstler auftreten, was in den Jahren danach unter anderem Peggy March, Peter Kraus und Udo Jürgens für Auftritte nutzen. Die Internationalisierung von *Sanremo* wird später wieder zurückgefahren: Ausländische Künstler bekommen seither zwar Gastauftritte vor Millionenpublikum, nehmen aber kaum mehr am Wettbewerb teil. Doch der Internationalisierungsschub in der Mitte der 1960er Jahre verändert das Festival auf Jahrzehnte.

1966 bekommen Beat-Künstler unerhört viel Raum auf der Bühne: die Yardbirds und die Renegades aus Großbritannien, Françoise Hardy aus Frankreich, Equipe 84 aus Modena im reichen Herzland der Poebene. Caterina Caselli sichert sich mit »Nessuno mi può giudicare« den zweiten Platz – einem Song, der ganz offensichtlich beeinflusst ist von den Beatles und den Rolling Stones. Und dessen Text von einer Frau, die sich verbittet, von ihren Mitmenschen in Schubladen gesteckt zu werden, ein drastisch anderes Frauenbild vermittelt als die *Sanremo*-Schmachtfetzen der 1950er Jahre.

Im selben Jahr singt Adriano Celentano mit »Il ragazzo della

Via Gluck« in *Sanremo* den ersten ausdrücklich politischen Song, ein Klagelied über die Nebenwirkungen des *boom economico*, die rasante Zubetonierung der *periferie* rund um die italienischen Städte und Städtchen, die Wohnraum für Millionen schafft, aber auch Grünflächen vernichtet. *Sanremo* wird von einer harmlos-verkitschten Revue für *benpensanti* (die italienische Version der Spießer) zu so etwas wie dem *specchio del paese*: einem Spiegel, in dem sich die Aufbruchstimmung, die Öffnung zur Welt, die Lust auf Neues zeigen, die in den 1960er Jahren einen großen Teil der italienischen Gesellschaft prägen.

Der Aufwärtstrend endet auf furchtbare Weise. 1967 tritt Luigi Tenco, 28 Jahre alt und einer der talentiertesten *cantautori* Italiens, mit dem von ihm geschriebenen »Ciao, amore ciao« in *Sanremo* auf: einer Ballade, in der er über die Verlorenheit im rasanten Wandel des Boom-Italiens singt. Bei der Ausgabe von 1967 gibt es Vorausscheidungen – und Tencos Lied wird vor dem Finale aus dem Wettbewerb gewählt.

In der Nacht auf den 27. Januar erschießt sich Luigi Tenco in seinem Zimmer mit der Nummer 219 im Hotel Savoy. Im Raum wird ein Abschiedsbrief gefunden, in dem vom italienischen Publikum zu lesen ist, das er, Tenco, »sinnloserweise« geliebt habe, von einem »Akt des Protests« gegen eine Jury, die das von Orietta Berti gesungene seichte Liebeslied »Io, te e le rose« ins Finale wähle.[19]

Am Morgen danach fordert Tata Giacobetti, Mitglied des teilnehmenden Gesangsquartetts Quartetto Cetra, in einem Telegramm an das italienische Tourismusministerium, das Festival abzubrechen, und beklagt die zunehmende Kommerzialisierung, die zu Tencos Suizid geführt habe. Aber *Sanremo* geht einfach weiter. Wenige Stunden nach dem Tod ihres Mitwettbewerbers stehen die Künstler schon wieder für ihre Proben auf der Bühne.[20] Am Finalabend spricht Moderator Bongiorno ungerührt davon, dass in diesem Jahr so besonders viele junge Künstler und *cantautori* aufgetreten seien – ohne den seit kaum zwei Tagen toten Tenco auch nur zu erwähnen.[21]

In den Jahren nach Tencos Tod halten die *Sanremo*-Organisatoren das Fenster weiter geöffnet für die Neuigkeiten, die Italiens Musikbranche prägen. Zwischen 1968 und 1973 nehmen in *Sanremo* die Karrieren des späteren Weltstars Al Bano (»La siepe«, 1968) und von *cantautori* wie Lucio Battisti (»Un'avventura«, 1969) Lucio Dalla (»4/3/1943«, 1971, und »Piazza grande«, 1972) und Roberto Vecchioni (»L'uomo che si gioca il cielo a dadi«, 1973) an Fahrt auf. Die Kritik an der Kommerzialisierung und der angeblichen Oberflächlichkeit aber bleibt laut. Pier Paolo Pasolini, einer der wütendsten und strahlkräftigsten linken Intellektuellen dieser Zeit, schreibt in der Wochenzeitung *Tempo Illustrato*, *Sanremo* und die dort dargebotenen Lieder seien »etwas, das eine Gesellschaft dauerhaft entstellt«. Aber, jammert Pasolini, in Italien würden alle die »erbärmlichen 20 000 Lire« für die Eintrittskarte zum Festival bezahlen.[22]

In den 1970er Jahren aber verliert der Magnet *Sanremo* an Anziehungskraft. Während das gesamte Land nach dem Boom in eine beängstigende Krise aus für europäische Verhältnisse beispielloser politischer Gewalt (→ Dietrologia), einer tiefen Wirtschaftskrise und einer jährlichen Teuerungsrate von teils über zwanzig Prozent abrutscht,[23] fährt der öffentlich-rechtliche Rundfunk Rai – damals noch Monopolist im nationalen Fernsehen – seine *Sanremo*-Übertragungen zurück. Ab 1973 ist nur noch der Finalabend zu sehen.

Wie der Musikkritiker Gianni Borgna schreibt, werden die Auftritte ab dieser Ausgabe mehr und mehr zu einem »Triumphzug weiblicher Brüste und Schenkel«, mit Songtexten über sexuelle Fantasien, die »jeden Produzenten von Softpornos nach italienischem Geschmack glücklich machen würden«.[24] Doch die Wette auf schwülstige Männerfantasien geht nicht auf: 1974 werden von den Festivalsongs gerade einmal 100 000 Platten verkauft, kaum mehr als von denen des ersten *Sanremo* von 1951. 25 Jahre später, 1976, nimmt der künstlerische Leiter Vittorio Salvetti dem Festival auch noch einen großen musikalischen Reiz: Die Musik wird erstmals nicht mehr von einem Liveorchester aufgeführt, sondern vom Band abgespielt. Verschärfend hinzu kommt das junge Privatfernsehen, das am *Sanremo*-Finalabend die Zuschauer wegzieht. *Sanremo* hält das Land nicht mehr im Bann. 1979 – zehn Jahre nach Pasolinis Tirade gegen das Festival – spottet der junge Linksintellektuelle Michele Serra in der Zeitung *L'Unità*, mittlerweile habe wirklich jede TV-Show im Privatfernsehen mehr Wert als *Sanremo*.[25]

In dieser Krisenzeit zieht das *Sanremo*-Spektakel um, vom Casino in Sanremo ins Teatro Ariston, mitten in den engen Straßen der Altstadt. Die Macher experimentieren mit dem Format, die Moderatoren nehmen mehr Raum ein. Gegen Ende der 1970er Jahre finden die vorgestellten Songs wieder mehr Zuhörer. Die Lieder auf Platz zwei und drei der Ausgabe von 1978 werden zu Kassenschlagern: »Un'emozione da poco« von Anna Oxa und »Gianna« von Rino Gaetano. *Sanremo* hat die Talsohle durchschritten, langsam geht es wieder bergauf.

Mit Beginn der 1980er Jahre nähert sich *Sanremo* wieder mit wachsendem Erfolg dem Geschmack der Menschen in Italien an. Es sind die Jahre des *riflusso*, des massenhaften Rückzugs aus der Politik und ins unideologische Vergnügen. Parteien und Gewerkschaften verlieren Mitglieder, gleichzeitig erlebt das Land einen unverhofften (und mit massiven neuen Staatsschulden gedopten) Wirtschaftsaufschwung. Idole dieser Zeit sind Unternehmer wie der aufstrebende Immobilien- und Medienmagnat Silvio Berlusconi. Die Wirtschaftsmetropole Mailand wird zur *milano da bere*, dem Ort, an dem sich Italien am sichtbarsten vom Industrie- zum Dienstleistungsland verändert. Die Stadt, in der die Menschen am lautesten die Lust am Konsum feiern.

1981 schafft *Sanremo* ein spektakuläres Comeback: Die Rai überträgt wieder das gesamte Festival, insgesamt fast achtzig Millionen Zuschauer wollen die drei Abende live sehen.[26] Das Festival wird in diesem Jahr zur Hitfabrik: »Per Elisa« von Alice, Loretta Goggis »Maledetta primavera« und »Sarà perché ti amo« von Ricchi e Poveri können bis heute Millionen Italienerinnen und Italiener mitträllern. Gleiches gilt für »L'italiano« von Toto Cutugno, das bei *Sanremo* 1983 auf dem fünften Platz landet und wenige Monate nach dem ausgiebig gefeierten Sieg bei der Fußballweltmeisterschaft in Spanien zur inoffiziellen Pop-Nationalhymne auf das Land der *spaghetti al dente* und des Partisanen-Staatspräsidenten Sandro Pertini wird.

1984 beginnt die erste Ära von Pippo Baudo, dem sizilianisch-römischen Entertainer, der *Sanremo* bis heute so oft präsentiert hat wie kein anderer. Damals findet erstmals ein separater Wettbewerb für Nachwuchskünstler statt, *Sanremo* wird zur Talentschmiede. Die Wertung gewinnt ein zwanzigjähriger Römer namens Eros Ramazzotti mit seinem Lied »Terra Promessa«, in dem er sich zum Sprecher einer jungen Generation aufschwingt, die besessen ist von den USA und von einer einfacheren Zukunft träumt. In den 1980er Jahren wird *Sanremo* zum Karrieresprungbrett für Künstler, die heute zum italienischen Pop-Olymp gehören: Vasco Rossi, Zucchero, Fiorella Mannoia. Die Plattenfirma des Italo-Pop-Duos Righeira lässt die Künstler damals wissen, dass ein Auftritt in *Sanremo* für sie »unverzichtbar« sei.[27]

In diesen Jahren bekommt außerdem das Fernsehpublikum

die Möglichkeit, mit abzustimmen. *Sanremo* wird wieder zu einem Lagerfeuer der Nation. 1987 stellt das Quotenmess-System Auditel am Finalabend für den Sender Rai Uno ein Allzeithoch von 18,3 Millionen Zuschauern und eine Einschaltquote von 77,5 Prozent fest[28] – trotz der inzwischen bärenstarken Konkurrenz der Privatsender im Eigentum Silvio Berlusconis.

Die Erfolgsstrecke für *Sanremo* geht weiter, auch in den 1990er Jahren. In *Sanremo* beginnt eine weitere Generation junger Musiker ihre jahrzehntelange nationale oder internationale Karriere: Laura Pausini, Biagio Antonacci, Andrea Bocelli, Giorgia. In der ersten Hälfte der 1990er Jahre ist die Bühne Schauplatz ausdrücklich politischer Auftritte: Es sind die Jahre, in denen Italien an den Rand des politischen und wirtschaftlichen Abgrunds schlittert: Mailänder Staatsanwälte decken den gigantischen *Tangentopoli*-Skandal auf, unter dem das italienische Parteiensystem der Nachkriegsjahrzehnte zusammenkracht. Die Finanzmärkte verlieren ihr Vertrauen in Italien, die in den 1980er Jahren angehäuften Schulden werden für den Staat so existenzbedrohend, dass die Regierung 1992 über Nacht 0,6 Prozent von jedem Bankguthaben des Lands einzieht.[29] Die Mafia erschüttert das Land mit Bombenattentaten von Palermo über Florenz bis Mailand, bei denen die Richter Giovanni Falcone und Paolo Borsellino sowie 19 weitere Menschen getötet werden. Bei *Sanremo* 1994 besingt Giorgio Faletti in »Signor tenente« den Alltag sizilianischer Polizisten, die für einen lächerlichen Lohn ihre Knochen für einen Staat hinhalten müssen, der sie nicht beschützt. Enzo Jannacci und Paolo Rossi machen sich in »I soliti accordi« über die Politiker Luft, die trotz Drecks am Stecken aus diesem Sturm unbehelligt herauskommen.[30]

Sanremo ist in diesen Jahren so fest in der Popkultur verankert, dass es zum selbsterklärenden Begriff wird: »Perché

Sanremo è Sanremo«, weil *Sanremo* eben *Sanremo* ist, so heißt die Titelmelodie der Ausgaben 1995 und 1996, in der der Autor Rudy Neri feststellt, dass kaum jemand etwas dagegen tun kann, sich beim Festivalgucken Jahr für Jahr in einen *ritornello scemo* zu verlieben, einen dämlichen Refrain. Das *pubblico dell'Ariston*, die spezielle Elite des *Sanremo*-Saalpublikums, wird zum feststehenden Ausdruck.

Nach der Jahrtausendwende aber bröckelt das Fundament, auf dem der Erfolg von *Sanremo* steht. Aus den Ausgaben 2000 und 2001 gehen noch reihenweise Chart-Hits hervor: Monatelang spielen die beliebtesten Radiosender »La tua ragazza sempre« von Irene Grandi, »Luce« von Elisa und »Salirò« von Daniele Silvestri. Dann aber verliert *Sanremo* merklich den Bezug zum Musikgeschmack der 2000er Jahre – und das italienische Publikum drastisch an Interesse für das Festival. 2004 wird eine *Sanremo*-Übertragung erstmals von der Konkurrenz überholt: Am 4. März schalten mehr Zuschauer bei der italienischen Version der Reality-TV-Sendung *Big Brother* ein als beim Festival. 2008 erreicht *Sanremo* den tiefsten je gemessenen Punkt in Sachen Publikumsinteresse: Nur gut jeder Dritte Fernsehzuschauer interessiert sich für die Ausgabe, beim Finale schauen weniger als zehn Millionen Menschen zu, die Songs hinterlassen kaum Spuren.

2010 schafft es der Song »Italia amore mio« auf den zweiten Platz: ein Lied, das Schlagerveteran Pupo, Opernsänger Luca Canonici und Emanuele Filiberto di Savoia vortragen, der älteste Enkel des letzten italienischen Königs – und das »fast einhellig als schrecklich beurteilt wurde«, wie Journalist Luca Misculin Jahre später schreiben wird.[31]

Anfang der 2010er Jahre ist *Sanremo* in seiner Existenz bedroht. In der Zeit des beginnenden Erfolgs von Video- und Audio-Streamingplattformen wie Netflix und Spotify erscheint es schwer vorstellbar, dass dieses im linearen Fernsehen übertragene Musikfestival, das weitgehend abgekoppelt scheint von den künstlerischen Trends der Gegenwart, seiner lähmenden Uncoolness noch einmal entsteigt.

Aber es klappt. 2013 übernimmt der erfahrene Fernsehmoderator Fabio Fazio sowohl die Moderation als auch die künstlerische Leitung von *Sanremo* und erklärt, Künstler auf die Bühne bringen zu wollen, die für den »Sinn der Musik von heute« stehen.[32] Ska, Indierock und Elektronik finden ihren Eingang in den Hauptwettbewerb von *Sanremo*. Beim Festival 2016 nehmen nach langer Zeit wieder große Karrieren ihren Anfang: Mahmood, Francesco Gabbani, Ermal Meta treten im Jugendwettbewerb auf, gewinnen in den folgenden Jahren *Sanremo* und werden zu Größen im italienischen Popgeschäft.

Unter der Leitung erst von *Cantautore*-Legende Claudio Baglioni und dann ab 2020 des erfahrenen Entertainers Amadeus wird *Sanremo* wieder zu einem medialen Lagerfeuer der italienischen Nation, das sogar der Coronapandemie trotzt: 2021 findet das Festival ohne Saalpublikum statt und erobert überraschenderweise massenhaft neue Zuschauer in der Altersgruppe bis 24.[33] 2022 erreicht *Sanremo* die höchsten Zuschauerzahlen seit zwei Jahrzehnten und hält auch im Jahr danach das Niveau.

Wie das erstaunliche Erfolgsrezept von *Sanremo* aussieht, lässt sich etwa bei der Ausgabe von 2023 beobachten. Da sind die wenigen Elemente, die seit Jahrzehnten gleich sind: nur unveröffentlichte Songs auf Italienisch; das Teatro Ariston als sagenumwobene Bühne, mit seiner ewig langen Treppe, die immer wieder zur Stolperfalle wird. Die musikalische Qualität ist inzwischen zumindest teilweise wieder von bemerkenswert hohem Niveau: Dazu trägt das Liveorchester bei, das seit den 1990er Jahren wieder alle Songs begleitet. Die hohe Qualität zeigt sich seit Jahren auch beim Eurovision Song Contest, der einst nach dem Vorbild von *Sanremo* entstanden ist (an dem Italien aber ab 1998 und bis in die 2010er Jahre nicht teilnahm). Seit 2015 misst sich *Sanremo* wieder mit den Musikszenen des restlichen Europas und schneidet dramatisch besser ab als etwa das notorisch ans Tabellenende verbannte Deutschland.

Die Abende des Wettbewerbs sind so aufgebaut, dass alle Altersgruppen von Rentnern bis Generation Z Glücksmomente erleben: von einem Dreierauftritt der unermüdlichen Italo-Pop-Rentner Al Bano, Massimo Ranieri und Gianni Morandi bis hin zur Performance des genderfluiden Rappers Rosa Chemical, der Fußfetisch und genussvollen Sex besingt und mit seinem Hintern auf dem Schoß von Co-Moderator Fedez twerkt.

Bei *Sanremo* verschmelzen das Fernsehspektakel, Onlinenetzwerke und neue Medienformate: Millennial-Comedian Valerio Lundini kommentiert in einer auch als Podcast veröffentlichten Radiosendung die Abende mit genialischem Nonsense. Das sagenhaft erfolgreiche neapolitanische YouTube-Kollektiv The Jackal lädt Abend für Abend *Sanremo*-Specials auf seinen Kanal und kommentiert das Geschehen auf der Bühne in Echtzeit auf Instagram mit frischen Memes. Wer seit den 1990er Jahren in Italien gelebt hat, kann leicht verzweifeln angesichts der Schwerfälligkeit und des klebrigen Stillstands in vielen Bereichen. Bei *Sanremo* aber lässt sich seit ein paar Jahren wieder erkennen, welches schöpferische und innovative Potenzial in diesem Land schlummert.

Und das »Blumenmassaker« von 2023? Die Staatsanwaltschaft hat ihre Ermittlungen gegen den wütenden Übeltäter Blanco im Frühjahr wieder eingestellt. Die Gründe für diese Entscheidung? In der Meldung der Nachrichtenagentur Ansa steht dazu: »streng vertraulich«.[34]

Seit 1951 ist keine einzige Ausgabe von *Sanremo* ausgefallen.

Passaparola – Mundpropaganda:

Wer versucht, Italien über italienische Musik zu erzählen, tappt schnell in Klischeefallen: *amore,* Sonne, Leichtigkeit. Der deutsche Musikjournalist Eric Pfeil zeichnet in seinem 2022 erschienenen Buch *Azzurro. Mit 100 Songs durch Italien* dagegen, von den *canzoni* ausgehend, präzise wie unterhaltsame Skizzen von Teilen der italienischen Realität von gestern und heute. Jedes Kapitel ist einem von 100 italienischen Songs gewidmet. Teils sind es weltweit bekannte Gassenhauer, teils selbst in Italien fast nur bei Experten bekannte Lieder: von Luca Carbonis »Mare Mare«, in dem Pfeil das Verhältnis vieler Italiener zum Strand anreißt, bis zu den Songs der Schwestern Loredana Bertè und Mia Martini, über die er vom harten Kampf italienischer Frauen gegen ihre Benachteiligung erzählt. *Sanremo* erwähnt Pfeil in seinem Buch 80 Mal, wie sollte es anders sein.

Anhang

Anmerkungen

Autogrill – Das Tor zu Italien

1 Vgl. den Eintrag in der Onlineausgabe des Wörterbuchs Treccani: https://www.treccani.it/vocabolario/autogrill/.

2 Der TV-Bericht ist online verfügbar unter: https://www.youtube.com/watch?v=GEGOy8LsCVE.

3 Alessandro Benetti, »Gli autogrill a ponte, infrastrutture e icone dell'autostrada«, in: *Domus* (27. Juli 2020); online verfügbar unter: https://www.domusweb.it/it/architettura/2020/07/27/infrastrutture-e-icone-gli-autogrill-a-ponte-di-angelo-bianchetti-e-mario-pavesi.html.

4 Giulia Ricci, »Demolito l'autogrill di Angelo Bianchetti, icona del boom italiano«, in: *Domus* (1. Juli 2020); online verfügbar unter: https://www.domusweb.it/it/notizie/gallery/2020/07/01/demolito-autogrill-lainate-icona-del-boom-economico-di-angelo-bianchetti-per-pavesi.html.

5 Simone Colafranceschi, *Autogrill. Una storia italiana*, Bologna 2007, S. 16.

6 Emmanuel Grossi, »L'orologio dei Pavesini«, Onlinearchiv des Unternehmens Barilla; online verfügbar unter: https://www.archiviostoricobarilla.com/esplora/focus/caleidoscope/lorologio-dei-pavesini/.

7 »Autogrill Fiorenzuola d'Arda: un ponte verso il future«, Website des Unternehmens Autogrill; online verfügbar unter: https://www.autogrill.com/it/storie/autogrill-fiorenzuola-darda-un-ponte-verso-il-futuro.

8 Eine Aufnahme dieses Ladens ist auf der Website des Unternehmens Autogrill verfügbar: https://www.autogrill.it/chi-siamo/la-storia/.

9 Colafranceschi, *Autogrill*, S. 16.

10 Ebd., S. 30.

11 Der italienische Originaltext des entsprechenden Gesetzes vom 24. Juli 1961 ist online verfügbar unter: https://www.gazzettaufficiale.it/eli/id/1961/08/12/061U0729/sg.

12 Alberto Grandi, *Denominazione di origine inventata: Le bugie del marketing sui prodotti tipici italiani*, Mailand 2018.

13 Colafranceschi, *Autogrill*, S. 31.

14 Vgl. den Eintrag »Alemagna, Gioacchino« in der Onlineausgabe des Wörterbuchs Treccani: https://www.treccani.it/enciclopedia/gioachino-alemagna_%28Dizionario-Biografico%29/.

15 Alberto Arbasino, *La bella di Lodi*, Mailand 2018, S. 24.

16 Colafranceschi, *Autogrill*, S. 39.

17 Arbasino, *La bella di Lodi*, S. 69.

18 »Fu il simbolo del boom Il Cantagallo ha 50 anni«, in: *Il Resto del Carlino* (2. Mai 2011); online verfügbar unter: https://www.ilrestodelcarlino.it/bologna/cronaca/2011/05/02/498818-simbolo_boom.shtml.

19 Colafranceschi, *Autogrill*, S. 37, und Giacomo Casadio, »La storia degli Autogrill ›a ponte‹, simbolo della ristorazione italiana di strada«, in: *Corriere della Sera* (21. Oktober 2022); online verfügbar unter: https://www.corriere.it/motori/news/21_ottobre_22/storia-autogrill-a-ponte-simbolo-ristorazione-italiana-strada-ba073134-31af-11ec-8ced-72436ce4862e.shtml.
20 Colafranceschi, *Autogrill*, S. 54.
21 Colafranceschi, *Autogrill*, S. 61ff.
22 Vgl. Valerio Castronovo, *Storia economica d'Italia. Dall'Ottocento al 2020*, Turin 2021.
23 Colafranceschi, *Autogrill*, S. 70.
24 Lisa Greco, *Architetture autostradali in Italia. Progetto e costruzione negli edifici per l'assistenza ai viaggiatori*, Rom 2010, S. 209.
25 Colafranceschi, *Autogrill*, S. 81.
26 Ebd., S. 84.
27 Ebd., S. 98.
28 Ebd., S. 94.
29 Ebd.
30 Ebd., S. 96.
31 Vgl. den Eintrag »Autogrill« in der Onlineausgabe des Wörterbuchs Treccani: https://www.treccani.it/enciclopedia/autogrill_(Dizionario-di-Economia-e-Finanza)/.
32 Siehe den Artikel »Strategie per il futuro« auf der Website des Unternehmens Autogrill: https://www.autogrill.com/it/our-way/strategie-il-futuro.
33 Einige Bilder der Restaurants sind online verfügbar unter: https://www.italmesh.com/en/progetti/montepulciano-autogrill/.
34 Siehe die Seite zur Brückenraststätte Ponte di Novara auf der Homepage des Unternehmens Chef Express: https://pontenovara.chefexpress.it/.
35 Massimo Delzoppo, »Il ›Ponte‹ sull'autostrada porta al futuro«, in: *Prima Novara* (6. Juli 2017); online verfügbar unter: https://primanovara.it/altro/il-ponte-sull-autostrada-porta-al-futuro/.

Belpaese – Woher die Italienklischees kommen

1 Vgl. den Eintrag in der Onlineausgabe des Wörterbuchs Treccani: https://www.treccani.it/vocabolario/bel-paese/.
2 Versionsgeschichte des deutschsprachigen Wikipedia-Eintrags »Italiensehnsucht«: https://de.wikipedia.org/w/index.php?title=Italiensehnsucht&action=history&offset=&limit=500.
3 Ulrich Ladurner, »Der Pizzachauvinist«, in: *Die Zeit* (18. Juli 2002); online verfügbar unter: https://www.zeit.de/2002/30/200230_populismus_xml.
4 Franco Adriano, »È già sfida Italia-Germania«, in: *Italia Oggi* (29. Januar 2024); online verfügbar unter: https://www.italiaoggi.it/archivio/e-gia-sfida-italia-germania-1902901, und »Sea Watch, Salvini: condotta criminale. Di Maio: capitana ha sbagliato, ma basta rabbia«, Sky

tg24 (1. Juni 2019); online verfügbar unter: https://tg24.sky.it/politica/2019/06/29/sea-watch-salvini-zingaretti.

5 »Nel Belpaese si lavora troppo: due milioni di italiani fanno più di 50 ore settimanali«, in: *La Repubblica* (8. Mai 2023); online verfügbar unter: https://www.repubblica.it/economia/2023/05/08/news/due_milioni_di_italiani_lavorano_troppo-399178732/.

6 Fabio Vittorini, »Belpaese smemorato che alla tragedia preferisce la farsa«, in: *Il Manifesto* (9. Dezember 2023); online verfügbar unter: https://ilmanifesto.it/belpaese-smemorato-che-alla-tragedia-preferisce-la-farsa.

7 »Quanto guadagnano in media i cittadini europei«, in: *Openpolis* (13. Oktober 2021); online verfügbar unter: https://www.openpolis.it/quanto-guadagnano-in-media-i-cittadini-europei/.

8 »›Più donne nei nomi delle strade‹«, in: Il Gazzettino (22. August 2020); online verfügbar unter: https://www.ilgazzettino.it/pay/belluno_pay/piu_donne_nei_nomi_delle_strade-5417613.html.

9 Dieter Richter, *Con Gusto. Die kulinarische Geschichte der Italiensehnsucht*, Berlin 2021, S. 9.

10 Johann Gottfried Seume, *Spaziergang nach Syrakus im Jahre 1802*, Frankfurt am Main 1993, S, 336.

11 Richter, *Con Gusto*, S. 46-58.

12 Vgl. u. a. Guido Pescosolido, *La questione meridionale in breve*, Rom 2017, S. 29-38.

13 Vgl. u. a. ebd.

14 Vgl. Pietro Trifone, »Italiano e dialetto dal 1861 a oggi« (26. Januar 2011); online verfügbar unter: https://www.treccani.it/magazine/lingua_italiana/speciali/italiano_dialetti/Trifone.html.

15 Vgl. Antonio Stoppani, *Il Bel Paese. Conversazioni sulle bellezze naturali la geologia e la geografia fisica d'Italia*, Mailand 1881, S. Xff.

16 *Pietro* Redondi *(Hg.), Un best-seller per l'Italia unita. Il Bel Paese di Antonio Stoppani, Mailand 2013, S. 189.*

17 Ebd., S. 24.

18 Vgl. die Unternehmensgeschichte auf der firmeneigenen Website: https://www.galbani.it/prodotti/bel-paese/storia.

19 Redondi (Hg.), *Un best-seller per l'Italia unita*, S. 24.

20 Ebd., S. 26ff.

21 Tommaso Marinetti, »Fondazione e manifesto del Futurismo« (1904); der italienische Originaltext ist online verfügbar unter: https://www.loc.gov/item/2021667099/.

22 Kevin Carboni, »Storia della pastasciutta antifascista«, in: *Wired* (Italien) (25. Juli 2023); online verfügbar unter: https://www.wired.it/article/pastasciutta-antifascista-storia-anpi-fratelli-cervi/#r.

23 Vgl. Richter, S. 114-116.

24 Vgl. Alberto Grandi, *Denominazione di origine inventata*, Mailand 2018, S. 67ff.

25 Vgl. ebd., S. 93ff.

26 Vgl. Richter. S. 96-107.

27 Benjamin von Wyl, »›Viele ältere Italiener tragen bis heute eine Wunde in sich‹«, swissinfo.ch (4. Juni 2020); online verfügbar unter: https://www.swissinfo.ch/ger/gesellschaft/schwarzenbach-initiative_-viele-aeltere-italiener-tragen-bis-heute-eine-wunde-in-sich-/45793192.

28 Alberto Maria Banti, *Sublime Madre nostra. La nazione italiana dal risorgimento al fascismo*, Bari 2011, S. 172.

29 Ebd., S. 173.

30 Der Werbespot ist online verfügbar unter: https://www.youtube.com/watch?v=JiBoQLGveho.

31 Siehe die Website des Unternehmens https://www.galbani.it/prodotti/bel-paese/bel-paese-ama-italia.

Berlusconismo – Wie der *cavaliere* Italien verändert hat

1 Vgl. den Eintrag in der Onlineausgabe des Wörterbuchs Treccani: https://www.treccani.it/vocabolario/berlusconismo/.

2 Vgl. Matteo Castagnoli, »Silvio Berlusconi, 22 dicembre 1961: il suo nome per la prima volta sulle pagine del ›Corriere della Sera‹«, in: *Corriere della Sera* (12. Juni 2023); online verfügbar unter: https://milano.corriere.it/notizie/cronaca/23_giugno_12/silvio-berlusconi-e-la-prima-comparsa-sulle-pagine-corriere-della-sera-ccbef867-ea9e-4103-a4a3-deaf934dexlk.shtml.

3 Vgl. Gianni Barbacetto, *Una storia italiana*, Mailand 2022, S. 16f.

4 Ebd., S. 18f.

5 Ebd., S. 23ff.

6 Ebd., S. 19ff.

7 Vgl. »Quando Berlusconi era ›l'uomo con la pistola‹«, in: *La Repubblica* (17. September 2010); online verfügbar unter: https://www.repubblica.it/cronaca/2010/09/17/news/berlusconi_pistola-7157055/, und Barbacetto, *Una storia italiana*, S. 18-28.

8 Udo Gümpel, »Italien verliert den ganz großen Zampano«, ntv.de (12. Juni 2023); online verfügbar unter: https://www.n-tv.de/politik/Italien-verliert-den-ganz-grossen-Zampano-article24185985.html.

9 Vgl. Barbacetto, *Una storia italiana*, S. 28.

10 Vgl. Simona Buscaglia, »Come Berlusconi ha creato le sue tv«, in: *Wired* (Italien) (14. Juni 2023); online verfügbar unter: https://www.wired.it/article/berlusconi-televisioni-tv-canale-5-rete-4-italia-1-pizzone-storia/#uno.

11 Mattia Feltri, »Berlusconi, ascesa e declino di un uomo con il sole in tasca«, in: *La Stampa* (12. Juni 2023); online verfügbar unter: https://www.lastampa.it/politica/2023/06/12/news/chansonnier_imprenditore_rischiatutto_centomila_modi_di_essere_berlusconi-12853718/.

12 1983 wird *berlusconismo* mit diesem Sinn etwa erstmals in der Zeitung *La*

Stampa erwähnt; vgl. »Ugo, conte di Carmagnola«, in: *La Stampa* (12. Oktober 1983); online verfügbar unter: http://www.archiviolastampa.it/component/option,com_lastampa/task,search/mod,libera/action,viewer/Itemid,3/page,19/articleid,1032_01_1983_0241_0019_14748099/.

13 Vgl. »È da quarant'anni che cerchiamo di capire la P2«, in: *Il Post* (17. März 2021); online verfügbar unter: https://www.ilpost.it/2021/03/17/loggia-p2/.

14 Vgl. »Nove registi contro il Cavaliere«, in: *Corriere della Sera* (19. März 1994), S. 7.

15 Vgl. »La Guerra fredda finì davvero a Pratica di Mare, come dice Berlusconi?«, in: *Il Post* (20. April 2018); online verfügbar unter: https://www.ilpost.it/2018/04/20/pratica-di-mare-berlusconi/.

16 Vgl. Massimo L. Salvadori, »La memoria calpestata«, in: *La Repubblica* (12. September 2003); online verfügbar unter: https://ricerca.repubblica.it/repubblica/archivio/repubblica/2003/09/12/la-memoria-calpestata.html.

17 Berlusconi nimmt als Regierungschef an keiner einzigen Feier zum 25. April teil – bis auf das Jahr 2009, als er in Onna in den Abruzzen das Land dazu aufruft, den Feiertag gemeinsam zu begehen. Vgl. Simone Fontana, »Il complicatissimo rapporto della politica italiana col 25 aprile«, in: *Wired* (Italien) (25. April 2019); online verfügbar unter: https://www.wired.it/attualita/politica/2019/04/25/25-aprile-complicato-rapporto-politica-italiana/.

18 Eine Videoaufnahme davon ist online verfügbar unter: https://video.repubblica.it/politica/dieci-anni-fa-l-anatema-di-moretti-con-questi-dirigenti-non-vinceremo-mai/87205/85598.

19 Michael Braun, »Ringelreihen in Rom«, in: *taz* (16. September 2002); online verfügbar unter: https://taz.de/!1088623/.

20 Vgl. Davide Lanticina, »L'esplosiva questione dei salari in Italia«, in: *Econopoly* (5. Dezember 2022); online verfügbar unter: https://www.econopoly.ilsole24ore.com/2022/12/05/questione-salari-italia/.

21 »Lutto nazionale e bandiere a mezz'asta per la scomparsa del Presidente Berlusconi«, Governo Italiano, Presidenza del Consiglio dei Ministri (12. Juni 2023); online verfügbar unter: https://www.governo.it/it/articolo/bandiere-mezzasta-sugli-edifici-pubblici-e-lutto-nazionale-la-scomparsa-del-presidente.

22 »Moretti a Le Monde, lutto nazionale per Berlusconi inappropriato«, Agenzia Nazionale Stampa Associata (27. Juni 2023); online verfügbar unter: https://www.ansa.it/sito/notizie/cultura/cinema/2023/06/27/moretti-a-le-monde-lutto-nazionale-per-berlusconi-inappropriato_fce79afa-b72d-44a8-bc8d-a85577965692.html.

23 Siehe »Silvio Berlusconi, il saluto su Facebook di Giorgia Meloni: ›Ti renderemo orgoglioso‹«, TGcom24 (14. Juni 2023); online verfügbar unter: https://www.tgcom24.mediaset.it/politica/silvio-berlusconi-saluto-facebook-di-giorgia-meloni_66037634-202302k.shtml.

Cinepanettone – Weihnachtsfilme, die ein Land spalten

1 Vgl. den Eintrag »cinepanettone« in der Onlineausgabe des Wörterbuchs Treccani: https://www.treccani.it/vocabolario/cinepanettone_%28Neologismi%29/, den Eintrag im Onlinewörterbuch der Zeitung *La Repubblica*: https://dizionari.repubblica.it/Italiano/C/cinepanettone.html, und den Eintrag in der Onlineausgabe des Wörterbuchs Zanichelli: https://dizionaripiu.zanichelli.it/cultura-e-attualita/le-parole-del-giorno/parola-del-giorno/cinepanettone/.

2 Vgl. u.a. Jason Horowitz, »Italy's Raucous Holiday Classics Are Not Your Standard Hallmark Movies«, in: *The New York Times* (30. Dezember 2023); online verfügbar unter: https://www.nytimes.com/2023/12/30/world/europe/italy-cinema-panettone.html.

3 Giulia Soligon, »La festa per i 40 anni di ›Vacanze di Natale‹ a Cortina, intervista a Jerry Calà: ›Massima libidine‹«, in: *Il Gazzettino* (16. Dezember 2023); online verfügbar unter: https://www.ilgazzettino.it/video/jerry_cala_festa_cortina_40_anni_vacanze_di_natale-7819942.html; »Vacanze di Natale a Cortina – Avanti Popolo«, Rai (19. Dezember 2023); online verfügbar unter: https://www.youtube.com/watch?v=7xg2uUoijME; Horowitz, »Italy's Raucous Holiday Classics Are Not Your Standard Hallmark Movies«.

4 »Vacanze di Natale Day«, nexodigital.it; online verfügbar unter: https://www.nexodigital.it/vacanze-di-natale-day/.

5 Davide Di Francesco, »Box Office 30 dicembre, Vacanze di Natale al terzo posto«, in: *Ciak Magazine* (31. Dezember 2023); online verfügbar unter: https://www.ciakmagazine.it/news/box-office-30-dicembre-vacanze-di-natale-al-terzo-posto/.

6 »Vacanze di Natale Day. Replica«, nexodigital.it; online verfügbar unter: https://www.nexodigital.it/vacanze-di-natale-day-replica/.

7 »Vacanze di Natale fa 40 anni, ma quella Cortina c'è ancora?«, La7 (21. Dezember 2023); online verfügbar unter: https://www.youtube.com/watch?v=waN-lTWdstw.

8 »Vacanze di Natale, 40 anni dopo. Quella Cortina non esiste più«, in: *Quotidiano Nazionale* (17. Dezember 2023); online verfügbar unter: https://www.quotidiano.net/magazine/vacanze-natale-34aeba5b.

9 »L'Italia è il paese più vecchio d'Europa, età media 48 anni«, Agenzia Italia (22. Februar 2023); online verfügbar unter: https://www.agi.it/estero/news/2023-02-22/italia-paese-piu-vecchio-europa-20213731/; »Quanto guadagnano in media i cittadini europei«, Openpolis (13. Oktober 2021); online verfügbar unter: https://www.openpolis.it/quanto-guadagnano-in-media-i-cittadini-europei/.

10 Matteo Pasetti, »Caratteristiche e limiti dell'economia italiana«, Pearson; online verfügbar unter: https://it.pearson.com/aree-disciplinari/storia/cultura-storica/novecento-mondo-attuale/caratteristiche-limiti-economia-italiana.html.

11 Der Spruch stammt aus einem populären Werbespot des Kräuterlikörs Amaro Ramazzotti, vgl. Filippo Minonzio, »Cos'è la ›Milano da bere‹«, in: *Il Post* (8. März 2019); online verfügbar unter: https://www.ilpost.it/2019/03/08/milano-da-bere/.

12 Alan O'Leary, *Fenomenologia del Cinepanettone*, Soveria Mannelli 2013, S. 13.

13 Eine Übersicht über die unterschiedlichen Autos im Film findet sich hier: Federico Fabbri, »Le auto del film di Vanzina«, in: *Quattroroute* (21. Dezember 2023); online verfügbar unter: https://www.quattroruote.it/news/eventi/2023/12/21/le_auto_del_film_vacanze_di_natale_di_vanzina_foto_gallery_.html.

14 Horowitz, »Italy's Raucous Holiday Classics Are Not Your Standard Hallmark Movies«.

15 Eine Rangliste mit den höchsten Einspielergebnissen für die Jahre 2002/03 findet sich hier: https://www.hitparadeitalia.it/bof/boi/boi2002-03.htm; für die Jahre 2006/07: https://www.hitparadeitalia.it/bof/boi/boi2006-07.htm; für die Jahre 2007/08: https://www.hitparadeitalia.it/bof/boi/boi2007-08.htm.

16 Siehe die Rangliste unter: https://movieplayer.it/film/boxoffice/italia/di-sempre/.

17 Stefano Pontoni, »Perché il Cinepanettone è parte di tutti noi...« (6. August 2016); online verfügbar unter: https://web.archive.org/web/20221204023028/http://cinepanettoni.it/il-cinepanettone-e-parte-di-noi/.

18 Auf Plautus und die Commedia dell'Arte als Vorbilder verweisen auch Alan O'Leary und mehrere Teilnehmer in einer Umfrage von ihm, vgl. etwa O'Leary, *Fenomenologia del Cinepanettone*, S. 20 und S. 82.

19 Der 1983 erschienene Hollywoodfilm *Die Glücksritter* wird seit 1997 buchstäblich Jahr für Jahr an einem Abend zwischen dem 23. und dem 26. Dezember im italienischen Privatfernsehsender Italia 1 gezeigt und erhält Jahr für Jahr sagenhafte Einschaltquoten.

20 Vgl. Filippo Zoratti, »Come è cambiata la commedia italiana, dai cinepanettoni a Checco Zalone«, cinematographe.it (18. Dezember 2019); online verfügbar unter: https://www.cinematographe.it/rubriche-cinema/focus/storia-della-commedia-italiana-dai-cinepanettoni-a-checco-zalone/.

21 O'Leary, *Fenomenologia del Cinepanettone*, S. 127.

22 Franco Montini, »Un rifugio anti-natale per i film da cinefili«, in: *La Repubblica* (1. Dezember 1997); online verfügbar unter: https://ricerca.repubblica.it/repubblica/archivio/repubblica/1997/12/01/un-rifugio-anti-natale-per-film.html.

23 Ernesto Galli Della Loggia, »Parole vuote e un po' ipocrite«, in: *Corriere della Sera* (24. Dezember 2009); online verfügbar unter: https://www.corriere.it/editoriali/09_dicembre_24/editoriale-galli-della-loggia_1b861f9a-f05b-11de-8d60-00144f02aabe.shtml.

24 O'Leary, *Fenomenologia del Cinepanettone,* S. 35.
25 Ebd., S. 74 ff.
26 Ebd.
27 Vgl. Horowitz, »Italy's Raucous Holiday Classics Are Not Your Standard Hallmark Movies«, und O'Leary, *Fenomenologia del Cinepanettone,* S. 7.
28 Vom Autor geführtes Interview mit Alan O'Leary, 29. November 2022.
29 O'Leary, *Fenomenologia del Cinepanettone,* S. 133.
30 Andrea Minuz, »In morte del cinepanettone«, in: *Il Foglio* (24. Dezember 2022); online verfügbar unter: https://www.ilfoglio.it/cinema/2022/12/24/news/in-morte-del-cinepanettone-4771481/.
31 Vgl. Curzio Maltese, »Perché i ricchi e scemi non fanno più ridere. Il cinepanettone non piace più«, in: *La Repubblica* (27. Dezember 2011); online verfügbar unter: https://ricerca.repubblica.it/repubblica/archivio/repubblica/2011/12/27/perche-ricchi-scemi-non-fanno-piu-ridere.html.
32 Horowitz, »Italy's Raucous Holiday Classics Are Not Your Standard Hallmark Movies«.

Dietrologia – Verschwörungsglauben auf Italienisch

1 Vgl. den Eintrag in der Onlineausgabe des Wörterbuchs Zanichelli: https://dizionaripiu.zanichelli.it/cultura-e-attualita/le-parole-del-giorno/parola-del-giorno/dietrologia__dietrologo/.
2 Vgl. *Corriere della Sera* (4. August 1974), S. 1, und *Corriere della Sera* (5. August 1974), S. 1.
3 Vgl. *Corriere della Sera* (5. August), S. 1 und 2.
4 Vgl. Vladimiro Satta, *I nemici della Repubblica. Storia degli anni di piombo,* Mailand 2016, S. 7 ff.
5 Vgl. Carlo Schaerf et al., *Venti Anni di Violenza Politica in Italia (1969-1988),* Rom 1992, S. 16, und Satta, *I nemici della Repubblica,* S. 7.
6 Ebd.
7 Vgl. ebd., S. 357.
8 Vgl. Satta, *I nemici della Repubblica,* S. 424.
9 Die Rede Castrezzatis wurde aufgenommen. Auf der Aufnahme sind der Moment der Bombenexplosion und die Minuten danach zu hören. Sie ist online auf der Website des Vereins Casa della Memoria verfügbar: https://www.28maggio74.brescia.it/piazza-28-maggio74.mp3.
10 Der Eintrag in der Onlineausgabe des Wörterbuchs Zanichelli vermerkt für 1974 den ersten Beleg für *dietrologia*: https://dizionaripiu.zanichelli.it/cultura-e-attualita/le-parole-del-giorno/parola-del-giorno/dietrologia__dietrologo/.
11 Vgl. ebd.
12 Ich erwähne hier beide Ausdrücke, da ihre Verwendung im deutschsprachigen Raum umstritten ist. So lehnt etwa der baden-württembergische Antisemitismusbeauftragte Michael Blume den Ausdruck »Verschwörungstheorie« ab (vgl. u. a. »›Das Böse in uns selbst‹«, Michael Blume im

Gespräch mit Christian Röther, Deutschlandfunk [4. August 2020]; online verfügbar unter: https://www.philomag.de/artikel/michael-butter-frueher-stellten-verschwoerungstheorien-eine-anerkannte-form-des-wissens), während der Amerikanist Michael Butter auf ihm besteht (vgl. u. a. »Michael Butter: ›Früher stellten Verschwörungstheorien eine anerkannte Form des Wissens dar‹«, in: *Philosophie Magazin* [28. Januar 2021]; online verfügbar unter: https://www.philomag.de/artikel/michael-butter-frueher-stellten-verschwoerungstheorien-eine-anerkannte-form-des-wissens).

13 Vgl. Satta, *I nemici della Repubblica*, S. 10.

14 Vgl. den Bericht zu Entführungskriminalität des Parlamentarischen Ermittlungsausschusses über organisierte Kriminalität; der Bericht ist online verfügbar unter: https://riviste.unimi.it/index.php/cross/article/view/8893.

15 *Der Spiegel* 31 (1977).

16 Vgl. u. a. »Moro non voleva allearsi col PCI. Un compromesso (non) storico«, in *Corriere della Sera* (13. November 2016); online verfügbar unter: https://www.corriere.it/cultura/16_novembre_13/moro-aldo-compromesso-storico-pci-dc-massimo-mastrogregori-salerno-comunisti-democristiani-ff773f9a-a9c7-11e6-9e75-99cc0b521152.shtml.

17 Vgl. *Der Spiegel* 31 (1977), S. 108.

18 Die Zahl 777 ergibt sich aus der Summe der Attentate, die laut Historiker Vladimiro Satta von Linksextremen reklamiert wurden (244), und denen, die ihnen von Historikern »zweifelsohne zugerechnet« werden (533), vgl. Satta, *I nemici della Repubblica*, S. 537.

19 Vgl. »Brigate Rosse, 50 anni fa la nascita a Costaferrata. ›Sembravano bravi ragazzi‹«, in: *Il Resto del Carlino* (16. August 2020); online verfügbar unter: https://www.ilrestodelcarlino.it/reggio-emilia/cronaca/brigate-rosse-7c98abda.

20 Vgl. Satta, *I nemici della Repubblica*, S. 515-518.

21 Ebd., S. 304.

22 Vgl. »Via Fani, Roma, 16 marzo 1978, ore 9«, in: *Il Post* (16. März 2018); online verfügbar unter: https://www.ilpost.it/2018/03/16/moro-via-fani/, und Satta, *I nemici della Repubblica*, S. 542.

23 Tobias Hof, »Die ›Affäre Moro‹ – Linksterrorismus und Verschwörungstheorien im Italien der späten 1970er Jahre«, in: *Historical Social Research* 38 (2013).

24 *Corriere della Sera* (14. November 1974), S. 3.

25 Vgl. Satta, *I nemici della Repubblica*, S. 459.

26 *Corriere della Sera* (18. März 1978), S. 1.

27 Vgl. (2023) Podcast »Il Grande Vecchio« von Alessandro Parodi für das Nachrichtenportal *Il Post*, Episode 1: »Una storia di carta«.

28 Vgl. Satta, *I nemici della Repubblica*, S. 640f.

29 Siehe die *dietrologie* der Fans von SSC Neapel nach dem Ausscheiden in der Champions League 2022/23 gegen den AC Mailand – und jener des

AS Rom nach der Finalniederlage in der Europa League wenige Wochen später.

30 Werner Raith, »Dietrologia«, in: *taz* (26. September 1991); online verfügbar unter: https://taz.de/DIETROLOGIA-Von-Werner-Raith-Rom/!1701009/.

31 Vgl. Laurent Cordonier, Florian Cafiero und Gérald Bronner, »Why Are Conspiracy Theories more Successful in some Countries than in Others? An Exploratory Study on Internet Users from 22 Western and non-Western Countries«, in: *Social Science Information* 60/3 (2021), S. 436-456.

32 Vgl. Roberto Gressi, »Le accuse (sempre respinte da Giorgio Napolitano) del complotto per far cadere Berlusconi«, in: *Corriere della Sera* (22. September 2023); online verfügbar unter: https://www.corriere.it/politica/23_settembre_22/giorgio-napolitano-accuse-respinte-complotto-berlusconi-91646dd4-55be-11ee-bbb9-2ab114abc1ec.shtml, und »Berlusconi: Contro di me colpo di Stato«, Website von Forza Italia; online verfügbar unter: https://web.archive.org/web/20221220190612/https://forzaitalia.it/notizie/10919/berlusconi-contro-di-me-colpo-di-stato.

33 Vgl. Giuseppe Asta, »La Strage di Ustica non ha più misteri«, in: Rai News (24. Juni 2022); online verfügbar unter: https://www.rainews.it/articoli/2022/06/la-strage-di-ustica-non--pi-un-mistero-c7499639-c3f6-4c26-98d5-3c12049c18f8.html.

34 Vgl. »Cosa dicono le sentenze sulla strage di Bologna«, in: *Il Post* (7. August 2023); online verfügbar unter: https://www.ilpost.it/2023/08/07/sentenze-strage-bologna/.

35 Vgl. »È da quarant'anni che cerchiamo di capire la P2«, in: *Il Post* (17. März 2021); online verfügbar unter: https://www.ilpost.it/2021/03/17/loggia-p2/.

36 Vgl. Satta, *I nemici della Repubblica*, S. 450-453.

37 Davide Maria De Luca, »Cosa ci insegna l'ultimo mistero sul Caso Moro«, in: *Domani* (10. Mai 2021); online verfügbar unter: https://www.editorialedomani.it/idee/commenti/seduta-spiritica-moro-prodi-qe6v5mfs.

Dissesto – Wo Italien abrutscht

1 Vgl. Eugenio Melotti, »L'Italia del dissesto idrogeologico«, »Aula di Scienze« (27. Oktober 2017); online verfügbar unter: https://aulascienze.scuola.zanichelli.it/multimedia-scienze/come-te-lo-spiego-scienze/litalia-del-dissesto-idrogeologico.

2 Vgl. etwa »Quanto vale l'Economia della Bellezza? Oltre un quarto del PIL italiano«, in: *La Stampa* (28. September 2023); online verfügbar unter: https://finanza.lastampa.it/News/2023/09/28/quanto-vale-leconomia-della-bellezza-oltre-un-quarto-del-pil-italiano/MjE5XzIwMjMtMDktMjhfVExC.

3 Vgl. »Vajont, duemila morti nella valle che non ebbe scampo«, Agenzia Nazionale Stampa Associata (9. Oktober 2023); online verfügbar unter:

https://www.ansa.it/sito/notizie/speciali/2023/10/07/vajont-duemila-morti-nella-valle-che-non-ebbe-scampo_89b95c06-e4b4-4742-88be-ddfbc91a80f6.html, »Il disastro del Vajont«, in: *Il Post* (9. Oktober 2013); online verfügbar unter: https://www.ilpost.it/2013/10/09/il-disastro-del-vajont/, sowie Matthias Rüb, »Mit der Zerstörungskraft von zwei Hiroshima-Bomben«, in: *Frankfurter Allgemeine Zeitung* (9. Oktober 2023); online verfügbar unter: https://www.faz.net/aktuell/gesellschaft/ungluecke/longarone-versank-vor-60-jahren-flutwelle-in-den-voralpen-19228523.html.

4 Die Karte ist online verfügbar unter: https://ars.els-cdn.com/content/image/1-s2.0-S004896971500011X-gr2.jpg; enthalten ist sie in Panos Panagos et al., »Rainfall Erosivity in Europe«, in: *Science of The Total Environment* 511 (2015), S. 801-814.

5 Vgl. »Dissesto idrogeologico: quasi il 94% dei comuni a rischio frane, alluvioni ed erosione costiera«, Istituto Superiore per la Protezione e la Ricerca Ambientale; online verfügbar unter: https://www.isprambiente.gov.it/it/istituto-informa/comunicati-stampa/anno-2022/dissesto-idrogeologico-quasi-il-94-dei-comuni-a-rischio-frane-alluvioni-ed-erosione-costiera.

6 Vgl. Melotti, »L'Italia del dissesto idrogeologico«.

7 Vgl. ebd.

8 Vgl. »L'alluvione di Sarno del 5 maggio 1998 e le cause che innescarono la tragica frana«, geopop.it (5. Mai 2022); online verfügbar unter: https://www.geopop.it/cosa-ha-causato-lalluvione-di-sarno-del-1998/.

9 Vgl. Andrea Moccia, »Maltempo a Ischia, frana a Casamicciola: le cause in un'intervista all'esperto geologo«, geopop.it (27. November 2022); online verfügbar unter: https://www.geopop.it/maltempo-a-ischia-le-cause-della-frana-a-casamicciola-intervista-allesperto-geologo/.

10 *Corriere d'Informazione* (10. Oktober 1963), S. 1f.

11 Vgl. Axel Bojanowski, »Warum der Berg in den Stausee stürzte«, in: *Der Spiegel* (20. April 2015); online verfügbar unter: https://www.spiegel.de/wissenschaft/natur/katastrophe-von-vajont-ursachen-des-erdrutsches-a-1028825.html, und Rüb, »Mit der Zerstörungskraft von zwei Hiroshima-Bomben«.

12 Vgl. »L'alluvione di Sarno del 5 maggio 1998 e le cause che innescarono la tragica frana«.

13 Vgl. Luigi Costanzo und Alessandra Ferrara, »Paesaggio e patrimonio culturale«, Istituto Nazionale di Statistica; online verfügbar unter: https://www.istat.it/it/files//2022/04/9.pdf.

14 Vgl. »›Abbatti l'abuso‹: III Report di Legambiente sull'abusivismo edilizio nelle regioni a rischio«, legambiente.it (17. Oktober 2023); online verfügbar unter: https://www.legambiente.it/comunicati-stampa/abbatti-labuso-iii-report-di-legambiente-sullabusivismo-edilizio-nelle-regioni-a-rischio/.

15 Vgl. Antonio Averaimo, »La tragedia di Ischia. Il caso del leghista che chiedeva voti per sanare tutto«, in: *Avvenire* (29. November 2022); online

verfügbar unter: https://www.avvenire.it/attualita/pagine/il-temal-eterna-ambiguita-della-politica-campana-s.

16 Vgl. Karin Cerny, »Auf Ischia wie Angela Merkel wellnessen«, in: *Der Standard* (17. Juli 2023); online verfügbar unter: https://www.derstandard.de/story/3000000172488/auf-ischia-wie-angela-merkel-wellnessen.

17 Vgl. »L'abusivismo edilizio a Ischia ha una lunga storia«, in: *Il Post* (28. November 2022); online verfügbar unter: https://www.ilpost.it/2022/11/28/abusivismo-edilizio-ischia/.

18 Aufnahmen der Solidaritätsaufrufe für Florenz von Ted Kennedy und Liz Taylor sind online verfügbar unter: https://vimeo.com/187955288 und https://vimeo.com/user57680095.

19 Vgl. »Perché li chiamiamo ›angeli del fango‹«, in: *Il Post* (24. Mai 2023); online verfügbar unter: https://www.ilpost.it/2023/05/24/angeli-del-fango/.

20 Vgl. ebd. und »Florenz gedenkt der Hochwasserkatastrophe vor 50 Jahren«, in: *Tiroler Tageszeitung* (3. November 2016); online verfügbar unter: https://www.tt.com/artikel/12212633/florenz-gedenkt-der-hochwasser katastrophe-vor-50-jahren.

21 *Corriere d'Informazione* (6./7. November 1965). S. 2.

22 *Corriere della Sera* (6. November 1965), S. 3.

23 Vgl. ebd.

24 *Corriere della Sera* (9. November 1966), S. 3.

25 Vgl. »Alluvione Emilia-Romagna, i morti salgono a quindici: individuato un cadavere nelle campagne di Lugo«, in: *La Repubblica* (24. Mai 2023); online verfügbar unter: https://bologna.repubblica.it/cronaca/2023/05/23/news/alluvione_emilia_romagna_vittima-401486421/amp/, Giacomo Talignani, »Alluvione in Emilia Romagna, il meteorologo: ›Mai così in un secolo, è l'evento più grave: questa è la crisi del clima‹«, in: *La Repubblica* (17. Mai 2023); online verfügbar unter: https://www.repubblica.it/green-and-blue/2023/05/17/news/alluvione_emilia_romagna_pierluigi_randi_meteo_clima-400514688/, und Angelo Mastrandrea, Servirà un sacco di soldi per rimediare ai danni alle coltivazioni in Romagna, in: *Il Post* (30. Juni 2023); online verfügbar unter: https://www.ilpost.it/2023/06/30/danni-agricoltura-alluvioni-romagna/.

26 Vgl. »Gli angeli del fango cantano ›Romagna mia‹«, in: *La Repubblica* (18. Mai 2023); online verfügbar unter: https://video.repubblica.it/edizione/bologna/gli-angeli-del-fango-cantano-romagna-mia/444989/445953.

27 Vgl. »Analisi del Rischio. I cambiamenti climatici in Italia«, Euro-Mediterranean Center on Climate Change, 2020; online verfügbar unter: https://www.cmcc.it/analisi-del-rischio-i-cambiamenti-climatici-in-italia.

28 Vgl. Melotti, »L'Italia del dissesto idrogeologico«, und Antonio Massariolo und Barbara Paknazar, »Alluvioni in Italia: scenari di rischio e strategie di mitigazione«, Università di Padova (29. Mai 2023); online verfügbar

unter: https://ilbolive.unipd.it/it/news/alluvioni-italia-scenari-rischio-strategie.

29 Vgl. Moccia, »Maltempo a Ischia, frana a Casamicciola: le cause in un'intervista all'esperto geologo«.

30 Vgl. Gianluca Brambilla, »In ritardo, senza coperture e troppo ›soft‹: il Piano dell'Italia per l'adattamento ai cambiamenti climatici non accontenta nessuno«, in: *Open* (7. Januar 2024); online verfügbar unter: https://www.open.online/2024/01/07/piano-adattamento-cambiamenti-climatici-italia-critiche/.

31 Die »Deutsche Anpassungsstrategie an den Klimawandel« von 2008 ist online verfügbar unter: https://www.bmuv.de/download/deutsche-anpassungsstrategie-an-den-klimawandel; der Bericht *Anpassung an den Klimawandel in der Schweiz* von 2012 ist online verfügbar unter: https://www.bafu.admin.ch/bafu/de/home/themen/klima/publikationen-studien/publikationen/anpassung-klimawandel-schweiz-2012.html; Informationen zur 2012 in Österreich beschlossenen »Strategie zur Anpassung an den Klimawandel« sind online verfügbar unter: https://www.bmk.gv.at/themen/klima_umwelt/klimaschutz/anpassungsstrategie/publikationen/oe_strategie.html.

32 Siehe den Tweet vom 3. Januar 2024: https://twitter.com/WWFitalia/status/1742552496386544074.

33 Vgl. Istituto Superiore per la Protezione e la Ricerca Ambientale (Hg.), *Dissesto idrogeologico in Italia: pericolosità e indicatori di rischio – Edizione 2021*, 2021, S. 83; online verfügbar unter: https://www.isprambiente.gov.it/resolveuid/b56a2f2819284cada7682fc94d8d60a2.

34 Vgl. Giacomo Di Girolamo, »La famosa invasione dei condoni edilizi in Sicilia«, in: *Linkiesta* (30. Oktober 2023); online verfügbar unter: https://www.linkiesta.it/2023/10/sicilia-abuso-edilizio-sanatoria/.

Ferragosto – Wendepunkt des italienischen Sommers

1 Italo Calvino, *Marcovaldo oder Die Jahreszeiten der Stadt*, Frankfurt 2015 [1963].

2 Vgl. Stefano Lorenzetto, »Franco Garelli: ›Italiani di poca fede, 40 giovani su 100 senza Dio‹«, in: *Corriere della Sera* (31. Dezember 2020); online verfügbar unter: https://www.corriere.it/cronache/20_dicembre_31/franco-garelli-italiani-poca-fede-40-giovani-100-senza-dio-47091668-4b3f-11eb-9611-5c537b64e8e9.shtml.

3 Vgl. etwa »Supermercati aperti a Ferragosto 2023 in Lombardia: ecco quali«, in: *Il Giorno* (14. August 2023); online verfügbar unter: https://www.ilgiorno.it/cronaca/supermercati-aperti-ferragosto-2023-fjab3agz, https://corrieredelveneto.corriere.it/notizie/venezia-mestre/cronaca/23_agosto_14/supermercati-centri-commerciali-e-negozi-aperti-a-ferragosto-in-veneto-190f10ff-4181-4e3f-9695-eb8d3af46xlk.shtml; https://corrierefiorentino.corriere.it/notizie/cronaca/23_agosto_14/supermercati-

aperti-a-ferragosto-2023-a-firenze-e-in-toscana-ecco-l-elenco-7a5e1d0d-4c38-4cf0-b04b-4f473a736xlk.shtml.

4 Vgl. »A Ferragosto ›vince‹ la tradizione«, Confcommercio (12. August 2022); online verfügbar unter: https://www.confcommercio.it/-/ferragosto-al-mare.

5 Vgl. Francesca Demirgian, »Il piatto simbolo del Ferragosto romano e la sua storia«, in: *Roma Today* (12. August 2023); online verfügbar unter: https://www.romatoday.it/cibo/storie/storia-ricetta-pollo-peperoni-romano.html.

6 Vgl. Carolina Pozzi, »Cosa si mangia in Italia a Ferragosto? Le ricette tradizionali«, in: *Cibo Today* (13. August 2023); online verfügbar unter: https://www.cibotoday.it/storie/territorio/ferragosto-ricette-tradizionali.html.

7 Vgl. den Eintrag in der Onlineausgabe des Wörterbuchs Treccani: https://www.treccani.it/vocabolario/ferragosto/.

8 Vgl. »Ferragosto: perché questo nome (e perché si festeggia)?«, in: *Focus* (Italien) (15. August 2022); online verfügbar unter: https://www.focus.it/cultura/storia/perche-si-festeggia-il-ferragosto.

9 Vgl. *Corriere della Sera* (16./17. August 1887), S. 2.

10 Vgl. Gian Antonio Stella, »Andavamo in colonia: le prime vacanze di massa per bambini«, in: *Corriere della Sera* (7. April 2023); online verfügbar unter: https://www.corriere.it/cultura/23_aprile_07/andavamo-colonia-prime-vacanze-massa-bambini-1a57b6bc-d55b-11ed-abda-87da1fb8b4f0.shtml?refresh_ce.

11 Vgl. Andrea Giuntini, »Il turismo ferroviario in Italia dalle origini all'istituzione dei ›treni popolari‹«, 2002, S. 23ff., und »Ferragosto è una festa fascista«, in: *Linkiesta* (14. August 2015); online verfügbar unter: https://www.linkiesta.it/2015/08/ferragosto-e-una-festa-fascista/.

12 Vgl. ebd.

13 Vgl. Piero Bottino, »Se l'industria non chiude più ad agosto: ›In vacanza? No grazie, lavoriamo con l'estero‹«, in: *La Stampa* (2. August 2018); online verfügbar unter: https://www.lastampa.it/alessandria/2018/08/02/news/se-l-industria-non-chiude-piu-ad-agosto-in-vacanza-no-grazie-lavoriamo-con-l-estero-1.34036003/.

14 Vgl. »Ferragosto, ecco quali sono i supermercati che resteranno aperti«, Sky tg24 (15. August 2023); online verfügbar unter: https://tg24.sky.it/cronaca/2023/08/14/supermercati-aperti-ferragosto.

15 Vgl. »Turismo, meno italiani in vacanza ma aumentano le mete estere«, in: *La Stampa* (30. Juni 2023); online verfügbar unter: https://www.lastampa.it/economia/2023/06/30/news/turismo_meno_italiani_in_vacanza_ma_aumentano_le_mete_estere-12885190/.

16 Vgl. »Quest'anno meno italiani fanno le vacanze in Italia«, in: *Il Post* (9. August 2023); online verfügbar unter: https://www.ilpost.it/2023/08/09/italiani-vacanza-italia/?homepagePosition=7.

17 Vgl. Marisa Ingrosso, »Turismo, l'Albania si sta aggiudicando anche la

prossima estate«, in: *La Gazzetta del Mezzogiorno* (12. November 2023); online verfügbar unter: https://www.lagazzettadelmezzogiorno.it/news/primo-piano/1447625/turismo-lalbania-si-sta-aggiudicando-anche-la-prossima-estate.html.

18 Vgl. »Ferragosto, il pienone che non c'è: gli stranieri salvano il ponte dell'estate«, in: *Corriere della Sera* (12. August 2023); online verfügbar unter: https://www.corriere.it/economia/consumi/23_agosto_12/ferragosto-pienone-che-non-c-stranieri-salvano-ponte-dell-estate-efbcba3a-384f-11ee-aeb3-95a71d27ff6c.shtml.

La 482 – Von Arbërisht bis Zimbrisch – Italiens Minderheitensprachen

1 »L'uso della lingua italiana, dei dialetti e di altre lingue in Italia«, Istituto Nazionale di Statistica (27. Dezember 2017); online verfügbar unter: https://www.istat.it/it/archivio/207961.

2 Das Gesetz 482/99 im Originaltext ist online verfügbar unter: https://www.parlamento.it/parlam/leggi/99482 l.htm.

3 Die Zahl stammt aus einem 2019 ins italienische Abgeordnetenhaus eingebrachten Gesetzentwurf; er ist online verfügbar unter: http://documenti.camera.it/leg18/pdl/xhtml/leg.18.pdl.camera.1596.18PDL0047870.html.

4 Fiorenzo Toso, *Le minoranze linguistiche in Italia*, Bologna 2008, S. 16.

5 Tullio De Mauro, *Storia linguistica dell'Italia unita*, Bari 2008 [1962], Kapitel II.

6 Ebd.

7 Ebd., Kapitel I.

8 Luca Poggianti und Mauro Caniggia Nicolotti, »Le Val d'Aoste ... une francophonie oubliée«, in: *Agora Mag* (25. Oktober 2012); online verfügbar unter: https://www.agora-francophone.org/ITALIE-Le-Val-d-Aoste.

9 Der italienische Originaltext der Verfassung vom 26. Februar 1948 ist online verfügbar unter: https://www.consiglio.vda.it/app/statuto.

10 Toso, *Le minoranze linguistiche in Italia*, S. 69ff.

11 Vgl. ebd. und Alessandro Celi, »Rifrancesizzare I Valdostani«, in: *Diacronie* 34 (2018); online verfügbar unter: https://journals.openedition.org/diacronie/8111.

12 Julia Dauhrer, »Linguistic Landscaping in Bozen«, Master-Arbeit 2018; online verfügbar unter: https://www.dh-lehre.gwi.uni-muenchen.de/?abschlussarbeit=linguistic-landscaping-in-bozen&v=2.

13 Thomas Mann, *Der Zauberberg*, Frankfurt am Main 1924, S. 437.

14 Vgl. Rolf Steininger, »Die Südtirolfrage«, Zeitgeschichte Informationssystem der Universität Innsbruck; online verfügbar unter: https://www.uibk.ac.at/zeitgeschichte/zis/stirol.html; Dauhrer, »Linguistic Landscaping in Bozen«.

15 Vgl. Toso, *Le minoranze linguistiche in Italia*, S. 86ff., und Dauhrer, »Linguistic Landscaping in Bozen«.

16 Vgl. »Sprachbarometer: Sprachliche Vielfalt bereichert«, Autonome Provinz Bozen – Südtirol, Presseamt (30. September 2015); online verfügbar unter: https://news.provinz.bz.it/de/news-archive/516019.

17 Vgl. Toso, *Le minoranze linguistiche in Italia*, S. 76ff., und Lillo Montalto Monella, »Perché ci sono voluti 100 anni per restituire il Narodni dom alla comunità slovena«, Euronews (13. Juli 2020); online verfügbar unter: https://it.euronews.com/2020/07/13/perche-ci-sono-voluti-100-anni-per-restituire-il-narodni-dom-alla-comunita-slovena.

18 Der italienische Originaltext des Dekrets ist online verfügbar unter: https://www.normattiva.it/eli/id/1927/04/22/027U0494/ORIGINAL.

19 Davide Leveghi, »Mattarella e Pahor, una stretta di mano e un passo avanti verso la convivenza. Quando le istituzioni danno il buon esempio«, in: *Il Dolomiti* (14. Juli 2020); online verfügbar unter: https://www.ildolomiti.it/societa/2020/mattarella-e-pahor-una-stretta-di-mano-e-un-passo-avanti-verso-la-convivenza-quando-le-istituzioni-danno-il-buon-esempio.

20 Vgl. Toso, *Le minoranze linguistiche in Italia*, S. 111ff.

21 Vgl. ebd., S. 133.

22 Vgl. Mimmo Gangemi, »Valdesi di Calabria, una storia di fede e di sangue«, in: *La Stampa* (9. August 2017); online verfügbar unter: https://www.lastampa.it/cultura/2017/08/08/news/valdesi-di-calabria-una-storia-di-fede-e-di-sangue-1.34460212/.

23 Vgl. Filippo Femia, »La custode dell'occitano di Calabria: ›Insegno una lingua che scompare‹«, in: *La Stampa* (13. Oktober 2018); online verfügbar unter: https://www.lastampa.it/topnews/primo-piano/2018/10/13/news/la-custode-dell-occitano-di-calabria-insegno-una-lingua-che-scompare-1.34052329/.

24 Vgl. Toso, *Le minoranze linguistiche in Italia*, S. 117.

25 Vgl. den Eintrag »Walserdeutsch« auf der Website alplink.it: https://alpilink.it/de/walser/.

26 Ortsgeschichtlicher Arbeitskreis Tutzing, »Die Auswanderer vom Klosterland Benediktbeuern in die Markgrafschaft Verona im 11. Jahrhundert«, in: *Studien zur Ortsgeschichtsforschung im Landkreis Starnberg*, Bd. 3; ein Auszug ist online verfügbar unter: https://www.isolelinguistiche.it/de/Herkunft-der-Zimbern.html.

27 Vgl. den Eintrag »Kanaltal-Deutsch« auf der Website alplink.it: https://alpilink.it/de/kanaltal-deutsch/.

28 Auch die Deutschsprachigen im Kanaltal mussten, wie die Südtiroler, im Rahmen der zwischen Nazideutschland und italienischen Faschisten ausgehandelten »Option« entscheiden, ob sie bleiben und sich »italianisieren« oder auswandern wollten; vgl. Karin Heller, Luis Thomas Prader und Christian Prezzi (Hg.), *Lebendige Sprachinseln. Beiträge aus den historischen deutschen Minderheiten in Italien*, Bozen 2006, S. 150; online verfügbar unter: https://www.isolelinguistiche.it/de/kanaltal-valcanale.html.

29 Vgl. Silvano Gilardoni, »Irredentismus«, in: *Historisches Lexikon der*

Schweiz (21. August 2008); online verfügbar unter: https://hls-dhs-dss.ch/de/articles/017428/2008-08-21/.

30 Vgl. Gigi Bettoli, »La Società filologia friulana e il fascismo, di Denis Baron«, Blog degli Storici del friuli occidentale (22. Februar 2020); online verfügbar unter: http://www.storiastoriepn.it/la-societa-filologia-friulana-e-il-fascismo-di-denis-baron/.

31 Vgl. Toso, *Le minoranze linguistiche in Italia*, S. 93ff.

32 Vgl. dazu die Website des Fachbereichs Sprachwissenschaften/Slavistik der Universität Konstanz: https://www.uni-konstanz.de/FuF/Philo/Sprachwiss/slavistik/acqua/sprache.htm.

33 Vgl. Toso, *Le minoranze linguistiche in Italia*, S. 145.

34 Vgl. Toso, *Le minoranze linguistiche in Italia*, S. 142ff.

35 Vincenzo Alvaro, »Miss Arbereshe, la più bella è la 23enne Francesca Ferrara«, LaC News 24 (7. September 2020); online verfügbar unter: https://www.lacnews24.it/spettacolo/miss-arbereshe-la-piu-bella-23enne-francesca-ferrara_123227/.

36 Siehe die Website der Universität Palermo: https://www.unipa.it/dipartimenti/cultureesocieta/laboratorio-di-albanologia/, und die Website der Universität Kalabrien: http://www.albanologia.unical.it/info.htm.

37 Vgl. Toso, *Le minoranze linguistiche in Italia*, S. 128ff.

38 Ebd., S. 129.

39 Ebd., S. 95ff.

40 Vgl. ebd., S. 99.

41 Vgl. ebd., S. 141.

42 In der Entscheidung (15/1996) ging es um das Recht eines slowenischsprachigen Italieners auf Gebrauch der slowenischen Sprache. Der italienische Urteilstext ist online verfügbar unter: https://www.giurcost.org/decisioni/1996/0015s-96.htm.

43 Vgl. Toso, *Le minoranze linguistiche in Italia*, S. 148 und 173ff.

LVI – Der lange Schatten des Faschismus

1 Beispiele dafür sind die 2022 erschienene Graphic Novel *Quando c'era LVI* von Daniele Fabbri und Stefano Antonucci oder der 2003 erschienene Song »Il Secondo Secondo Me« von Rapper Caparezza, in dessen dritter Strophe drei Verse hintereinander mit »Quando c'era lui« beginnen.

2 Vgl. etwa folgenden kurzen Clip auf YouTube unter: https://www.youtube.com/watch?v=rkooQSPGJc8, und *Corriere della Sera* (8. Januar 1999), S. 8, und *Corriere della Sera* (8. Januar 2003), S. 48.

3 »Storia dei tre omicidi di via Acca Larenzia«, in: *Il Post* (9. Januar 2014); online verfügbar unter: https://www.ilpost.it/2024/01/09/acca-larenzia-storia/.

4 Vgl. »La proposta per eliminare la grande croce celtica di via Acca Larenzia a Roma«, in: *Il Post* (31. Januar 2024); online verfügbar unter: https://www.ilpost.it/2024/01/31/acca-larenzia-croce-celtica/.

5 Vgl. den Artikel »Il suffragio universale« auf der Website der Abgeordnetenkammer: https://leg16.camera.it/512?conoscerelacamera=37.

6 Vgl. Renzo De Felice, *Breve storia del Fascismo*, Mailand 2001, Kapitel I und II.

7 Vgl. ebd. und Francesca Polistina, »Wie Mussolinis Faschismus die italienische Politik noch immer prägt«, in: *Der Spiegel* (27. Oktober 2022); online verfügbar unter: https://www.spiegel.de/geschichte/marsch-auf-rom-vor-100-jahren-wie-mussolinis-faschismus-die-italienische-politik-bis-heute-praegt-a-511cbba5-7b92-439e-9b04-2cb3e8b6a9a3?sara_ecid=soci_upd_KsBFoAFjflfoDZCxpPYDCQgO1dEMph.

8 Vgl. etwa zu dem scharfen antislawischen Rassismus Mussolinis schon Anfang der 1920er Jahre Emilio Gentile, *Storia del fascismo*, Bari 2022, Kapitel 57.

9 Vgl. »Cosa rese possibile la marcia su Roma«, in: *Il Post* (28. Oktober 2022); online verfügbar unter: https://www.ilpost.it/2022/10/28/marcia-su-roma/.

10 Vgl. *De Felice, Breve storia del Fascismo*, Kapitel II.

11 Siehe den Artikel »Fotoracconto: Milano, 29 aprile 1945« auf der Website der Region Lombardei: https://www.lombardiabeniculturali.it/percorsi/29-aprile-1945/1/.

12 Vgl. Guido Crainz, *Storia della Repubblica. L'Italia dalla Liberazione ad oggi*, Rom 2016, S. 18.

13 Vgl. Petra Rosenbaum, *Neofaschismus in Italien*, Hamburg 1975, S. 34.

14 Vgl. »Da dove arriva la fiamma del simbolo di Fratelli d'Italia«, in: *Il Post* (12. August 2022); online verfügbar unter: https://www.ilpost.it/2022/08/12/fiamma-fratelli-ditalia/.

15 Vgl. den Eintrag »De Marsanich, Augusto« in der Onlineausgabe des Wörterbuchs Treccani: https://www.treccani.it/enciclopedia/augusto-de-marsanich_(Dizionario-di-Storia).

16 Vgl. Vladimiro Satta, *I Nemici della Repubblica. Storia degli anni di piombo*, Mailand 2016, S. 31ff.

17 Ein 1970 aufgenommenes Foto dieses Spruchs ist online zu sehen: https://it.wikipedia.org/wiki/File:Ordinenuovo.jpg.

18 Vgl. Vera Schiavazzi, »›MSI tutto legge e ordine? No, ha il record di inquisiti‹«, in: *La Repubblica* (1. Dezember 1993); online verfügbar unter: https://ricerca.repubblica.it/repubblica/archivio/repubblica/1993/12/01/msi-tutto-legge-ordine-no-ha.html.

19 Vgl. Jörg Seisselberg, »Mussolini-Statue und Hitlergruß«, tagesschau.de (14. Oktober 2022); online verfügbar unter: https://www.tagesschau.de/ausland/italien-la-russa-101.html.

20 Vgl. Gianfranco Baldini, Filippo Tronconi und Davide Angelucci, »Yet Another Populist Party? Understanding the Rise of Brothers of Italy«, in: *South European Society and Politics* 27/3 (2022), S. 385-405.

21 Der kurze Clip ist online verfügbar unter: https://www.youtube.com/watch?v=XuoXr-zjqas.

22 »Meloni: ›Mai provato simpatie per i regimi, fascismo compreso‹. Poi ancora: ›Non limiteremo mai i diritti esistenti‹«, Agenzia Nazionale Stampa Associata (25. Oktober 2022); online verfügbar unter: https://www.ansa.it/sito/notizie/politica/2022/10/25/meloni-mai-provato-simpatie-per-regimi-fascismo-compreso_f5cb19d4-f9e1-4db9-a6fb-3fcaddfe53ef.html.

23 Vgl. »Da dove arriva la fiamma del simbolo di Fratelli d'Italia«, in: *Il Post* (12. August 2022); online verfügbar unter: https://www.ilpost.it/2022/08/12/fiamma-fratelli-ditalia/.

24 Vgl. Jan-Christoph Kitzer, »Italien: Casa Pound – Faschismus für das 3. Jahrtausend?«, Bundeszentrale für politische Bildung (24. März 2014); online verfügbar unter: https://www.bpb.de/themen/rechtsextremismus/dossier-rechtsextremismus/184193/italien-casa-pound-faschismus-fuer-das-3-jahrtausend/, und »Com'è fatta l'estrema destra in Italia«, in: *Il Post* (14. Oktober 2021); online verfügbar unter: https://www.ilpost.it/2021/10/14/gruppi-partiti-organizzazioni-neofascisti-estrema-destra-italia/.

25 Vgl. Wu Ming, »Il vittimismo fascista nelle città italiane: storia di una lapide«, Wu Ming Foundation (18. November 2020); online verfügbar unter: https://www.wumingfoundation.com/giap/2020/11/il-vittimismo-fascista-nelle-citta-italiane-storia-di-una-lapide/.

26 Vgl. den Artikel »Obelisco Mussolini« auf der Tourismus-Website der Stadt Rom: https://www.turismoroma.it/it/luoghi/obelisco-mussolini.

27 Fotos des Ladens und der Hüte sind online verfügbar unter: https://maps.app.goo.gl/P48i4baUDw3FWzyQ6.

28 Vgl. Andrea Pracucci, »Fare il sindaco a Predappio non è un mestiere facile«, in: *Rolling Stone* (Italien) (22. Juni 2023); online verfügbar unter: https://www.rollingstone.it/politica/attualita/fare-il-sindaco-a-predappio-non-e-un-mestiere-facile/759436/.

29 Vgl. Stefano Benfenati, »Il nuovo sindaco (di destra) di Predappio non vuole più camicie nere in giro«, Agenzia Italia (29. Mai 2019); online verfügbar unter: https://www.agi.it/politica/news/2019-05-29/nuovo_sindaco_predappio-5557727/.

30 Vgl. »A Predappio si ricorda la marcia su Roma, in 500 sulla tomba di Benito Mussolini«, in: *Forlì Today* (29. Oktober 2023); online verfügbar unter: https://www.forlitoday.it/cronaca/predappio-ricorda-marcia-roma-500-sulla-tomba-benito-mussolini.html.

Merendina – So süß kann Industriegeschichte sein

1 Vgl. Claudio Cucciatti, »Buondì Motta, bufera sullo spot: la mamma viene uccisa da un asteroide«, in: *La Repubblica* (2. September 2017); online verfügbar unter: https://www.repubblica.it/spettacoli/tv-radio/2017/09/02/news/spot_motta_asteroide_mamma-174430626/, »Asteroide sulla Terra e la mamma muore, è bufera sullo spot del Buondì Motta«, in: *Il Messaggero* (1. September 2017); online verfügbar unter: https://www.ilmessaggero.it/

societa/persone/asteroide_sulla_terra_la_mamma_muore_bufera_social_sullo_spot_buondi_motta-3215172.html?refresh_ce; »Il Buondì asteroide che uccide la mamma fa infuriare la Rete (ma a molti piace)«, Agenzia Italia (2. September 2017); online verfügbar unter: https://www.agi.it/cronaca/news/2017-09-02/buond_motta_spot_proteste-2111008/.

2 Vgl. »Polemica su spot Buondì con mamma colpita da asteroide. Aiart: ›Segnaleremo ad Agcom‹«, Agenzia Nazionale Stampa Associata (2. September 2017); online verfügbar unter: https://www.ansa.it/sito/notizie/cronaca/2017/09/01/polemica-su-spot-buondi-con-mamma-colpita-da-asteroide.-aiart-segnaleremo-ad-agcom_c3ae55e4-cf4e-4295-aeb4-a447e30db6bd.html.

3 Vgl. Marco Venturini auf seinem Blog: https://www.ilfattoquotidiano.it/blog/mventurini/page/6/.

4 Vgl. Isabella de Silvestro, »L'infanzia se ne va, le merendine rimangono«, in: *Domani* (30. August 2023); online verfügbar unter: https://www.editorialedomani.it/fatti/infanzia-merendina-girella-buond%C3%AC-nutella-ferrero-fiesta-motta-mottino-togo-ringo-pavesi-brioss-fetta-al-latte-caramelle-rossana-togo-mulino-bianco-kinder-pingu%C3%AC-paradiso-emancipazione-femminile-donne-cucina-ie177 g7v.

5 Vgl. Alberto Grandi, *Denominazione di origine inventata. Le bugie del marketing sui prodotti tipici italiani*, Mailand 2018, S. 93f.

6 Ein Bild der ersten Konditorei von Angelo Motta ist online verfügbar unter: https://it.wikipedia.org/wiki/File:Primo_negozio_di_Angelo_Motta_in_via_della_Chiusa_a_Milano_(1919).jpg.

7 Ebd.

8 Ein historisches Werbeposter ist online verfügbar unter: https://catalogo.beniculturali.it/detail/HistoricOrArtisticProperty/0500656603#lg=1&slide=0.

9 Vgl. De Silvestro, »L'infanzia se ne va, le merendine rimangono«.

10 Vgl. ebd.

11 Vgl. Daniela Pirani, Benedetta Cappellini und Vicki Harman, »The Italian Breakfast: Mulino Bianco and the Advent of a Family Practice (1971-1995)«, in: *European Journal of Marketing* 52/1 (2018).

12 Vgl. ebd.

13 Vgl. Emiliano Sgambato, »Le merendine compiono 70 anni: giro d'affari a 1,3 miliardi«, in: *Il Sole 24 Ore* (14. März 2023); online verfügbar unter: https://www.ilsole24ore.com/art/le-merendine-compiono-70-anni-giro-d-affari-13-miliardi-AEPUk63C?refresh_ce; »I 70 anni delle merendine, consumate dall'83% degli italiani«, Agenzia Nazionale Stampa Associata (14. März 2023); online verfügbar unter: https://www.ansa.it/canale_terraegusto/notizie/business/2023/03/14/i-70-anni-delle-merendine-consumate-dall83-degli-italiani_07e3ee67-99a9-4237-b9b6-c4b607fada3d.html; Anna Zinola, »I 70 anni delle merendine: dal Buondì a quelle senza glutine, come sono cambiati i consumi degli italiani«, in: *Corriere della*

Sera (19. März 2023); online verfügbar unter: https://www.corriere.it/economia/consumi/23_marzo_19/i-70-anni-merendine-buondi-quelle-senza-glutine-come-sono-cambiati-consumi-italiani-d5bb145e-c664-11ed-8319-4ca74abab2a3.shtml.

14 Siehe: https://www.merendineitaliane.it/chi-siamo/.

15 Vgl. De Silvestro, »L'infanzia se ne va, le merendine rimangono«.

16 Vgl. »I 70 anni delle merendine italiane«; online verfügbar unter: https://www.merendineitaliane.it/wp-content/uploads/2023/03/Comunicato-stampa-70-anni-per-le-merendine.pdf.

17 Vgl ebd.

18 Riccardo Ventrella, *Fenomenologia della merendina*, Florenz 2017, S. 12.

19 Vgl. De Silvestro, »L'infanzia se ne va, le merendine rimangono«.

20 Michele Boroni, »Spot Buondì Motta bersaglio colpito: tutti ne parlano«, in: *Wired* (Italien) (4. September 2017); online verfügbar unter: https://www.wired.it/attualita/media/2017/09/04/spot-buondi-motta-bersaglio-colpito-tutti-ne-parlano/.

Mezzogiorno – Warum der Norden über den Süden die Nase rümpft – und umgekehrt

1 Vgl. den Eintrag in der Onlineausgabe des Wörterbuchs Treccani: https://www.treccani.it/vocabolario/mezzogiorno/.

2 Vgl. Silvana Saturno, »Qualità della vita 2023: le città italiane dove si vive meglio«, in: *Italia Oggi* (19. November 2023); online abrufbar unter: https://www.italiaoggi.it/news/qualita-della-vita-2023-le-citta-italiane-dove-si-vive-meglio-2023111515532379 28.

3 Vgl. Gian Antonio Stella und Sergio Rizzo, *Se muore il Sud*, Mailand 2013, S. 8f.

4 Vgl. *Corriere della Sera* (10./11. Dezember 1901), S. 1.

5 Vgl. »L'Italia è due paesi diversi«, in: *Il Post* (24. März 2017); online verfügbar unter: https://www.ilpost.it/2017/03/24/dieci-numeri-sud/, und Mattia Moretta, »Il divario tra Nord e Sud in Italia: perché va sempre peggio«, in: *Il Sole 24 Ore* (8. Mai 2023); online verfügbar unter: https://www.econopoly.ilsole24ore.com/2023/05/08/distanza-nord-sud-italia/.

6 Der Bericht ist online verfügbar unter: https://lnx.svimez.info/svimez/anticipazioni-del-rapporto-2023/.

7 Guido Pescosolido, *La questione meridionale in breve. Centocinquant'anni di storia*, Rom 2017, S. 30. Im italienischen Original verwendet Farini das Wort »caffoni«, ein Schimpfwort für grobe und ungehobelte Menschen. Heutzutage wird dieses Wort, das aus Süditalien stammt und dort ursprünglich so viel wie Bauer hieß, mit einem F geschrieben. Zur Geschichte dieses Worts vgl. Antonio Vinciguerra, »Sull'origine di cafone«, Accademia della Crusca (15. Dezember 2017); online verfügbar unter: https://accademiadellacrusca.it/it/consulenza/sullorigine-di-cafone-con-qualche-osservazione-e-consiglio-a-proposito-delle-etimologie-in-rete/1383.

8 Vgl. Pescosolido, *La questione meridionale in breve*, S. 42-48.
9 Ebd., S. 41.
10 Vgl. ebd., S. 29-35.
11 Vgl. »L'esodo degli emigrati italiani«; online verfügbar unter: http://www.emigrati.it/Emigrazione/Esodo.asp, und Giuliana Rotondi, »Storia dell'emigrazione italiana«, in: *Focus* (Italien (30. Juli 2018); online verfügbar unter: https://www.focus.it/cultura/storia/migranti-storia-emigrazione-italiana.
12 Vgl. Pescosolido, *La questione meridionale in breve*, S. 62-75.
13 Vgl. ebd., S. 78ff.
14 Vgl. ebd., S. 72-83.
15 Vgl. ebd., S. 74-83.
16 Vgl. ebd., S. 84.
17 Vgl. Giancarlo Di Sandro, »Riforma agraria e modernizzazione rurale in Italia nel ventesimo secolo«, in: *Agriregionieuropa* 14/52 (2018); online verfügbar unter: https://agriregionieuropa.univpm.it/it/content/article/31/52/riforma-agraria-e-modernizzazione-rurale-italia-nel-ventesimo-secolo.
18 Vgl. Mariano Maugeri, »Cassa del Mezzogiorno dagli altari alla polvere (per colpa della politica)«, in: *Il Sole 24 Ore* (11. Mai 2016); online verfügbar unter: https://st.ilsole24ore.com/art/cultura/2016-05-05/cassa-mezzogiorno-altari-polvere-per-colpa-politica-163544.shtml?uuid=ADwZsQB.
19 Vgl. Pescosolido, *La questione meridionale in breve*, S. 91-114.
20 Vgl. ebd., S. 122-133.
21 Vgl. Robert D. Putnam, *Making Democracy Work: Civic Traditions in Modern Italy*, Princeton 1993, S. 163-186.
22 Vgl. ebd., S. 121.
23 Vgl. Stella/Rizzo, *Se muore il Sud*, S. 5-25 und 156-169.
24 Vgl. Tonia Garofano, »La vera storia della Birra Messina, dai licenziamenti all'accordo con Heineken«, in: *Linkiesta* (21. April 2022); online verfügbar unter: https://www.linkiesta.it/2022/04/storia-birrificio-messina/.
25 Vgl. Antonio Mennella, »La storia della birra Pedavena«, in: *Giornale della Birra* 31 (2019); online verfügbar unter: https://www.giornaledellabirra.it/grandi-birrifici-italiani/la-storia-della-birra-pedavena/.

Moka – Mythos und Wirklichkeit der *Caffè*-Kultur

1 Vgl. den Eintrag in der Onlineausgabe des Wörterbuchs Treccani: https://www.treccani.it/vocabolario/moka.
2 Robert W. Thurston, (Hg.), *Coffee: A Comprehensive Guide to the Bean, the Beverage, and the Industry*, Landham 2013, S. 215ff.
3 Ebd.
4 Ebd.
5 Alberto Grandi, *Parla mentre mangi. Cose da sapere sul cibo per fare bella figura a tavola*, Mailand 2019, S. 73.
6 Ebd.

7 Massimo Arcangeli, »Itabolario: Bar (1897)«, in: *Il Post* (8. Juni 2011); online verfügbar unter: https://www.ilpost.it/2011/06/08/itabolario-bar-1897/.

8 Vgl. Jeffrey T. Schnapp, »The Romance of Caffeine and Aluminum«, in: *Things* 28 (2001), S. 244-269.

9 Vgl. »Chiosco del caffè ligure«, in: *Gazzetta Piemtonese* (24. Juli 1884); online verfügbar unter: https://upload.wikimedia.org/wikipedia/commons/1/1e/Gazzetta-piemontese-21-luglio-1884_Angelo-Moriondo.jpg.

10 Vgl. Patent der Kaffeemaschine von Luigi Bezzera; online verfügbar unter: https://patents.google.com/patent/US726793A/en?inventor=luigi+bezzera&oq=luigi+bezzera.

11 »Il caffè espresso a Montecitorio«, in: *Corriere della Sera* (6. Dezember 1913), S. 6.

12 Vgl. den Eintrag »Victoria Arduino« auf der Website des historischen Archivs der Fondazione Fiera Milano: https://archiviostorico.fondazionefiera.it/entita/997-victoria-arduino.

13 Diana Garvin, »The Italian Coffee Triangle: From Brazilian Colonos to Ethiopian Colonialisti«, in: *Modern Italy* 26 (2021), S. 291-312.

14 Vgl. die Website des Museo della Macchina per Caffè: https://www.mumac.it/le-sale/sala1-albori.

15 Vgl. die Selbstbeschreibung auf der Website des Unternehmens Gaggia: https://www.gaggia.com/it/storia/.

16 Vgl. ebd.

17 Vgl. »Bei der gepflegten«, in: *Der Spiegel* 21 (1953); online verfügbar unter: https://www.spiegel.de/politik/bei-der-gepflegten-a-08aa78bb-0002-0001-0000-000025656413.

18 Der Journalist Lars Weisbrod von der *Zeit* hat das deutsche Bohei um den Latte Macchiato 2019 in einer Glosse aufgespießt; ders., »Was war der Latte macchiato?«, in: *Die Zeit* 11 (2019); online verfügbar unter: https://www.zeit.de/2019/11/diskriminierung-latte-macchiato-annegret-kramp-karrenbauer-symbolik.

19 Vgl. »Stammt der Cappuccino wirklich aus Italien?«, in: *P. M.*; online verfügbar unter: https://web.archive.org/web/20060627085452/http://www.pm-magazin.de/de/faartikel/artikel_id516.htm.

20 »›Andreas Baader? Er ist ein Feigling‹«, in: *Der Spiegel* 48 (1971). S. 47ff.; online verfügbar unter: https://www.spiegel.de/politik/andreas-baader-er-ist-ein-feigling-a-f01480e2-0002-0001-0000-000043144587.

21 Vgl. die Beschreibung auf der Website des Unternehmens Ingenium Caffè: https://ingeniumcaffe.it/caffettiere/la-victoria-arduino-tipo-famiglia/, und die Beschreibung auf der Website des Unternehmens Espresso Parts: https://www.espressoparts.com/pages/nuova-simonelli-victoria-arduino.

22 Vgl. Schnapp, »The Romance of Caffeine and Aluminum«, S. 251ff.

23 Vgl. ebd., S. 251-261.

24 Ebd., S. 263.
25 Ebd., S. 264.
26 Ebd.
27 Der Werbespot ist online verfügbar unter: https://www.youtube.com/watch?v=YrzoKVLKh80.
28 Vgl. »L'omino con i baffi della Bialetti va all'estero l'azienda chiude lo stabilimento di Omegna«, in: *La Repubblica* (7. April 2010); online verfügbar unter: https://torino.repubblica.it/cronaca/2010/04/07/news/l_omino_con_i_baffi_della_bialetti_va_all_estero_l_azienda_chiude_lo_stabilimento_di_crusinallo-3186162/.
29 Der Werbeclip ist online verfügbar unter: https://youtu.be/HmyqCxFrvAA.

Papeete – Warum in Italien so oft die Regierung stürzt

1 Vgl. Marianna Tognini, »Cronache dal Papeete Beach, regno del Paese reale dove il tempo sembra essersi fermato«, in: *Rolling Stone* (Italien) (10. Juni 2022); online verfügbar unter: https://www.rollingstone.it/pop-life/cronache-dal-papeete-beach-regno-del-paese-reale-dove-il-tempo-sembra-essersi-fermato/643398/.
2 Vgl. die Episode »EXTRA – Cosa vuol dire ›papeete‹?« des Podcast »Politics« (14. Juni 2022); online verfügbar unter: https://www.ilpost.it/episodes/extra-cosa-vuol-dire-papeete/, Flavia Trupia, »Aventino, pontieri, sfracelli, sputi. Dizionario della crisi di Governo«, in: *Huffington Post* (Italien) (18. Juli 2022); online verfügbar unter: https://www.huffingtonpost.it/blog/2022/07/18/news/sputi_pontieri_sfracelli_le_parole_della_crisi_di_governo-9869917/. Verwendung des Worts etwa in Federica Fantozzi, »Il Conclave non c'è più. E la Meloni spinge per la spallata sul nome della Casellati«, in: *Huffington Post* (Italien) (26. Januar 2022); online verfügbar unter: https://www.huffingtonpost.it/politica/2022/01/26/news/tt-7687834/, Andrea Bulleri, »Letta punta sui diritti per unire il campo largo. Il segretario del Pd festeggia: ›Un risultato straordinario‹«, in: *Il Mattino* (27. Juni 2022); online verfügbar unter: https://www.ilmattino.it/primopiano/politica/letta_elezioni_campo_largo_pd_m5s_renzi_di_maio_calenda_ultime_notizie-6778721.html, und »Il grande bluff della crisi di governo a Natale«, in: Infosannio (18. Dezember 2020); online verfügbar unter: https://infosannio.com/2020/12/18/il-grande-bluff-della-crisi-di-governo-a-natale/.
3 Vgl. Gianluca De Rosa, »Letta mette Conte con le spalle al muro: ›Se M5s strappa, c'è solo il voto‹«, in: Il Foglio (13. Juli 2022); online verfügbar unter: https://www.ilfoglio.it/politica/2022/07/13/news/letta-mette-conte-con-le-spalle-al-muro-se-m5s-strappa-c-e-solo-il-voto--4213845/.
4 Indirekt hatte die Regierungskrise allerdings unter anderem mit der Haltung der Regierung Draghi zum russischen Angriffskrieg gegen die Ukraine zu tun: Vor allem die Fünf-Sterne-Bewegung drängte darauf, die Waffenlieferungen an Kyjiw einzustellen.

5 »I sondaggi politici di Pagnoncelli: le intenzioni di voto degli italiani«, Ipsos (31. März 2022); online verfügbar unter: https://www.ipsos.com/it-it/sondaggi-politici-pagnoncelli-intenzioni-voto-italiani-dimartedi-puntata-29-03-2022.

6 Vgl. »Calderoli: ›La legge elettorale? L'ho scritta io, ma è una porcata‹«, in: *La Repubblica* (15. März 2006); online verfügbar unter: https://www.repubblica.it/2006/c/sezioni/politica/versoelezioni38/caldporcata/caldporcata.html.

7 Episode »Il coprifuoco e le altre storie di oggi« des Podcasts »Morning« (17. Mai 2021); online verfügbar unter: https://www.ilpost.it/podcasts/morning/page/27/.

8 Tognini, »Cronache dal Papeete Beach, regno del Paese reale dove il tempo sembra essersi fermato«.

9 Vgl. Alice Fumis, »Carola Rackete, negata l'autorizzazione a procedere contro Salvini«, Agenzia Nazionale Stampa Associata (30. Juni 2023); online verfügbar unter: https://www.ansa.it/sito/notizie/politica/2023/06/28/carola-rackete-negata-lautorizzazione-a-procedere-contro-salvini_47865761-50aa-468f-bb74-0b10997a8663.html.

10 Vgl. Alessandro Frau, »Salvini come le popstar va in tour nelle spiagge italiane«, Agenza Italia (6. August 2019); online verfügbar unter: https://www.agi.it/politica/news/2019-08-06/salvini_tour_spiagge-5978602/.

11 »Matteo Salvini sale in consolle a petto nudo al Papeete, tra musica dance, cocktail e Inno di Mameli – VIDEO«, in: *Il Fatto Quotidiano* (3. August 2019); online verfügbar unter: https://www.ilfattoquotidiano.it/2019/08/03/matteo-salvini-sale-in-consolle-a-petto-nudo-al-papeete-tra-musica-dance-cocktail-e-inno-di-mameli-video/5367061/.

12 Vgl. »La crisi di governo delle faccette«, in: *Il Post* (20. August 2019); online verfügbar unter: https://www.ilpost.it/2019/08/20/faccette-salvini-conte/.

13 Vgl. »Conte al Papeete come Salvini nel 2019: il fotomontaggio postato (e subito rimosso) dal 5S Fraccaro«, in: *Huffington Post* (Italien) (15. Juli 2022); online verfügbar unter: https://www.huffingtonpost.it/politica/2022/07/15/news/conte_al_papeete_come_salvini_nel_2019_fraccaro_posta_rimuove-9853709/.

14 Vgl. Massimo Siclari, »Il contributo di Tomaso Perassi ai lavori della Costituente«, in: *Nomos* 2 (2018).

15 Vgl. Antonio Palma, »M5S, Grillo: ›Apriremo il Parlamento come una scatoletta‹«, fanpage.it (11. Januar 2013); online verfügbar unter: https://www.fanpage.it/attualita/m5s-grillo-apriremo-il-parlamento-come-una-scatoletta/.

16 Luca Misculin in der Episode »Papeete« des Podcasts »Kurz gesagt: Italien«; online verfügbar unter: https://kurzgesagt-italien.podigee.io/3-papeete.

17 Filippo Ceccarelli, Filippo: *Invano. Il potere in Italia da De Gesparei a questi qua*;, Auszug aus »Come sono ›questi qua‹«, in: *Il Post* (11. November 2018); online verfügbar unter: https://www.ilpost.it/2018/11/11/invano-filippo-ceccarelli/.

18 Mario Macchioni, »Com'è cambiato il ruolo del presidente della Repubblica«, in: *Il Post* (3. Dezember 2021); online verfügbar unter: https://www.ilpost.it/2021/12/03/presidente-della-repubblica-ruolo-evoluzione/.

Patron – Warum an Italiens Fußball-Einzelherrschern niemand vorbeikommt

1 Vgl. den Eintrag in der Onlineausgabe des Wörterbuchs Treccani: https://www.treccani.it/vocabolario/patron/.

2 »Kirchs Griff nach dem Satelliten«, in: *Der Spiegel* (16. März 1986); online verfügbar unter: https://www.spiegel.de/kultur/kirchs-griff-nach-dem-satelliten-a-34627f32-0002-0001-0000-000013518436.

3 Andrea Sorrentino, »Berlusconi, la folle passione per il calcio: nessuno come il suo Milan tra spettacolo e innovazione«, in: *Il Messaggero* (12. Juni 2023); online verfügbar unter: https://www.ilmessaggero.it/persone/berlusconi_morto_milan_passione_calcio_monza_cosa_sappiamo-7457831.html?refresh_ce.

4 Ebd.

5 Nino Sormani, »Berlusconi elogi a metà«, in: *La Stampa* (20. Dezember 1993); online verfügbar unter: http://www.archiviolastampa.it/component/option,com_lastampa/task,search/mod,libera/action,viewer/Itemid,3/page,6/articleid,0815_01_1993_0347_0034_11392065/.

6 Siehe Roberto Beccantini, »Milan, partita finta e scudetto vero«, in: *La Stampa* (18. April 1994); online verfügbar unter: http://www.archiviolastampa.it/component/option,com_lastampa/task,search/mod,libera/action,viewer/Itemid,3/page,2/articleid,0735_01_1994_0104_0034_10053415/.

7 Vgl. Licia Granello, »La politica nel pallone«, in: *La Repubblica* (19. April 1994); online verfügbar unter: https://ricerca.repubblica.it/repubblica/archivio/repubblica/1994/04/19/la-politica-nel-pallone.html.

8 »Carta di Viareggio, 90 anni fa nasceva il professionismo nel calcio italiano«, in: *Calcio e Finanza* (1. Juli 2016); online verfügbar unter: https://www.calcioefinanza.it/2016/07/01/professionismo-nel-calcio-italiano-problemi-irrisolti/.

9 Bernhard Hachleitner, »Von echten Profis und falschen Amateuren«, in: *Ballesterer* (1. März 2004); online verfügbar unter: http://legacy.ballesterer.at/heft/thema/von-echten-profis-und-falschen-amateuren.html.

10 Simon Engel, »Geld regiert die Fussballwelt«, in: *Bajour* (27. November 2020); online verfügbar unter: https://bajour.ch/a/cj7eEkNInppcowQa/geld-regiert-die-fussballwelt.

11 Massimiliano Castellani, »Juventus, 100 anni sotto la real casa Agnelli«, in: *Avvenire* (23. Dezember 2022); online verfügbar unter: https://www.avvenire.it/agora/pagine/juventus-100-anni-sotto-la-real-casa-agnelli.

12 Äußerst lesenswert dazu ist das leider nur noch antiquarisch erhältliche Buch *Das Wunder von Castel di Sangro* des US-amerikanischen Journalisten Joe McGinniss aus dem Jahr 2000, das die reale Geschichte des Aufstiegs des Klubs Castel di Sangro Calcio aus einem Bergort in den Abruzzen von den untersten Amateurligen bis in die Serie B schildert, die zweite Liga Italiens.

13 Vgl. etwa Valentina Vercelli, »Latte: l'oro bianco di Parma«, in: *La cucina italiana* (8. Oktober 2021); online verfügbar unter: https://www.lacucinaitaliana.it/storie/luoghi/latte-la-fabbrica-delloro-bianco/.

14 Siehe etwa auf der Tourismus-Website der Stadt Parma: https://parmaturismo.it/parma-piccola-capitale/.

15 »Storie di Matteo Marani: ›2003, Gialla‹ Parma«, Sky Sport (13. Mai 2022); online verfügbar unter: https://sport.sky.it/calcio/serie-a/2022/05/13/parma-giallo-storie-matteo-marani-speciale.

16 Das Cover der Ausgabe ist auf Amazon zu sehen: https://www.amazon.it/Guerin-Sportivo-Maggio-Roberto-Juventus-Parma/dp/B078Y8H3RT.

17 »Storie di Matteo Marani: ›2003, Giallo Parma‹«, Sky Sport (Italien) (13. Mai 2022); online verfügbar unter: https://sport.sky.it/calcio/serie-a/2022/05/13/parma-giallo-storie-matteo-marani-speciale.

18 »Calisto Tanzi è morto: addio al fondatore di Parmalat, aveva 83 anni – Il video«, Open (1. Januar 2022); online verfügbar unter: https://www.open.online/2022/01/01/parma-calisto-tanzi-morto/.

19 Gianluca Maggiacomo, »Accadde oggi: il golden gol di Ahn, e Gaucci lo cacciò da Perugia«, Sky Sport (Italien) (18. Juni 2017); online verfügbar unter: https://sport.sky.it/calciomercato/2017/06/18/accadde-oggi-ahn-cacciato-da-gaucci-golden-gol-a-italia.

20 Matteo Paniccia, »Le follie di Luciano Gaucci«, in: Contrasti (2. Februar 2020); online verfügbar unter: https://www.rivistacontrasti.it/luciano-gaucci-presidentissimo-perugia-anni-90-serse-cosmi/.

21 Gianluca Maggiacomo, »Gheddafi, il colpo pazzo per il Perugia di Gaucci«, Sky Sport (Italien) (28. Juni 2017); online verfügbar unter: https://sport.sky.it/calciomercato/2017/06/28/accadde-oggi-29-giugno-saadi-gheddafi-al-perugia.

22 »Perugia, i Gaucci patteggiano tre anni a Luciano, 20 mesi ai Figli«, in: *La Repubblica* (26. November 2008); online verfügbar unter: https://www.repubblica.it/2008/11/sezioni/sport/calcio/gaucci-patteggia/gaucci-patteggia/gaucci-patteggia.html.

23 Massimiliano Carrà, »Exor non molla la Juventus: pronti 80 milioni di euro per il nuovo aumento di capitale da 200«, in: *Forbes* (Italien) (24. Oktober 2023); online verfügbar unter: https://forbes.it/2023/10/24/juventus-aumento-di-capitale-di-200-milioni-da-exor/.

24 Eine Videoaufnahme ist online verfügbar unter: https://www.youtube.com/watch?v=necXTIAASmE.

Sanremo – Glanz und Elend der italienischen Popmusik

1 Giovanni Macchi, »Ascolti tv martedì 7 febbraio 2023: auditel e share dei programmi di ieri«, in: *The Post Internazionale* (8. Februar 2023); online verfügbar unter: https://www.tpi.it/spettacoli/tv/ascolti-tv-martedi-7-febbraio-2023-20230208976384/#google_vignette.

2 Daniela Seclì, »Quanto sono costate le rose distrutte da Blanco a Sanremo 2023«, fanpage.it (9. Februar 2023); online verfügbar unter: https://www.fanpage.it/spettacolo/eventi/quanto-sono-costate-le-rose-distrutte-da-blanco-a-sanremo-2023/.

3 Alice Castagneri, »Rose distrutte sul palco a Sanremo, Blanco indagato per danneggiamento«, in: *La Stampa* (16. Februar 2023); online verfügbar unter: https://www.lastampa.it/speciale/spettacoli/festival-sanremo/2023/02/16/news/rose_distrutte_sul_palco_blanco_indagato_per_danneggiamento-12646540/.

4 Enrico Veronese, »Blanco, ma che fai? Oltraggio nazionale a Sanremo. Per fortuna c'è Mattarella«, in: Il Foglio (8. Februar 2023); online verfügbar unter: https://www.ilfoglio.it/musica/2023/02/08/news/blanco-ma-che-fai-oltraggio-nazionale-a-sanremo-per-fortuna-c-e-mattarella-4933753/.

5 »Strage di fiori: guarda il video di Blanco a Sanremo«, in: *Rolling Stone* (Italien) (8. Februar 2023); online verfügbar unter: https://www.rollingstone.it/musica/news-musica/strage-di-fiori-guarda-il-video-di-blanco-a-sanremo/713674/.

6 »Sanremo 2023, gli ascolti completi della serata finale«, Rai (12. Februar 2023); online verfügbar unter: https://www.rai.it/ufficiostampa/assets/template/us-articolo.html?ssiPath=/articoli/2023/02/Gli-ascolti-completi-della-serata-finale-del-Festival-2023-b36e75ed-b130-4383-9b92-290e4b0421f3-ssi.html.

7 Vgl. den Eintrag zu »kermesse« in der Onlineausgabe des Wörterbuchs Treccani: https://www.treccani.it/vocabolario/ricerca/kermesse/.

8 »Il primo Festival di Sanremo, 70 anni fa«, in: *Il Post* (29. Januar 2021); online verfügbar unter: https://www.ilpost.it/2021/01/29/primo-festival-sanremo-1951/.

9 Vgl. ebd. und Borgna, S. 3.

10 Der Podcast ist online verfügbar unter: https://open.spotify.com/show/74HALSmUAmr6sxeRNi8fkT?si=-9bSHn-FSGKNH1npzWB87g.

11 Angela Gennaro, »Delitto d'onore e matrimonio riparatore: cos'erano e quando sono stati aboliti«, in: Open (13. März 2019); online verfügbar unter: https://www.open.online/2019/03/13/delitto-donore-e-matrimonio-riparatore-coserano-e-quando-sono-stati-aboliti/.

12 Historische Wahlergebnisse sind auf dem Onlineportal Eligendo verfüg-

bar: https://elezionistorico.interno.gov.it/index.php?tpel=C&dtel=07/06/1953&tpa=I&tpe=A&levo=0&levsuto=0&eso=S&ms=S.

13 Silvio Lanaro, *Storia dell'Italia Repubblicana*, Venedig 1992, S. 200.

14 Ebd., S. 200f.

15 »Al Festival di Sanremo«, in: La Stampa (13. Januar 1955); online verfügbar unter: http://www.archiviolastampa.it/component/option,com_lastampa/task,search/Itemid,3/action,detail/id,1589_02_1955_0011_0006_22103619/.

16 Eric Pfeil: *Azzurro. Mit 100 Songs durch Italien*, Köln 2022, S. 211.

17 Ebd., S. 209f.

18 »Domenico Modugno: 25 anni senza il cantante italiano più famoso al mondo«, in: *Il Parmense* (6. August 2019); online verfügbar unter: https://www.ilparmense.net/modugno-25-anni-cantante-italiano-famoso-mondo/.

19 Vgl. Pfeil, *Azzurro*, S. 66.

20 Gianni Borgna, *L'Italia di Sanremo: Cinquant'anni di canzoni, cinquant'anni della nostra storia*, Mailand 1998, S. 111ff.

21 Eine Aufzeichnung des Festivals ist online verfügbar unter: https://www.raiplay.it/programmi/sanremoinedito1967.

22 Giulia Cavaliere, »Sanremo 1969 tra rhythm'n'blues e contestazione: Dal Controfestival di Dario Fo e Franca Rame alla disapprovazione di Pasolini«, in: *Corriere della Sera* (4. Februar 2019); online verfügbar unter: https://www.corriere.it/spettacoli/festival-sanremo/cards/sanremo-1969-rhythm-n-blues-contestazione-controfestival-dario-fo-franca-rame-disapprovazione-pasolini/pier-paolo-pasolini.shtml.

23 Vgl. Guido Crainz, *Storia della Repubblica. L'Italia dalla Liberazione ad oggi*, Rom 2016, S. 193ff.

24 Borgna, *L'Italia di Sanremo*, S. 146.

25 Ebd., S. 156.

26 Ebd., S. 169.

27 Fabio De Luca, *Oh, oh, oh, oh, oh I Righeira, la playa e l'estate 1983*, Mailand 2023, S. 58.

28 Die Daten sind online verfügbar unter: https://www.rai.it/ufficiostampa/assets/template/us-articolo.html?ssiPath=/articoli/2023/02/Sanremo---gli-ascolti-Auditel-2022-1987--5c8b7eda-2863-4177-a86f-9308fd80d30e-ssi.html.

29 »Cos'è la tassa patrimoniale?«, in: *Il Post* (2. Februar 2011); online verfügbar unter: https://www.ilpost.it/2011/02/02/cose-la-tassa-patrimoniale/.

30 Vgl. Stefano Savella, *Povera Patria. La canzone italiana e la fine della Prima Repubblica*, Rom 2017, S. 173ff.

31 Luca Misculin, »La rinascita del Festival di Sanremo«, in: *Il Post* (8. Februar 2022); online verfügbar unter: https://www.ilpost.it/2022/02/08/rinascita-festival-sanremo/.

32 Giorgia Iovane, »Sanremo 2014, Fabio Fazio al Tg1: ›Scelto un cast non

televisivo. Parola d'ordine? Contemporaneità‹«, tvblog.it; online verfügbar unter: https://www.tvblog.it/post/468803/sanremo-2014-fabio-fazio-al-tg1-scelto-un-cast-non-televisivo-parola-dordine-contemporaneita.

33 Massimiliano Castellani, »Nella prima serata ascolti giù. Ma (sorpresa!) Sanremo è per i giovani«, in: *Avvenire* (3. März 2021); online verfügbar unter: https://www.avvenire.it/agora/pagine/sanremo-2021-prima-serata-ascolti-giu.

34 »Sanremo 2023: calci alle rose sul palco, la Procura chiede l'archiviazione per Blanco«, in: Agenzia Nazionale Stampa Associata (3. Mai 2023); online verfügbar unter: https://www.ansa.it/sito/notizie/cultura/musica/2023/05/03/calci-a-rose-a-sanremo-procura-chiede-archiviazione-per-blanco_b94039ff-456e-40b9-bd78-f9dabaodfb5f.html.

Bildnachweise

S. 11: Aufnahme des Autors. S. 27: mauritius images/Historical Collection/ Alamy Stock Photo. S. 45: IMAGO/Independent Photo Agency Int./Maurizio Maule. S. 65: Neri Parenti, *Merry Christmas* (2001), Filmauro; Filmstill. S. 83: Alinari Archives, Florenz/Bridgeman Images. S. 103: online verfügbar unter: http://www.ertoecasso.it/vajont.html. S. 119: Valerie Quintanilla; online verfügbar unter: https://girlsgottadrink.com/chiuso-per-fieri-dont-visit-italy-in-august/. S. 133: online verfügbar unter: https://it.wikipedia.org/wiki/Arb%C3%ABresh%C3%AB#/media/File:Piana_degli_Albanesi_(PA)_-_segnali_stradali_bilingui_-_02.jpg; Creative-Commons-Lizenz. S. 153: Aufnahme des Autors. S. 175: Leonetto Cappiello, Werbeplakat aus dem Jahr 1924; online verfügbar unter: https://archiviostorico.fondazionefiera.it/oggetti/41953-pubblicita-macchine-da-caffe-victoria-arduino; Public Domain. S. 163: © Imagno/Getty Images. S. 185: NZZ/dav. S. 201: Rossi Mario, Werbeplakat aus dem Jahr 1924; online verfügbar unter: https://catalogo.beniculturali.it/detail/HistoricOrArtisticProperty/0500656603; Creative-Commons-Lizenz. S. 219: Picture alliance/ASSOCIATED PRESS/Gregorio Borgia. S. 239: online verfügbar unter: https://commons.wikimedia.org/wiki/File:Parma_AC_-_Coppa_Italia_1991-92_-_Minotti,_Tanzi,_Scala,_Pedraneschi.jpg; Public Domain. S. 257: Angelo Cozzi/Mondadori via Getty Images.

Elena Ferrante
Die Geschichte der getrennten Wege
Erwachsenenjahre

Band 3 der Neapolitanischen Saga

Roman
Aus dem Italienischen von Karin Krieger
suhrkamp taschenbuch 4953
612 Seiten
(978-3-518-46953-8)
Auch als eBook erhältlich

Lila ist Mutter geworden und hat alles hingeworfen, Elena ist nach Norditalien gezogen, hat ein Buch veröffentlicht und scheinbar gewinnend geheiratet. Ganze Welten trennen die Freundinnen, doch gerade in diesen schwierigen Zeiten – es sind die politisch turbulenten Siebziger – sind sie füreinander da. Würde da nur nicht die langjährige Konkurrenz um einen bestimmten Mann immer deutlicher zutage treten …

Elena Ferrante
Die Geschichte des verlorenen Kindes
Reife und Alter

Band 4 der Neapolitanischen Saga

Roman
Aus dem Italienischen von Karin Krieger
suhrkamp taschenbuch 4954
695 Seiten
(978-3-518-46954-5)
Auch als eBook erhältlich

»Der einzige Makel dieses vierten Bandes ist es, dass er das Ganze zu einem Ende bringt.« *Le Figaro*

Bei allen Verwerfungen und Rivalitäten, die ihre lange gemeinsame Geschichte prägen – Lila und Elena halten einander die Treue, und fast scheint das Glück eine späte Möglichkeit. Aber beide haben sie übersehen, dass ihre hartnäckigsten Verehrer im Lauf der Jahre zu erbitterten Feinden geworden sind …

suhrkamp taschenbuch

Weitere Informationen erhalten Sie unter www.suhrkamp.de
oder in Ihrer Buchhandlung.

suhrkamp taschenbücher
Eine Auswahl

Isabel Allende
– Das Geisterhaus. Roman. Übersetzt von Anneliese Botond. st 1676. 501 Seiten
– Mayas Tagebuch. Roman. Übersetzt von Svenja Becker. st 4444. 444 Seiten

Maya Angelou
– Ich weiß, warum der gefangene Vogel singt. Übersetzt von Harry Oberländer. st 4897. 321 Seiten

Friedrich Ani
– Der namenlose Tag. Roman. st 4720. 298 Seiten

Gerbrand Bakker
– Oben ist es still. Roman. Übersetzt von Andreas Ecke. st 4142. 315 Seiten

Joanna Bator
– Sandberg. Roman. Übersetzt von Esther Kinsky. st 4404. 492 Seiten

Jurek Becker
– Jakob der Lügner. Roman. st 774. 288 Seiten

Louis Begley
– Lügen in Zeiten des Krieges. Roman. Übersetzt von Christa Krüger. st 2546. 223 Seiten. Großdruck: st 4092. 310 Seiten

Thomas Bernhard
– Alte Meister. Komödie. st 1553. 310 Seiten
– Holzfällen. Eine Erregung. st 1523. 336 Seiten

NF 266b / 1 / 01.19

– Städtebeschimpfungen. Herausgegeben von Raimund Fellinger. st 4074. 178 Seiten

Peter Bichsel
– Kindergeschichten. st 2642. 86 Seiten

Lily Brett
– Chuzpe. Roman. Übersetzt von Melanie Walz. st 3922. 334 Seiten

Jaume Cabré
– Die Stimmen des Flusses. Roman. Übersetzt von Kirsten Brandt. st 4049. 666 Seiten

Truman Capote
– Die Grasharfe. Roman. Übersetzt von Annemarie Seidel und Friedrich Podszus. st 1796. 208 Seiten

Marguerite Duras
– Der Liebhaber. Übersetzt von Ilma Rakusa. st 4507. 143 Seiten

Hans Magnus Enzensberger
– Hammerstein oder Der Eigensinn. Eine deutsche Geschichte. st 4095. 378 Seiten
– Gedichte 1950-2020. st 5013. 250 Seiten

Elena Ferrante
– Meine geniale Freundin. Übersetzt von Karin Krieger. Roman. st 4930. 488 Seiten
– Die Geschichte eines neuen Namens. Übersetzt von Karin Krieger. Roman. st 4952. 704 Seiten
– Die Geschichte der getrennten Wege. Übersetzt von Karin Krieger. Roman. st 4953. 640 Seiten

NF 266b / 2 / 01.19

Candice Fox
– Hades. Thriller. Übersetzt von Anke Caroline Burger. Herausgegeben von Thomas Wörtche. st 4838. 341 Seiten

Philippe Grimbert
– Ein Geheimnis. Roman. Übersetzt von Holger Fock und Sabine Müller. st 3920. 154 Seiten

Peter Handke
– Immer noch Sturm. st 4323. 165 Seiten
– Mein Jahr in der Niemandsbucht. Ein Märchen aus den neuen Zeiten. st 3887. 628 Seiten
– Wunschloses Unglück. Erzählung. st 3287. 96 Seiten

Hermann Hesse
– Der Steppenwolf. Roman. st 175. 288 Seiten
– Siddhartha. Eine indische Dichtung. st 182. 128 Seiten
– Narziß und Goldmund. Erzählung. st 274. 320 Seiten

Uwe Johnson
– Jahrestage. Aus dem Leben von Gesine Cresspahl. 4 Bände. st 4455. 2150 Seiten

James Joyce
– Ulysses. Roman. Übersetzt von Hans Wollschläger. st 3816. 987 Seiten

Daniel Kehlmann
– Ich und Kaminski. Roman. st 3653. 174 Seiten

Sibylle Lewitscharoff
– Blumenberg. Roman. st 4399. 220 Seiten

Andreas Maier
– Das Haus. Roman. st 4416. 165 Seiten

NF 266b / 3 / 01.19

– Onkel J. Heimatkunde. st 4261. 132 Seiten
– Wäldchestag. Roman. st 3381. 315 Seiten

Adrian McKinty
– Der katholische Bulle. Roman. Übersetzt von Peter Torberg. st 4523. 384 Seiten

Robert Menasse
– Die Hauptstadt. Roman. st 4920. 459 Seiten
– Die Vertreibung aus der Hölle. st 4863. 729 Seiten

Patrick Modiano
– Eine Jugend. Roman. Übersetzt von Peter Handke. st 4615. 187 Seiten

Cees Nooteboom
– Allerseelen. Roman. Übersetzt von Helga van Beuningen. st 3163. 440 Seiten

Amos Oz
– Eine Geschichte von Liebe und Finsternis. Roman. Übersetzt von Ruth Achlama. st 3788 und st 3968. 828 Seiten
– Judas. Roman. Übersetzt von Mirjam Pressler. st 4670. 331 Seiten

Andreas Pflüger
– Endgültig. Thriller. st 4770. 458 Seiten

Marcel Proust
– Auf der Suche nach der verlorenen Zeit. 3 Bände in Kassette. Übersetzt von Eva Rechel-Mertens. st 4830. 5200 Seiten

NF 266b / 4 / 01.19

Ralf Rothmann
- Der Gott jenes Sommers. Roman. st 4959. 260 Seiten
- Im Frühling sterben. Roman. st 4680. 233 Seiten

Judith Schalansky
- Atlas der abgelegenen Inseln. Fünfzig Inseln, auf denen ich nie war und niemals sein werde. st 5002. 240 Seiten
- Der Hals der Giraffe. Bildungsroman. st 4388. 222 Seiten

Andrzej Stasiuk
- Die Welt hinter Dukla. Roman. Übersetzt von Olaf Kühl. st 3391. 176 Seiten

Uwe Tellkamp
- Der Turm. Geschichte aus einem versunkenen Land. Roman. st 4160. 976 Seiten

Hans-Ulrich Treichel
- Der Verlorene. Erzählung. st 3061. 176 Seiten

Mario Vargas Llosa
- Das böse Mädchen. Roman. Übersetzt von Elke Wehr. st 3932. 395 Seiten

Martin Walser
- Ein fliehendes Pferd. Novelle. st 600. 160 Seiten

Don Winslow
- Tage der Toten. Kriminalroman. Übersetzt von Chris Hirte. st 4340. 689 Seiten

NF 266b / 5 / 01.19